Backen

Backen

Die besten Rezepte für

Aperitifgebäck,
Wähen, Pies,
Quiches, Pizzen, Strudel,
Pasteten, Cakes,
Gugelhopf, Kuchen,
Gebäck mit Obst und Beeren,
Brotspezialitäten,
Torten und Guetzli

von Annemarie Wildeisen

Inhaltsverzeichnis

Von der Hand in den Mund — 9

10 Käse-Nuss-Schnecken	18 Käse-Kartoffel-Krapfen
10 Zwiebelbuchteln	18 Italienische Kartoffel-Tartelettes
12 Kartoffel-Stengelchen	21 Käse-Prussiens
13 Gipfeli «Caruso»	21 Schinkengipfeli
14 Roquefort-Gipfeli mit Rohschinken	22 Gemüse-Gipfeli-Kranz
14 Wirz- oder Lauchküchlein	23 Ofenküchlein mit Lachsmousse
16 Ofenküchlein mit Käsecreme	25 Kräuter-Schnecken
17 Speckgugelhopf	25 Brandteig – Schritt für Schritt

Ofenfrisch — 27

28 Provenzalischer Zwiebelkuchen	45 Lauchkuchen mit Speck und Pinienkernen
29 Fleischkäse im Brotteig	46 «Grüne» Quiche
29 Lauch-Lachs-Küchlein	47 Mais-Pie
32 Rindfleisch-Strudel	49 Kürbistarte
32 Tarte aus der Auvergne	50 Bauern-Pizza
33 Pilz-Quiche	50 Pizza Margherita
34 Wurst-Quiche mit Kräutern	53 Calzone
35 Tomaten-Käse-Quiche	53 Pizza-Varianten
36 Speck-Kartoffel-Cake	54 Käse-Birnen-Pie
36 Lauch-Mohn-Quiche	55 Kartoffeltorte mit Schinken und Speck
38 Quiche Lorraine	56 Käsepastete
38 Wirz-Quiche mit Wurstklösschen	57 Cholera
40 Emmentaler Speckwähe	58 Hackfleischpastete
41 Der beste Käsekuchen	59 Waadtländer Wurstpastete
42 Spinat-Quark-Strudel mit Speck	60 Gefüllte Champignons im Strudelteig
43 Spinat-Gemüse-Strudel	61 Quarkblätterteig – Schritt für Schritt
45 Spinatwähe mit Lachsforellenfilets	

Lauter Lieblingskuchen — 63

64 Vanille-Mohn-Gugelhopf	68 Grossmamas Quarktorte
64 Schokolade-Roulade	69 Milchrahmstrudel
66 Früchtecake	70 Mandelrolle
67 Rosenkuchen	71 Ananas-Cake

71 Schokolade-Kirsch-Cake	83 Bündner Nusstorte
74 Haselnuss-Quark-Cake	85 «Beerli»-Gugelhopf
74 Bierkuchen	85 Rüeblikuchen
76 Nidle-Chueche	86 Schokolade-Brottorte
77 Safran-Rum-Kuchen	87 Grossmutters Kartoffeltorte
78 Rehrücken	88 Mandeltorte
79 Marmor-Gugelhopf	89 Ein Teig – viele Kuchen: Gleichschwer-Cake
79 Bourbon Vanillezucker – selber hergestellt	90 Mandel-Aprikosen-Pastete
81 Nusszopf	91 Annies Schokoladekuchen
83 Lützelflüher Schokoladetorte	

93 Das trägt Früchte

94 Meringuierte Johannisbeer-Torte	117 Beerentörtchen
94 Aprikosentörtchen	118 Pfirsich-Himbeer-Kuchen
96 Himbeer-Rahm-Wähe	119 Pflaumenkuchen
97 Himbeer-Gugelhopf	120 Frisch vom Blech: Ein Teig – drei Kuchen
98 Orangen-Roulade	120 Pflaumen- oder Zwetschgenkuchen mit Streusel
99 Zitronenkuchen	121 Birnenkuchen
100 Birnencake	121 Rosinen-Quark-Kuchen
101 Kirschen-Gugelhopf	122 Verkehrt gebackener Pfirsichkuchen
102 Birnenwähe nach Winzerart	122 Nektarinenkuchen
103 Kleine Apfeltörtchen	124 Birnentorte
104 Kirschenflan	125 Birnen-Schokolade-Tarte
105 Versunkener Apfelkuchen	126 Kürbiskuchen
107 Quarkkuchen mit Kirschen	127 Verkehrter Rhabarberkuchen
107 Johannisbeer-Quark-Kuchen	128 Rhabarber-Quark-Kuchen
108 Apfel-Galette	129 Aprikosen-Mandel-Kuchen
109 Grossmutters Apfelkuchen	130 Aprikosen-Charlotte
110 Zwetschgenwähe mit Mandelcreme	131 Rhabarber-Schnitten
111 Beerenwähe	132 Mirabellen-Pie
112 Französischer Zwetschgenkuchen	133 Apfelstrudel mit Dörraprikosen
113 Rhabarberkuchen	134 Zitronenstrudel
114 Schokoladekuchen mit Birnen	135 Strudelteig – Schritt für Schritt
114 Weichsel-Mandel-Kuchen	136 Beerenstrudel
117 Kirschenkuchen à l'ancienne	136 Kirschenstrudel mit Weinsauce

139 Brot aus dem eigenen Ofen

- 140 Croissants (Pariser Gipfeli)
- 140 Schokoladebrötchen
- 142 Brioches
- 143 Maisbrötchen
- 143 Parisettes/Ficelles
- 146 Engadiner Fladen
- 146 Rüeblibrot
- 147 Kartoffelbrot mit Nüssen
- 147 Brot – Schritt für Schritt
- 148 Marmor-Zopf
- 148 Ringbrot
- 150 Gewürzbrot
- 151 Blumentopfbrot
- 152 Sonntagszopf
- 153 Zopftaube
- 153 Zopfhase
- 153 Zopfkränzchen
- 154 Süsser Hefezopf
- 155 Dinkelbrot
- 155 Grünkern-Brötchen
- 158 Früchtebrot
- 158 Knoblauch-Fladenbrötchen
- 159 Kräuter-Hefeschnecken
- 159 Brot-Varianten

163 Prunkstücke

- 162 Schokolademousse-Torte
- 163 Mandarinen-Quark-Torte
- 164 Florentiner Torte
- 165 Mascarpone-Torte
- 167 Zuger Kirschtorte
- 168 Holländer Torte
- 169 Birnen-Schokolade-Torte
- 170 Saint-Honoré-Torte
- 173 Traubentorte
- 174 Marronitorte
- 175 Himbeertorte
- 177 Japonais-Torte

179 Himmlische Zeiten

- 180 Adventskranz
- 182 Christstollen
- 183 Vanillekipferl
- 184 Honiglebkuchen
- 184 Lebkuchen-Werkstatt
- 185 Gefüllte Lebkuchen
- 187 Katzenzungen
- 187 Mohnbrezel
- 187 Ingwer-Herzen
- 188 Schokolade-S
- 188 Weihnachtsringe
- 190 Schoggi-Knusperli
- 190 Mandelguetzli
- 191 Rosinen-Sablés
- 191 Schokolade-Hufeisen
- 192 Marmor-Guetzli
- 192 Marmor-Schnäggli
- 192 Carré-Brötchen
- 193 Guetzli-Fahrplan: Änisbrötli, Brunsli, Haselnuss-stengelchen, Spitzbuben, Zimtsterne, Mailänderli, Berner Haselnussleckerli, Sandgebäck
- 196 Kleine Guetzli-Werkstatt

199 Was das Backen leichter macht

- 200 Der Backofen
- 201 Von Backblechen und Backformen
- 203 Die wichtigsten Backzutaten
- 204 Register
- 208 Impressum

Vorwort

Von der Tätigkeit Backen muss ein Zauber ausgehen. Anders ist es nicht erklärbar, dass auch Leute, die wenig oder nie kochen, aus heiterem Himmel plötzlich Lust verspüren, etwas zu backen. Vielleicht ist es die Erinnerung an den unvergleichlichen Duft von frischem Gebäck, den man irgendwann im Leben einmal geschnuppert hat, der solches auslöst. Und ganz bestimmt spielt auch die Tradition eine wichtige Rolle: Was wäre ein Geburtstagsfest ohne Kuchen, eine Hochzeit ohne Torte oder Weihnachten ohne Guetzli?

So vielseitig wie das Backen ist Kochen nie: Die Palette reicht von kleinem, salzigem Apérogebäck über pikante Wähen, Pasteten, Strudel und Pizzen bis hin zum Brotgebäck, umfasst süsse Klassiker wie Gugelhopf, Cake oder Quarkkuchen, eine fast endlose Reihe saftiger Kuchen mit Beeren und Früchten aller Art und klingt aus mit raffinierten Torten und himmlischen Guetzli. Diese ganze Backvielfalt ist auch in diesem Buch zu finden, denn ich möchte Ihnen damit Anregungen für ein ganzes Backjahr vermitteln.

Eine Bemerkung liegt mir ganz besonders am Herzen, weil sie aus eigener Erfahrung kommt: Kochen und Backen sind zwei Dinge, die sich grundlegend unterscheiden. Während man beim Kochen oft (fast) problemlos die eine Zutat durch eine andere ersetzen kann, ein gutes Augenmass und über den Daumen peilen beim Abmessen genügen und beim Würzen hievon eine Prise weggelassen und dort ein Schuss beigefügt werden kann, sollte man sich beim Backen lieber genau an das Rezept halten. Einmal im Ofen, kann man auf Gebäck keinen Einfluss mehr nehmen, während in der Pfanne beim Garen Korrekturen möglich sind. Dies ist auch der Grund dafür, dass ich in diesem Buch jedes Rezept so ausführlich und detailliert wie nur möglich beschrieben, mit praktischen Tips und wenn nötig mit Ablaufbildern versehen habe. Das perfekte Grundgerüst soll weniger Geübten Sicherheit geben, und Backerfahrene finden viele Hinweise, wo und wie das Variieren problemlos möglich ist.

Uns – dem «Chuchi»-Team und mir – haben die im Verlaufe einer längeren Zeit zusammengetragenen Rezepte beim Ausprobieren geschmeckt. Und genau dies wünsche ich Ihnen auch!

Annemarie Wildeisen

Schinkengipfeli
» Rezept Seite 21 «

Aperitifgebäck und Kleinigkeiten

Von der Hand in den Mund

Sie verheissen den Anfang eines schönen Abends und manchmal auch seine Fortsetzung: Unsere frisch gebackenen Leckerbissen stillen nicht nur den ersten Hunger, sondern sind auch eine gute Unterlage für flüssige Genüsse und damit genau das richtige für ein kleines Fest ohne Besteck.

🌀 Käse-Nuss-Schnecken

Dieses auch fürs Auge attraktive Gebäck wird von Hand in Stücke gebrochen und ist nicht nur eine währschafte «Unterlage», sondern passt auch gut zu einer Salatmahlzeit.

Ergibt etwa 14 Stück

350 g Mehl
1 Würfel Frischhefe (42 g)
1½ dl Milch (1)
90 g zimmerwarme Butter
1 Teelöffel Salz
1 Eigelb
2 Esslöffel Milch (2)
100 g Baumnusskerne
150 g Gorgonzola oder Doppelrahm-Frischkäse
mit Pfeffer

Vorbereiten: etwa 15 Minuten
Aufgehen lassen:
etwa 1 Stunde + 30 Minuten
Backen: 25–30 Minuten

1 Das Mehl in eine Schüssel sieben und in der Mitte eine Vertiefung eindrücken. Die Hefe mit 2 Esslöffeln der Milch (1) verrühren, in die Mehlmulde geben und etwas Mehl darüberstäuben. Die Butter in Stücken dazuschneiden. Das Salz und die restliche Milch (1) beifügen. Alles mischen, dann während 8–10 Minuten zu einem geschmeidigen Teig kneten. Zugedeckt unter einem feuchten Tuch an einem warmen Ort während etwa 1 Stunde aufgehen lassen.

2 Den Teig nochmals kurz kneten, dann halbieren. Jedes Teigstück zu einem Rechteck von 25 x 35 cm auswallen.

3 Eigelb und Milch (2) verrühren. Die Teigplatten damit bestreichen.

4 Die Baumnusskerne grob hacken. Den Gorgonzola in kleine Würfelchen schneiden und mit den Nüssen auf den Teigplatten verteilen. Bei Verwendung von Doppelrahm-Frischkäse diesen auf dem Teig ausstreichen. Die Teigplatten von der Längsseite her aufrollen. Jede Rolle in etwa 7 Scheiben schneiden.

5 Ein Kuchenblech oder eine Springform von 24 cm Durchmesser ausbuttern. Die Schnecken darin so anordnen, dass sie nur leicht aneinanderstossen. Mit der restlichen Eigelb-Milch-Mischung bestreichen und nochmals etwa 30 Minuten aufgehen lassen.

6 Die Schnecken im auf 200 Grad vorgeheizten Ofen auf der zweituntersten Rille während 25–30 Minuten backen. Warm oder lauwarm servieren.

Zwiebelbuchteln 🌀

Die mit Schalotten, Petersilie und Speck gewürzten Brötchen passen nicht nur als Apérospezialität, zu der man zum Beispiel Rohschinken, Salami oder Bündner Fleisch serviert, sondern sind auch ausgezeichnete Begleiter zu kalten und warmen Vorspeisen.

Ergibt etwa 10 Stück

375 g Mehl
1 Würfel Frischhefe (42 g)
knapp 2 dl lauwarmes Wasser
75 g zimmerwarme Butter (1)
1 Teelöffel Salz
einige Umdrehungen schwarzer Pfeffer
aus der Mühle
3 Schalotten
1 Bund Petersilie
75 g in Scheiben geschnittener Bratspeck
1 Esslöffel Butter (2)
1 Eigelb

Vorbereiten: etwa 15 Minuten
Aufgehen lassen: 1½ Stunden + 45 Minuten
Backen: 25–30 Minuten

1 Das Mehl in eine Schüssel sieben und in der Mitte eine Vertiefung eindrücken. Die Hefe mit 2 Esslöffeln des Wassers verrühren, in die Mehlmulde giessen und etwas Mehl darüberstäuben. Die Butter in kleinen Stücken dazuschneiden. Das restliche Wasser, Salz und Pfeffer beifügen, mischen, dann von Hand während 8–10 Minuten zu einem geschmeidigen Teig kneten. Zugedeckt unter einem feuchten Tuch während etwa 1½ Stunden aufgehen lassen.

2 Die Schalotten schälen und fein hacken. Die Petersilie ebenfalls fein hacken.

3 Die Speckscheiben in kleine Vierecke schneiden. In der Butter (2) knusprig braten. Dann die Schalotte und die Petersilie beifügen und kurz mitdünsten. Auskühlen lassen.

4 Aus dem aufgegangenen Teig etwa 10 gleichmässig grosse Kugeln formen. In jede Kugel eine Mulde drücken und etwas Speckfüllung hineingeben. Den Teig darüberziehen, damit die Mulde verschlossen wird.

5 Eine Springform von 26 cm Durchmesser ausbuttern und mit Mehl bestäuben. Die Kugeln mit etwas Abstand voneinander hineinsetzen. Nochmals etwa 45 Minuten aufgehen lassen.

6 Das Eigelb verrühren und das Gebäck damit bestreichen.

7 Die Buchteln im auf 200 Grad vorgeheizten Ofen auf der zweituntersten Rille während 25–30 Minuten backen. Lauwarm servieren.

Kartoffel-Stengelchen

Der Kartoffel-Mürbeteig verleiht diesem Aperitifgebäck ein ganz besonders feines Aroma. Die Stengelchen können in einer gut verschlossenen Dose gut 1 Woche aufbewahrt werden und eignen sich auch zum Tiefkühlen. Wenn nötig kann man sie im heissen Ofen ganz kurz aufbacken, dann schmecken sie wieder wie frisch zubereitet.

Ergibt etwa 60 Stück

150 g kleinere Kartoffeln
200 g Mehl
1 Teelöffel Salz
150 g Butter
1 Eigelb
2 Esslöffel Rahm
Mohn, Sesam und/oder Kümmel zum Bestreuen der Stengel

Vorbereiten: etwa 30 Minuten
Kühl stellen: 30 Minuten + 20 Minuten
Backen: etwa 15 Minuten

1. Die Kartoffeln in der Schale weich kochen. Noch warm schälen und durch ein Sieb streichen. Auskühlen lassen.

2. Das Mehl in eine Schüssel sieben. Das Salz beifügen und mischen. Die Butter in kleinen Flocken dazuschneiden. Die Zutaten zwischen den Fingern zu einer bröseligen Masse reiben. Dann die passierten Kartoffeln beifügen und alles zu einem glatten Teig zusammenfügen. Vor dem Weiterverarbeiten mindestens 30 Minuten kühl stellen.

3. Den Teig in zwei Portionen teilen. Die eine Teighälfte gleich wieder kühl stellen. Die andere zu einem gut ½ cm dicken Reckteck auswallen und daraus etwa 5 cm lange und ½ cm breite Stengelchen schneiden. Auf ein mit Backpapier belegtes Blech geben. Mit der zweiten Teigportion gleich verfahren. Die Stengelchen vor dem Backen nochmals etwa 20 Minuten kühl stellen.

4. Eigelb und Rahm verquirlen und die Stengelchen damit bestreichen. Mit Mohn, Sesam und/oder Kümmel bestreuen.

5. Die Stengelchen im auf 200 Grad vorgeheizten Ofen auf der zweituntersten Rille während etwa 15 Minuten golden backen.

Gipfeli «Caruso»

Formaggini, Oliven, Zwiebel und Kartoffeln bilden die herzhafte Füllung dieser südlich duftenden Blätterteiggipfeli.

Zutaten für etwa 20 Stück

250 g kleinere Kartoffeln
1 mittlere Zwiebel
10 g Butter
10 schwarze Oliven
100 g Formaggini
1 Bund Petersilie
Salz, Pfeffer
ca. 500 g Blätterteig
1 Eigelb
1 Teelöffel Rahm

Vorbereiten: etwa 40 Minuten
Kühl stellen: etwa 20 Minuten
Backen: etwa 20 Minuten

1. Die Kartoffeln in der Schale weich kochen. Noch warm schälen und durch ein Sieb streichen.

2. Die Zwiebel schälen, fein hacken und in der Butter glasig dünsten.

3. Die Oliven entkernen und grob hacken. Das Formaggini je nach Konsistenz grob hacken oder in kleine Stücke schneiden. Die Petersilie fein hacken. Alle diese Zutaten sowie die Zwiebeln zu den Kartoffeln geben und gut mischen. Mit Salz und Pfeffer würzen.

4. Den Blätterteig dünn auswallen und in Stücke von 18 x 10 cm schneiden, diese wiederum diagonal halbieren.

5. Auf die Breitseite jedes Teigstückes etwas Füllung geben und dieses zur Spitze hin aufrollen. Die Enden einschlagen und zu Gipfeli formen. Auf ein mit Backpapier belegtes Blech setzen. Mindestens 20 Minuten kühl stellen.

6. Eigelb und Rahm verquirlen und die Gipfeli damit bestreichen.

7. Die Gipfeli im auf 200 Grad vorgeheizten Ofen auf der zweituntersten Rille während etwa 20 Minuten goldbraun backen.

Roquefort-Gipfeli mit Rohschinken

Die kleinen Blätterteiggipfeli sind gefüllt mit Rohschinken und einer pikant-würzigen Käsemasse. Werden sie etwas grösser geformt, ergeben sie – zusammen mit Salat serviert – auch ein feines kleines Essen.

Für 10–12 Personen zum Aperitif

150 g Roquefort
40 g weiche Butter
2 Eigelb
schwarzer Pfeffer aus der Mühle
ca. 100 g sehr dünn geschnittener Rohschinken
ca. 500 g Blätterteig

Zum Bestreichen:
1 Eigelb
1 Teelöffel Rahm

Vorbereiten: etwa 20 Minuten
Kühl stellen: mindestens 20 Minuten
Backen: 15–20 Minuten

1. Den Roquefort, die weiche Butter, die Eigelb und reichlich frisch gemahlenen Pfeffer mit einer Gabel zu einer geschmeidigen Masse verarbeiten.

2. Die Rohschinkentranchen je nach Grösse halbieren oder dritteln.

3. Den Blätterteig rechteckig dünn auswallen. In 12 cm breite Streifen und diese wiederum in Dreiecke schneiden.

4. Jedes Dreieck auf der Breitseite mit einem Stück Rohschinken sowie etwas Roquefortmasse belegen. Von der Breitseite her aufrollen und die Enden nach innen falten. Zu Gipfeli formen.

5. Die Gipfeli auf ein mit Backpapier belegtes Blech setzen und 20 Minuten, besser aber länger, kühl stellen.

6. Das Eigelb mit dem Rahm verquirlen und die Gipfeli damit bestreichen.

7. Die Roquefort-Gipfeli im auf 220 Grad vorgeheizten Ofen auf der zweituntersten Rille während 15–20 Minuten goldbraun backen. Heiss oder lauwarm servieren.

Der gute Tip

Die Gipfeli können bereits am Vortag bis aufs Backen vorbereitet werden und eignen sich auch zum Tiefkühlen (Haltbarkeit: etwa 2 Monate). Anstelle von Rohschinken kann auch gekochter Schinken verwendet und der Roquefort durch Gorgonzola ersetzt werden.

Wirz- oder Lauchküchlein

Die kleinen Portionenküchlein schmecken sowohl mit Wirz, Lauch oder einer Mischung der beiden Gemüse zubereitet. Wer Speck nicht mag, lässt ihn weg oder gibt etwas Schinken bei.

Ergibt etwa 18 Stück

Teig:
150 g Mehl
½ Teelöffel Salz
etwas frisch gemahlener schwarzer Pfeffer aus der Mühle
75 g Butter
1 Esslöffel Crème fraîche
1 Eigelb

Füllung:
300 g Wirz oder Lauch
50 g Bratspeckscheiben
1 Esslöffel Butter
½ dl Noilly Prat (trockener Wermut)
3 dl Rahm
1 Ei
Salz, Pfeffer

Vorbereiten: etwa 30 Minuten
Kühl stellen: etwa 30 Minuten
Backen: 12–15 Minuten

1. Das Mehl in eine Schüssel sieben und mit dem Salz und Pfeffer mischen. Die Butter in Flocken dazuschneiden. Dann alles rasch zwischen den Fingern zu einer bröseligen Masse reiben.

2. Crème fraîche und Eigelb verquirlen und beifügen. Alle Zutaten rasch zu einem glatten Teig zusammenfügen. In Klarsichtfolie wickeln und etwa 30 Minuten kühl stellen.

3. Den Wirz oder Lauch rüsten und in feine Streifen schneiden. Die Speckscheiben ebenfalls fein schneiden.

4. In einer beschichteten Bratpfanne die Butter schmelzen. Den Speck beifügen und kurz anbraten. Dann den Wirz oder Lauch dazugeben und kurz mitdünsten. Mit dem Noilly Prat ablöschen und diesen vollständig verdampfen lassen. Den Rahm beifügen und gut zur Hälfte einkochen lassen. Das Gemüse in eine Schüssel geben.

5. Das Ei verquirlen und unter den noch warmen Wirz oder Lauch mischen. Das Gemüse mit Salz und Pfeffer würzen. Auskühlen lassen.

6. Den Teig auf der leicht bemehlten Arbeitsfläche 2–3 mm dünn auswallen. Kleine Schiffchen- oder Mini-Quiches-Förmchen damit auslegen. Die Wirz- oder Lauchfüllung hineingeben.

7. Die Küchlein im auf 220 Grad vorgeheizten Ofen auf der zweituntersten Rille während 12–15 Minuten backen. Heiss oder lauwarm servieren.

Ofenküchlein mit Käsecreme

Zum Aperitif sollten die Ofenküchlein so klein geformt sein, dass man sie mit einem Bissen essen kann.

Ergibt etwa 24 Stück

Teig:
- 2 dl Wasser
- ¼ Teelöffel Salz
- 50 g Butter
- 125 g Mehl
- 3 Eier

Füllung:
- 1 Esslöffel eingelegter grüner Pfeffer
- 1 Bund Petersilie
- 175 g Doppelrahm-Frischkäse
- 100 g saurer Halbrahm
- 50 g geriebener Sbrinz

Vorbereiten: etwa 20 Minuten
Backen: etwa 12 Minuten
Füllen: etwa 5 Minuten

1. Den Teig nach Grundrezept auf Seite 25 zubereiten. In einen Spritzsack mit gezackter Tülle füllen und etwa baumnussgrosse Häufchen auf ein mit Backpapier belegtes Blech spritzen.

2. Die Mini-Ofenküchlein im auf 200 Grad vorgeheizten Ofen auf der zweituntersten Rille während etwa 12 Minuten hellbraun backen. Auf einem Kuchengitter auskühlen lassen.

3. Für die Füllung den Pfeffer unter warmem Wasser kurz spülen. Mit einer Gabel grob zerdrücken. Die Petersilie fein hacken. Beides mit dem Frischkäse, dem sauren Halbrahm und dem Sbrinz mischen.

4. Die Ofenküchlein mit einer Schere aufschneiden und mit der Käsecreme füllen.

Speckgugelhopf

Suchen Sie eine nicht alltägliche Beilage zu einem Glas Wein oder Bier? Dann ist dieser salzig-würzige Gugelhopf mit Speckwürfelchen und Baumnusskernen genau das Richtige.

Ergibt 16 Stück

500 g Mehl
1 Würfel Frischhefe (42 g)
150 g Butter
3 dl Milch
1 Ei
1 Esslöffel Zucker
1 Teelöffel Salz
200 g Speck am Stück
30 g Baumnusskerne

Vorbereiten: etwa 15 Minuten
Aufgehen lassen: etwa 2 Stunden
Backen: etwa 45 Minuten

1. Das Mehl in eine Schüssel sieben. In der Mitte eine Vertiefung eindrücken. Die Hefe mit 2 Esslöffeln lauwarmem Wasser verrühren, in die Mehlmulde geben und mit etwas Mehl verrühren.

2. Die Butter in einem Pfännchen schmelzen. Vom Feuer nehmen. Die Milch dazugiessen. Ei, Zucker und Salz beifügen und alles gut verquirlen. Zum Mehl geben und mischen. Dann während 8–10 Minuten zu einem glatten Teig kneten. An einem warmen Ort zugedeckt unter einem feuchten Tuch etwa 2 Stunden um das Doppelte aufgehen lassen.

3. Den Speck in kleine Würfelchen schneiden und ohne Fettzugabe hellbraun braten. Auf Küchenpapier abtropfen lassen.

4. Die Baumnusskerne grob hacken.

5. Eine Gugelhopfform ausbuttern und mit etwas Mehl ausstäuben.

6. Speck und Baumnüsse zum aufgegangenen Teig geben und diesen nochmals gut durchkneten. In die vorbereitete Form füllen.

7. Den Speckgugelhopf im auf 200 Grad vorgeheizten Ofen auf der zweituntersten Rille während etwa 45 Minuten backen. Lauwarm oder kalt servieren.

Käse-Kartoffel-Krapfen

Diese kleinen Krapfen können sowohl mit Blätter- als auch Kuchenteig zubereitet werden und enthalten eine zarte Füllung aus verschiedenen Käsesorten – es können auch Reste sein –, Kartoffeln, Eier, Zwiebeln und Schnittlauch.

Ergibt 16 Stück

400 g Kartoffeln
1 mittlere Zwiebel
1 Bund Schnittlauch
40 g Butter
100 g geriebener Sbrinz
100 g geriebener Gruyère oder Bergkäse
200 g Frischkäse
2 Eier
2 Esslöffel Crème fraîche
Salz, schwarzer Pfeffer aus der Mühle
ca. 400 g Kuchen- oder Blätterteig

Zum Bestreichen:
1 Ei
1 Teelöffel Öl

Vorbereiten: etwa 35 Minuten
Backen: etwa 15 Minuten

1. Die Kartoffeln schälen, in Stücke schneiden und in nicht allzuviel Salzwasser weich kochen. Abschütten, gut abtropfen lassen, dann in die Pfanne zurückgeben und auf der ausgeschalteten Herdplatte trocken dämpfen. Sofort durch das Passevite treiben.

2. Die Zwiebel schälen und fein hacken. Den Schnittlauch in Röllchen schneiden. Die Butter in einem Pfännchen schmelzen und leicht abkühlen lassen. Alle diese Zutaten zusammen mit den verschiedenen Käsesorten, den Eiern und der Crème fraîche zu den durchpassierten Kartoffeln geben. Mischen und pikant mit Salz sowie Pfeffer würzen.

3. Den Teig etwa 2–3 mm dünn auswallen. Daraus 16 Quadrate von je etwa 10 x 10 cm schneiden. Auf jedes Teigstück zwei Esslöffel Füllung geben. Die Teigränder mit Wasser bepinseln. Die Quadrate diagonal zusammenklappen und die Ränder mit einer Gabel festdrücken.

4. Die Krapfen auf ein mit Backpapier belegtes Blech setzen. Ei und Öl verrühren und die Krapfen damit bestreichen.

5. Die Krapfen im auf 200 Grad vorgeheizten Ofen auf der zweituntersten Rille während etwa 15 Minuten goldbraun backen.

Der gute Tip

Krapfen, die mit Blätterteig zubereitet werden, sollte man nach Möglichkeit vor dem Backen mindestens 20 Minuten, besser aber länger kalt stellen; dann springen sie während des Backens weniger leicht auf.

Italienische Kartoffel-Tartelettes

Den belegten Hefeteigfladen – Focaccia genannt –, die es in Italien in jeder Bäckerei zu kaufen gibt, ist dieses mit Kartoffelscheiben belegte Gebäck aus Kuchenteig nachempfunden. Das Geheimnis seines Wohlgeschmacks liegt darin, dass man Kartoffeln und Zwiebeln vor dem Backen wirklich grosszügig mit Olivenöl beträufelt, da sie sonst austrocknen.

Ergibt 10 Stück

400 g kleinere Kartoffeln
4 mittlere Zwiebeln
4 Rosmarinzweige
ca. 200 g Kuchenteig
Salz
ca. 1½ dl kaltgepresstes Olivenöl
schwarzer Pfeffer aus der Mühle

Vorbereiten: etwa 20 Minuten
Backen: etwa 15 Minuten

1. Die Kartoffeln in der Schale in nicht zuviel Wasser knapp weich kochen.

2. Während die Kartoffeln kochen, die Zwiebeln schälen und in dünne Ringe schneiden. Die Rosmarinnadeln von den Zweigen zupfen.

3. Den Kuchenteig rechteckig etwa 2–3 mm dünn auswallen. Daraus 10 gleich grosse Rechtecke schneiden. Auf ein mit Backpapier belegtes Blech setzen.

4. Die Kartoffeln noch heiss schälen, in Scheiben schneiden und ziegelartig auf den Teigrechtecken anordnen. Mit Zwiebelringen belegen und die Rosmarinnadeln darüberstreuen. Alles leicht salzen und grosszügig mit Olivenöl beträufeln.

5. Die Tartelettes im auf 220 Grad vorgeheizten Ofen auf der zweituntersten Rille während etwa 15 Minuten golden backen. Aus dem Ofen nehmen, mit frisch gemahlenem Pfeffer bestreuen und sofort servieren.

Käse-Prussiens

Dieses schnell zubereitete Apéro-Gebäck kann auf zwei verschiedene Arten gerollt werden:
in Schmetterlingsform und als kleine Schnecken. Am besten schmeckt es lauwarm genossen.
Man kann es jedoch problemlos vorbacken und dann im heissen Ofen 3–4 Minuten wärmen.

Ergibt etwa 80 Stück

1 Rolle rechteckig ausgewallter Blätterteig
(25 x 42 cm)
schwarzer Pfeffer aus der Mühle
edelsüsser Paprika
50 g geriebener Gruyère

Vorbereiten: etwa 5 Minuten
Backen: etwa 12 Minuten

1. Den Blätterteig auf der Arbeitsfläche auslegen und grosszügig mit Pfeffer sowie Paprika bestreuen. Den geriebenen Käse darauf verteilen und leicht andrücken.

2. Die Teigplatte in der Breite halbieren, so dass zwei Platten von je 25 x 21 cm entstehen. Die eine Teigplatte von zwei Seiten her zur Mitte hin aufrollen, die andere satt zu einer einfachen Roulade aufrollen. In gut ½ cm dicke Scheiben schneiden und auf ein mit Backpapier belegtes Blech geben.

3. Die Käse-Prussiens im auf 220 Grad vorgeheizten Ofen auf der zweituntersten Rille während etwa 12 Minuten goldbraun backen.

» Abbildung Seite 8 «

Schinkengipfeli

Nicht mit Blätterteig, sondern einem mürben Teig aus Kartoffeln und Quark sind
diese Gipfeli zubereitet. Anstelle der Schinkenfüllung kann man auch eine Gemüse-
oder Käsefüllung verwenden.

Ergibt 8 Stück

Teig:
150 g kleinere, möglichst mehlige Kartoffeln
125 g Magerquark
ca. 125 g Mehl
50 g weiche Butter
1 Ei
Salz
1 Prise Muskatnuss

Füllung:
200 g Schinken, in Scheiben geschnitten
1 Bund Petersilie
1 Schalotte
1 Esslöffel Butter
1 Esslöffel Rahm
schwarzer Pfeffer aus der Mühle

Zum Fertigstellen
1 Eigelb
1 Teelöffel Öl
nach Belieben etwas Kümmel zum Bestreuen

Vorbereiten: etwa 30 Minuten
Teig kühl stellen: etwa 30 Minuten
Backen: 20–25 Minuten

1. Die Kartoffeln in der Schale in nicht zuviel Wasser zugedeckt weich kochen. Noch warm schälen und durch ein Passevite treiben oder an der Bircherraffel fein reiben.

2. Quark, Mehl, Butter, Ei, Salz und Muskat zu den Kartoffeln geben und alles rasch zu einem Teig verkneten. Je nach Stärkegehalt der Kartoffeln muss eventuell noch etwas Mehl beigefügt werden, damit der Teig nicht zu feucht ist. In Klarsichtfolie gewickelt etwa 30 Minuten kühl stellen.

3. In der Zwischenzeit den Schinken und die Petersilie fein hacken. Die Schalotte schälen und ebenfalls sehr fein hacken.

4. In einer beschichteten Bratpfanne die Butter schmelzen. Die Schalotte darin hellgelb dünsten. Den Schinken beifügen und kurz mitdünsten. In eine Schüssel geben. Petersilie und Rahm beifügen, die Masse mit schwarzem Pfeffer würzen und alles gut mischen.

5. Den Teig auf der leicht bemehlten Arbeitsfläche nicht zu dünn auswallen. In vier Quadrate schneiden und diese einmal diagonal halbieren, so dass acht Dreiecke entstehen.

6. In die Mitte jedes Teigstückes etwas Füllung geben. Von der breiten Seite her aufrollen, die Enden leicht umbiegen und die Röllchen zu Gipfeli formen. Auf ein mit Backpapier belegtes Blech geben.

7. Eigelb und Öl verrühren und die Gipfeli damit bestreichen. Nach Belieben mit Kümmel bestreuen.

8. Die Schinkengipfeli im auf 200 Grad vorgeheizten Ofen auf der zweituntersten Rille während 20–25 Minuten goldbraun backen. Heiss oder lauwarm servieren.

Gemüsegipfeli-Kranz

Gipfeli einmal anders: Mit gedünsteten Gemüsewürfelchen gefüllt und das Ganze als Kranz gebacken.

Ergibt 12–14 Stück

Teig:
- 300 g Mehl
- ½ Würfel Frischhefe (ca. 20 g)
- 1½ dl Milch
- 50 g Butter
- ¾ Teelöffel Salz

Füllung:
- 400 g gemischtes Gemüse (Zucchetti, Rüebli, Peperoni, Lauch, Wirz usw.), gerüstet gewogen
- 1 mittlere Zwiebel
- 1 Esslöffel Butter
- ½ dl Weisswein
- Salz, Pfeffer aus der Mühle
- 1 Bund Basilikum

Zum Fertigstellen:
- 1 Eigelb
- 1 Teelöffel Rahm

Vorbereiten: etwa 30 Minuten
Aufgehen lassen: 1 Stunde + 30 Minuten
Backen: etwa 30 Minuten

1 Das Mehl in eine Schüssel sieben und in der Mitte eine Vertiefung eindrücken. Die Hefe mit 2 Esslöffeln der Milch verrühren, in die Mehlmulde geben und etwas Mehl darüberstäuben.

2 Die Butter in einem Pfännchen schmelzen. Vom Feuer nehmen. Die restliche Milch dazugiessen und zum Mehl geben. Das Salz darüberstreuen. Alles mischen, dann während 8–10 Minuten zu einem glatten Teig kneten. Zugedeckt unter einem feuchten Tuch an einem warmen Ort etwa 1 Stunde aufgehen lassen.

3 In der Zwischenzeit das Gemüse in kleinste Würfelchen bzw. Streifchen schneiden. Die Zwiebel schälen und fein hacken.

4 Die Butter schmelzen. Zwiebel und Gemüse beifügen und und unter Wenden 3–4 Minuten dünsten. Den Weisswein dazugiessen. Das Gemüse mit Salz und Pfeffer würzen und noch so lange ungedeckt kochen lassen, bis alle Flüssigkeit verdampft ist. Auskühlen lassen.

5 Das Basilikum in Streifchen schneiden und unter das Gemüse mischen.

6 Den Hefeteig auf der leicht bemehlten Arbeitsfläche so dünn als möglich auswallen. Mit einem scharfen Messer in 12–14 Dreiecke schneiden. Jeweils 1 Löffel Gemüsefüllung auf jedes Teigstück geben und dieses von der Breitseite her zu einem Gipfeli aufrollen.

7 Eine Rosettenform oder ein rundes Wähenblech ausbuttern. Die Gipfeli darin kranzförmig anordnen. Nochmals etwa 30 Minuten aufgehen lassen.

8 Eigelb und Rahm verrühren. Die Gipfeli damit bestreichen.

9 Den Gipfeli-Kranz im auf 220 Grad vorgeheizten Ofen auf der zweituntersten Rille während etwa 30 Minuten backen. Heiss oder lauwarm servieren.

Ofenküchlein mit Lachsmousse

Die Rauchlachsmousse eignet sich auch als raffinierte Vorspeise, in einem grösseren Ofenküchlein serviert oder aber solo mit einer kleinen Salatgarnitur angerichtet.

Ergibt etwa 24 Stück

Teig:
- 2 dl Wasser
- ¼ Teelöffel Salz
- 50 g Butter
- 125 g Mehl
- 3 Eier

Füllung:
- 200 g geräucherter Lachs
- 1 Beutel Sulzpulver
- 1 dl Rahm
- ½ Bund Dill
- schwarzer Pfeffer aus der Mühle

Vorbereiten: etwa 20 Minuten
Backen: etwa 12 Minuten
Füllung: etwa 20 Minuten
Kühl stellen: mindestens 1 Stunde

1. Den Teig nach Grundrezept auf Seite 25 zubereiten. In einen Spritzsack mit gezackter Tülle füllen und etwa baumnussgrosse Häufchen auf ein mit Backpapier belegtes Blech spritzen.

2. Die Mini-Ofenküchlein im auf 200 Grad vorgeheizten Ofen auf der zweituntersten Rille während etwa 12 Minuten hellbraun backen. Auf einem Kuchengitter auskühlen lassen.

3. Den Lachs in Streifen schneiden.

4. Die Sulz nach Vorschrift auf dem Beutel zubereiten und abkühlen lassen. 1 dl Sulz abmessen. Mit dem Lachs in den Mixer geben und fein pürieren.

5. Den Rahm steif schlagen. Den Dill fein hacken. Beides sorgfältig unter die Lachsmousse mischen und diese mit reichlich frisch gemahlenem Pfeffer aus der Mühle würzen. Die Mousse mindestens 1 Stunde kühl stellen.

6. Die Ofenküchlein aufschneiden und mit der Lachsmousse füllen.

Kräuter-Schnecken

Für 10–12 Personen zum Aperitif

2 Bund Petersilie
1 Bund Basilikum
1 Bund Schnittlauch
2 Eier
150 g geriebener Gruyère
50 g geriebener Sbrinz
schwarzer Pfeffer
aus der Mühle
ca. 250 g Blätterteig

Vorbereiten: etwa 10 Minuten
Kühl stellen: mindestens 20 Minuten
Backen: 15–20 Minuten

Dieses Blätterteiggebäck kann auch eine originelle Beilage zu einer Salatmahlzeit oder einem Vorspeisen-Salat sein. Besonders schnell zubereitet ist es, wenn man bereits fertig ausgewallten Teig verwendet.

1. Alle Kräuter fein schneiden.

2. Die Eier verquirlen. Die Kräuter und die beiden Käsesorten beifügen, alles gut mischen und mit reichlich frisch gemahlenem Pfeffer würzen.

3. Den Teig rechteckig dünn auswallen. Die Füllung darauf ausstreichen, dabei rundum einen Rand von etwa 2 cm frei lassen. Dann die Teigplatte von der Längsseite her satt aufrollen. Mindestens 20 Minuten kühl stellen.

4. Die Teigrolle mit einem grossen, scharfen Messer in knapp 1 cm dicke Scheiben schneiden. Auf ein mit Backpapier belegtes Blech legen.

5. Die Schnecken im auf 220 Grad vorgeheizten Ofen auf der zweituntersten Rille während 15–20 Minuten goldbraun backen.

Brandteig – Schritt für Schritt

2 dl Wasser
¼ Teelöffel Salz
50 g Butter
125 g Mehl
3 Eier

Vorbereiten: etwa 15 Minuten
Backen:
je nach Grösse 12–25 Minuten

Der Brandteig ist einzigartig: Zuerst muss er in die Pfanne, dann in den Ofen – und heraus kommt ein luftiges Gebäck, das reichlich Platz bietet für pikante und süsse Füllungen. Je nach Grösse und Form hat das Gebäck andere Namen: Ofenküchlein, Choux oder Windbeutel nennt man die knapp tennisballgrossen Brandteigkugeln; als Minikugeln werden sie zu Profiteroles, in länglicher Form zu Eclairs und schliesslich zu einem Kranz geformt zu einer Paris-Brest.

Der gute Tip

Brandteiggebäck eignet sich gut zum Tiefkühlen: sofort nach dem Erkalten in Gefrierbeutel verpacken und tiefkühlen. Es ist bei Zimmertemperatur einzeln ausgebreitet in etwa einer halben Stunde aufgetaut. Noch schneller geht es, wenn man das Gebäck 5 Minuten in den 200 Grad heissen Ofen gibt.

1. Das Wasser mit dem Salz und der Butter aufkochen. Das Mehl «im Sturz», das heisst alles auf einmal unter kräftigem Rühren hineingeben. Den Teig so lange weiterschlagen, bis er glatt ist und sich als Kloss von der Pfanne löst.

2. Die Pfanne vom Feuer nehmen. Ein Ei nach dem andern unter den Teig arbeiten. Dazu kann auch das Handrührgerät verwendet werden.

3. Ein grosses Blech mit Backpapier belegen. Den Brandteig in einen Spritzsack mit gezackter Tülle füllen und beliebige Formen auf das Blech spritzen. Man kann den Teig auch mit Hilfe von zwei Löffeln abstechen und als kleine Häufchen auf das Blech setzen. Wichtig: Das Gebäck verdoppelt oder verdreifacht gar sein Volumen beim Backen, deshalb genügend Abstand zwischen den einzelnen Stücken lassen.

4. Das Gebäck im auf 200 Grad vorgeheizten Ofen auf der zweituntersten Rille je nach Grösse während 12–25 Minuten hellbraun backen. Vom Blech nehmen und auf einem Kuchengitter auskühlen lassen. Das Gebäck erst unmittelbar vor dem Füllen mit einer Schere aufschneiden.

Pizza Margherita
» Rezept Seite 50 «

Würzige Wähen, Pies, Quiches,
Pizzen, Strudel und Pasteten

Ofenfrisch

Kaum ein Land, das nicht seine ureigenen salzigen Kuchen kennt: Was dem Schweizer seine Wähe, ist dem Italiener die Pizza, dem Franzosen die Quiche, dem Angelsachsen der Pie und dem Österreicher der Strudel. Allen gemeinsam ist nicht nur ihr unwiderstehlicher Duft, wenn sie frisch aus dem Ofen kommen, sondern auch die Vielfalt, in der sie zubereitet werden. Und spätestens wenn Sie unsere Vorschläge in diesem würzigen Kapitel durchprobiert haben, werden auch Sie ein paar neue Einfälle haben, womit Sie den Teig noch belegen können.

Provenzalischer Zwiebelkuchen

Quark-Öl-Teig nennt sich der Teig für diesen saftigen Kuchen. Er ist – im Gegensatz zu einem herkömmlichen Mürbeteig – sehr schnell zubereitet und braucht keine Ruhezeit, bevor er weiterverarbeitet wird. Deshalb wird in diesem Rezept zuerst die Füllung und dann der Teig zubereitet. Der Quark-Öl-Teig kann überall dort verwendet werden, wo im Rezept Kuchenteig erforderlich ist.

Ergibt 12 Stück

Füllung:
500 g Zwiebeln
4 Knoblauchzehen
½ dl Olivenöl
1 Teelöffel Thymianblättchen
1 Esslöffel gehackte Petersilie
1 Lorbeerblatt
2 Fleischtomaten oder
1 Dose Pelati-Tomaten (400 g)
Salz, schwarzer Pfeffer
1½ dl Crème fraîche oder Doppelrahm
2 Eier

Teig:
150 g Magerquark
½ Teelöffel Salz
1 Ei
6 Esslöffel Öl
250 g Mehl
1 gehäufter Teelöffel Backpulver

Zubereiten: etwa 40 Minuten
Backen: 45–50 Minuten

1. Die Zwiebeln schälen und grob hacken.

2. Die Knoblauchzehen schälen und in feine Scheiben schneiden.

3. Das Öl erhitzen und die Zwiebeln sowie den Knoblauch auf mittlerem Feuer unter Wenden andünsten. Dann die Hitze klein stellen und den Thymian, die Petersilie und das Lorbeerblatt beifügen. Die Zwiebeln unter gelegentlichem Wenden etwa 20 Minuten schmoren lassen.

4. In der Zwischenzeit die Tomaten kurz in kochendes Wasser tauchen, schälen, quer halbieren, entkernen und in Würfel schneiden. Werden Pelati-Tomaten verwendet, den Saft abschütten (z.B. für eine Suppe verwenden), die Tomaten sehr gut abtropfen lassen, dann in Stücke schneiden.

5. Die Pfanne mit den Zwiebeln vom Feuer nehmen. Das Lorbeerblatt entfernen. Die Tomatenstücke beifügen und die Gemüsemasse mit Salz und Pfeffer würzen. Etwas abkühlen lassen.

6. Für den Teig Quark, Salz und Ei mit dem Handrührgerät gut verrühren. Dann ein Esslöffel Öl nach dem andern unterschlagen. Mehl und Backpulver mischen und über die Quarkmasse sieben. Alles gut mischen, dann rasch zu einem glatten Teig kneten.

7. Den Teig auf der bemehlten Arbeitsfläche etwa 3 mm dünn auswallen. Eine Springform von etwa 24 cm Durchmesser damit auslegen. Den Teigboden mit einer Gabel regelmässig einstechen.

8. Crème fraîche oder Doppelrahm sowie die Eier verquirlen, leicht würzen und mit dem Zwiebel-Tomaten-Gemüse mischen. Wenn nötig nachwürzen. Auf dem Teigboden verteilen.

9. Den Kuchen im auf 200 Grad vorgeheizten Ofen auf der untersten Rille während 45–50 Minuten backen; dunkelt die Oberfläche zu stark, mit Alufolie abdecken.

»Abbildung Seite 30/31«

Fleischkäse im Brotteig

Fleischkäse einmal anders: Kalbsbrät wird vermischt mit Peperoniwürfelchen, Gewürzgurken und Maiskörnern, rassig gewürzt mit frischer Chilischote und das Ganze eingebacken in Teig. Wer die Zubereitung eines Brotteiges scheut, kann fertigen Pizzateig oder Weggliteig vom Bäcker (unbedingt vorbestellen!) verwenden; dadurch reduziert sich natürlich auch die Zubereitungszeit erheblich.

Ergibt 10–12 Tranchen

500 g Halbweiss- oder Ruchmehl
2 Teelöffel Salz
½ Würfel Frischhefe (ca. 20 g)
ca. 4½ dl lauwarme Milch

Füllung:
1 rote Peperoni
1 Chilischote
4 Gewürznelken
800 g Kalbsbrät
2 Esslöffel Sherry
1 kleine Dose Maiskörner,
ca. 285 g Abtropfgewicht

Teig: etwa 15 Minuten + 45 Minuten aufgehen lassen
Füllung: etwa 15 Minuten
Backen: 35–40 Minuten

1. Mehl und Salz in einer Schüssel mischen. Die Hefe in der Milch auflösen und beifügen. Alles mischen, dann während 8–10 Minuten zu einem glatten, geschmeidigen Teig kneten. In der Schüssel zugedeckt an einem warmen Ort während etwa 45 Minuten um das Doppelte aufgehen lassen.

2. Inzwischen die Füllung zubereiten: Die Peperoni halbieren, entkernen und klein würfeln. Die Chilischote der Länge nach halbieren, entkernen und in feinste Streifchen schneiden. Die Gewürzgurken klein würfeln. Alle diese Zutaten mit dem Kalbsbrät, dem Sherry und den Maiskörnern gut mischen.

3. Den Backofen auf 250 Grad vorheizen.

4. Den aufgegangenen Brotteig zu einem 3–4 mm dünnen Rechteck auswallen. Die Brätmasse in die Mitte geben und zu einem Laib formen. Im Brotteig einhüllen. Mit der Verschlussseite nach unten auf ein mit Backpapier belegtes Blech legen. Das Brot mit Wasser bepinseln.

5. Die Ofentemperatur auf 200 Grad zurückschalten. Das Brätbrot auf der zweituntersten Rille während 35–40 Minuten backen. Heiss, lauwarm oder ausgekühlt servieren.

Lauch-Lachs-Küchlein

»Abbildung Seite 31«

Rauchlachsstreifchen und frisches Basilikum verleihen diesen Lauchküchlein die besondere Note. Nach Belieben kann die Füllung auch im grossen Wähenblech (Durchmesser ca. 22 cm) gebacken werden (während 30–35 Minuten).

Ergibt 8 Stück

ca. 400 g Blätterteig
1 grosser Lauchstengel
25 g Butter
1 dl Weisswein
Salz, Pfeffer
150 g Rauchlachs
8 Basilikumblätter
2 Eier
2 dl Rahm

Zubereiten: etwa 25 Minuten
Backen: etwa 20 Minuten

1. Den Blätterteig 2–3 mm dünn auswallen. 8 Rondellen ausstechen, die deutlich grösser sind als die verwendeten Portionenförmchen. Die Förmchen damit auslegen. Den Teigboden mit einer Gabel regelmässig einstechen und kühl stellen.

2. Den Lauch rüsten und in feine Ringe schneiden. In der warmen Butter andünsten. Den Weisswein beifügen und vollständig einkochen lassen. Den Lauch mit Salz und Pfeffer würzen. Auskühlen lassen.

3. Den Rauchlachs in Streifchen schneiden. Das Basilikum grob hacken. Beides unter das Lauchgemüse mischen. In die vorbereiteten Förmchen verteilen.

4. Eier und Rahm verquirlen. Mit Salz und Pfeffer würzen. Über das Lauchgemüse verteilen.

5. Die Küchlein im auf 220 Grad vorgeheizten Ofen auf der zweituntersten Rille während etwa 20 Minuten backen. Heiss oder lauwarm servieren.

Tarte aus der Auvergne
» Rezept Seite 32 «

Fleischkäse im Brotteig
》 Rezept Seite 29 《

Rindfleisch-Strudel
》 Rezept Seite 32 《

Lauch-Lachs-Küchlein
》 Rezept Seite 29 《

» Abbildung Seite 31 «

Rindfleisch-Strudel

Dieser herzhafte Strudel besitzt eine Füllung aus Rindshuft, Peperoni, Frühlingszwiebeln und Frischkäse. Er kann bis aufs Backen vorbereitet werden, sollte jedoch mit einem feuchten Tuch gedeckt werden, damit die dünne Teigkruste nicht eintrocknet und beim Backen aufspringt.

Ergibt etwa 8 Portionen

Teig:
250 g Mehl
knapp 1½ dl Wasser
2 Esslöffel Öl
½ Teelöffel Salz

Füllung:
3 Peperoni (rote und gelbe Früchte)
3 Frühlingszwiebeln
400 g Rindshuft
Salz, schwarzer Pfeffer aus der Mühle
1 Esslöffel Bratbutter
150 g Formaggini oder Feta
1 Bund italienische Petersilie
75 g Butter

Teig: etwa 10 Minuten + 30 Minuten ruhen lassen.
Füllung: etwa 20 Minuten
Backen: 30–35 Minuten

1. Den Strudelteig nach Grundrezept auf Seite 42 zubereiten. Ruhen lassen.

2. Die Peperoni halbieren, entkernen, in dünne Streifen schneiden und diese halbieren.

3. Die Frühlingszwiebeln mitsamt schönen Röhrchen in Streifen schneiden.

4. Die Rindshuft zuerst in möglichst dünne Scheiben, dann in kleine Vierecke schneiden. Mit Salz und Pfeffer würzen. In zwei Portionen sekundenschnell (!) in der Hälfte der Bratbutter anbraten. Aus der Pfanne nehmen.

5. Die restliche Butter zum Bratensatz geben. Peperoni und Frühlingszwiebeln andünsten. Mit Salz und Pfeffer würzen. Auskühlen lassen. Dann mit dem Fleisch mischen.

6. Die Formaggini oder den Feta klein würfeln. Die Petersilie grob hacken. Beides zur Fleisch-Gemüse-Mischung geben.

7. Den Strudelteig nach Grundrezept ausziehen. Dickere Randpartien abschneiden.

8. Die Butter schmelzen. Den Teig damit bestreichen. Die Fleisch-Gemüse-Füllung auf dem oberen Teigdrittel verteilen, dabei an den drei Seiten einen Rand von 2 cm frei lassen. Den Teig seitlich und oben über die Füllung schlagen und den Strudel mit Hilfe des Küchentuches aufrollen. Mit der Verschlussseite nach unten auf ein mit Backpapier belegtes Blech geben. Mit flüssiger Butter bestreichen.

9. Den Strudel im auf 220 Grad vorgeheizten Ofen auf der zweituntersten Rille während 30–35 Minuten goldbraun backen, dabei noch zwei- bis dreimal mit Butter bestreichen.

Tarte aus der Auvergne

» Abbildung Seite 30 «

Wie einfach Gutes sein kann, zeigt dieses Rezept aus der französischen Regionalküche: Ein gesalzener Mürbeteig – wenn's eilt, kann es auch ein gekaufter Kuchenteig sein – wird mit einer Roquefort-Crème fraîche-Masse belegt, die mit etwas Calvados parfümiert ist.

Ergibt 12 Stück

Teig:
250 g Mehl
¾ Teelöffel Salz
125 g Butter
1 Ei

Belag:
250 g Roquefort
1½ dl Crème fraîche
2 Esslöffel Vollrahm
2 Esslöffel Calvados

Teig: etwa 10 Minuten + 30 Minuten kühl stellen
Füllung: etwa 5 Minuten
Backen: 30–35 Minuten

1. Mehl und Salz mischen. Die Butter in Flocken dazuschneiden. Dann alles zwischen den Fingern bröselig reiben. Das Ei verquirlen und beifügen; je nach Grösse des Eies wenn nötig 1–2 Esslöffel kaltes Wasser zugeben. Die Zutaten rasch zu einem glatten Teig zusammenkneten. Zu einer Kugel formen und in Klarsichtfolie gewickelt etwa 30 Minuten kühl stellen.

2. Die Hälfte des Roquefort mit der Crème fraîche, dem Vollrahm und dem Calvados mit einer Gabel möglichst gut verrühren bzw. zerdrücken. Den restlichen Roquefort zerbröckeln.

3. Den Teig auf der leicht bemehlten Arbeitsfläche unter Klarsichtfolie etwa 4 mm dick auswallen und ein rundes Wähenblech von 24 cm Durchmesser damit auslegen. Den Boden mit einer Gabel regelmässig einstechen. Die Käsemasse darauf ausstreichen und den zerbröckelten Roquefort darüber verteilen.

4. Die Tarte im auf 200 Grad vorgeheizten Ofen auf der untersten Rille während 30–35 Minuten nicht zu dunkel backen. Lauwarm servieren.

Pilz-Quiche

Quiches sind in Frankreich – wie bei uns Wähen – nicht nur eine vollständige Mahlzeit, sondern in kleinen Portionen serviert auch beliebter Auftakt zu einem mehrgängigen Menü. In kleinsten Förmchen gebacken ergeben sie originelle Aperitif-Beilagen.

Ergibt 12 Stück

Mürbeteig:
200 g Mehl
½ Teelöffel Salz
100 g Butter
½ dl eiskaltes Wasser

Füllung:
20 g getrocknete Steinpilze
400 g Champignons
1 grosse Zwiebel
1 Esslöffel Butter
Salz, schwarzer Pfeffer aus der Mühle

Guss:
100 g Doppelrahm-Frischkäse mit Meerrettich
2 dl Halbrahm
2 Eier
6–8 Thymianzweige
½ Bund Petersilie
Salz, Pfeffer

Teig: etwa 10 Minuten + 30 Minuten kühl stellen
Füllung: etwa 25 Minuten
Backen: 35–40 Minuten

1. Das Mehl in eine Schüssel sieben und mit dem Salz mischen. Die Butter in kleinen Flocken dazuschneiden. Alles zwischen den Fingern rasch zu einer bröseligen Masse reiben. Das eiskalte Wasser beifügen und die Zutaten zu einem glatten Teig zusammenfügen. In Klarsichtfolie gewickelt mindestens 30 Minuten kühl stellen.

2. Die Steinpilze 15 Minuten in lauwarmem Wasser einweichen.

3. Die Champignons waschen, rüsten und in Scheiben schneiden.

4. Die Zwiebel schälen, fein hacken und bei mittlerer Hitze in der Butter andünsten.

5. Die Hitze höher stellen, die gut abgetropften Steinpilze sowie die Champignons beifügen und alles unter Wenden etwa 3 Minuten dünsten; die Pilzflüssigkeit vollständig verdampfen lassen. Die Pilze mit Salz und Pfeffer würzen und leicht abkühlen lassen.

6. Den Teig auf der bemehlten Arbeitsfläche etwas grösser als ein Wähenblech oder eine Quicheform von 24 cm Durchmesser auswallen. Die Form damit auslegen. Den Boden mit einer Gabel regelmässig einstechen. Die Pilzmasse darauf verteilen.

7. Für den Guss Frischkäse, Halbrahm und Eier zu einer glatten Creme rühren. Thymianblättchen von den Zweigen zupfen; Petersilie fein hacken. Beides zum Guss geben und mit Salz und Pfeffer würzen. Über die Pilze verteilen.

8. Die Quiche im auf 200 Grad vorgeheizten Ofen auf der untersten Rille während 35–40 Minuten backen. Sollte die Oberfläche zu rasch bräunen, mit Alufolie abdecken.

Wurst-Quiche mit Kräutern

Ergibt 12 Stück

Die französische Hausfrau bereitet den Teig für die Quiche immer selber zu. Wenn es jedoch eilt, kann man auch unseren fertigen Kuchenteig verwenden. Blätterteig hingegen wird nie für die Zubereitung von Quiches genommen. Hausgemachter Mürbeteig hält sich in Folie gewickelt eine Woche im Kühlschrank frisch und kann auch tiefgekühlt werden.

Mürbeteig:
- 200 g Mehl
- ½ Teelöffel Salz
- 100 g Butter
- ½ dl eiskaltes Wasser

Füllung:
- 2 grosse Zwiebeln
- 2 Knoblauchzehen
- 2 Esslöffel Butter
- 3 Schweinsbratwürste
- 6 Esslöffel gemischte, feingehackte Kräuter (z.B. Petersilie, Basilikum, Thymian, Rosmarin, Salbei usw.)

Guss:
- 300 g saurer Halbrahm
- 2 Eier
- Salz, schwarzer Pfeffer

Teig: etwa 10 Minuten + 30 Minuten kühl stellen
Füllung: etwa 15 Minuten
Backen: 35–40 Minuten

1. Das Mehl in eine Schüssel sieben und mit dem Salz mischen. Die Butter in kleinen Flocken dazuschneiden. Alles zwischen den Fingern rasch zu einer bröseligen Masse reiben. Das eiskalte Wasser beifügen und die Zutaten zu einem glatten Teig zusammenfügen. In Klarsichtfolie gewickelt mindestens 30 Minuten kühl stellen.

2. Zwiebeln und Knoblauch schälen und fein hacken. In einer beschichteten Bratpfanne bei mittlerer Hitze in der Butter andünsten.

3. Das Bratwurstbrät aus der Wursthaut drücken und beifügen. Während des Anbratens mit einer grossen Gabel möglichst fein zerdrücken. Zuletzt die Kräuter beifügen. Leicht abkühlen lassen.

4. Den Teig auf der bemehlten Arbeitsfläche etwas grösser als ein Wähenblech oder eine Quicheform von 24 cm Durchmesser auswallen. Die Form damit auslegen. Den Boden mit einer Gabel regelmässig einstechen. Die Bratwurstmasse darauf verteilen.

5. Sauren Halbrahm, Eier sowie etwas Salz und Pfeffer verquirlen. Über die Wurstmasse verteilen.

6. Die Quiche im auf 200 Grad vorgeheizten Ofen auf der untersten Rille während 35–40 Minuten backen. Sollte die Oberfläche zu rasch bräunen, mit Alufolie abdecken.

Tomaten-Käse-Quiche

Im Sommer kann man anstelle der Pelati-Tomaten aus der Dose auch San Marzano- oder Flaschentomaten verwenden. Sie werden zuerst gehäutet und grosse Exemplare der Länge nach halbiert. Die Verwendung von Fleischtomaten hingegen ist weniger empfehlenswert, da sie meist zuviel Saft abgeben und die Quiche «verwässern».

Ergibt 12 Stück

Mürbeteig:
200 g Mehl
½ Teelöffel Salz
100 g Butter
½ dl eiskaltes Wasser

Füllung:
1 dl Milch
1½ dl Rahm
2 Eier
150 g geriebener Gruyère
Salz, schwarzer Pfeffer
1 Bund Basilikum oder Petersilie
1 Dose Pelati-Tomaten (400 g)

Teig: etwa 10 Minuten + 30 Minuten kühl stellen
Füllung: etwa 5 Minuten
Backen: 35–40 Minuten

1. Das Mehl in eine Schüssel sieben und mit dem Salz mischen. Die Butter in kleinen Flocken dazuschneiden. Alles zwischen den Fingern rasch zu einer bröseligen Masse reiben. Das eiskalte Wasser beifügen und die Zutaten zu einem glatten Teig zusammenfügen. In Klarsichtfolie gewickelt mindestens 30 Minuten kühl stellen.

2. Den Teig auf der bemehlten Arbeitsfläche etwas grösser als ein Wähenblech oder eine Pieform von 24 cm Durchmesser auswallen. Die Form damit auslegen. Den Boden mit einer Gabel regelmässig einstechen.

3. Die Milch, den Rahm, die Eier und den geriebenen Käse mischen und mit Salz sowie Pfeffer würzen. Das Basilikum oder die Petersilie fein hacken und beifügen. Die Masse auf den Teigboden geben.

4. Die Pelati-Tomaten sorgfältig in ein Sieb abschütten und gut abtropfen lassen; der Saft wird nicht verwendet. Die ganzen Tomaten in den Käseguss legen.

5. Die Quiche im auf 200 Grad vorgeheizten Ofen auf der untersten Rille während 35–40 Minuten backen. Sollte die Oberfläche zu rasch bräunen, mit Alufolie abdecken. Die Quiche vor dem Aufschneiden 5–10 Minuten ruhen lassen.

Speck-Kartoffel-Cake

Dieser Cake schmeckt am besten, wenn er warm serviert wird. Er kann jedoch gut im voraus gebacken werden; in diesem Fall wird er vor dem Servieren in Tranchen geschnitten und in heisser Butter auf beiden Seiten kurz gebraten. Für besonders Hungrige gibt es neben Salat Spiegeleier als Beilage.

Ergibt etwa 16 Scheiben

200 g Bratspeck, in Tranchen geschnitten
500 g Kartoffeln
2 grosse Zwiebeln
60 g Mehl
2 dl Milch
4 Eier
Salz, schwarzer Pfeffer aus der Mühle

Zubereiten: etwa 10 Minuten
Backen: 35–40 Minuten

1. Den Speck zuerst in Streifen schneiden, dann mit einem Wiegemesser fein hacken.

2. Die Kartoffeln schälen und an der Röstiraffel reiben.

3. Die Zwiebeln schälen und fein hacken.

4. Das Mehl in eine Schüssel sieben und mit der Milch verrühren. Die Eier beifügen, dann den Speck, die Kartoffeln und die Zwiebeln untermischen. Den Teig mit Salz und Pfeffer würzen.

5. Eine mittlere Cakeform gut ausbuttern und den Teig einfüllen.

6. Den Cake sofort im auf 200 Grad vorgeheizten Ofen auf der zweituntersten Rille während 35–40 Minuten backen. Herausnehmen, den Rand mit einem Messer sorgfältig lösen und den Cake auf eine Platte stürzen. Heiss servieren.

Lauch-Mohn-Quiche

Ein zart-knuspriger Quark-Blätterteig bildet den Boden dieser Quiche, deren Lauchfüllung raffiniert gewürzt ist mit Meerrettich-Frischkäse und Mohnsamen. Anstelle des hausgemachten Teiges kann auch ein gekaufter Kuchen- oder Blätterteig verwendet werden.

Ergibt 12 Stück

Teig:
150 g Mehl
¾ Teelöffel Salz
150 g Magerquark
150 g kalte Butter

Füllung:
3–4 mittlere Lauchstengel
1 mittlere Zwiebel
25 g Butter
Salz, Pfeffer
1½ dl Crème fraîche
125 g Cantadou mit Meerrettich
3 Eier
50 g geriebener Sbrinz
2 Esslöffel Mohnsamen

Teig: etwa 10 Minuten + 30 Minuten kühl stellen.
Füllung: etwa 15 Minuten
Backen: 30–35 Minuten

1. Mehl und Salz mischen. Den Quark und die in kleine Stücke geschnittene Butter beifügen. Alle Zutaten mit einem Tafelmesser so lange «schneiden», bis eine bröselige Masse entstanden ist. Diese rasch zu einem glatten Teig zusammenfügen. In Klarsichtfolie wickeln und etwa 30 Minuten kühl stellen. Nach Belieben dem Teig einige «Touren» geben, damit er besonders blättrig und knusprig wird (siehe Grundrezept Quarkblätterteig, S. 61).

2. Den Lauch rüsten, waschen und in dünne Ringe schneiden.

3. Die Zwiebel schälen und fein hacken. In der Butter hellgelb dünsten.

4. Den Lauch beifügen, mit Salz und Pfeffer würzen und unter häufigem Wenden 5 Minuten dünsten; wenn nötig 2–3 Esslöffel Wasser beifügen. Auskühlen lassen.

5. Den Teig auf der bemehlten Arbeitsfläche 2–3 mm dünn auswallen. Eine Quicheform oder ein Wähenblech von etwa 24 cm Durchmesser damit auslegen. Den Boden mit einer Gabel regelmässig einstechen.

6. Crème fraîche, Cantadou, Eier, Sbrinz und Mohn gut mischen und pikant mit Salz und Pfeffer würzen. Das Lauchgemüse sorgfältig untermischen. Alles auf dem Teigboden verteilen.

7. Die Lauch-Mohn-Quiche im auf 200 Grad vorgeheizten Ofen auf der untersten Rille während 30–35 Minuten backen.

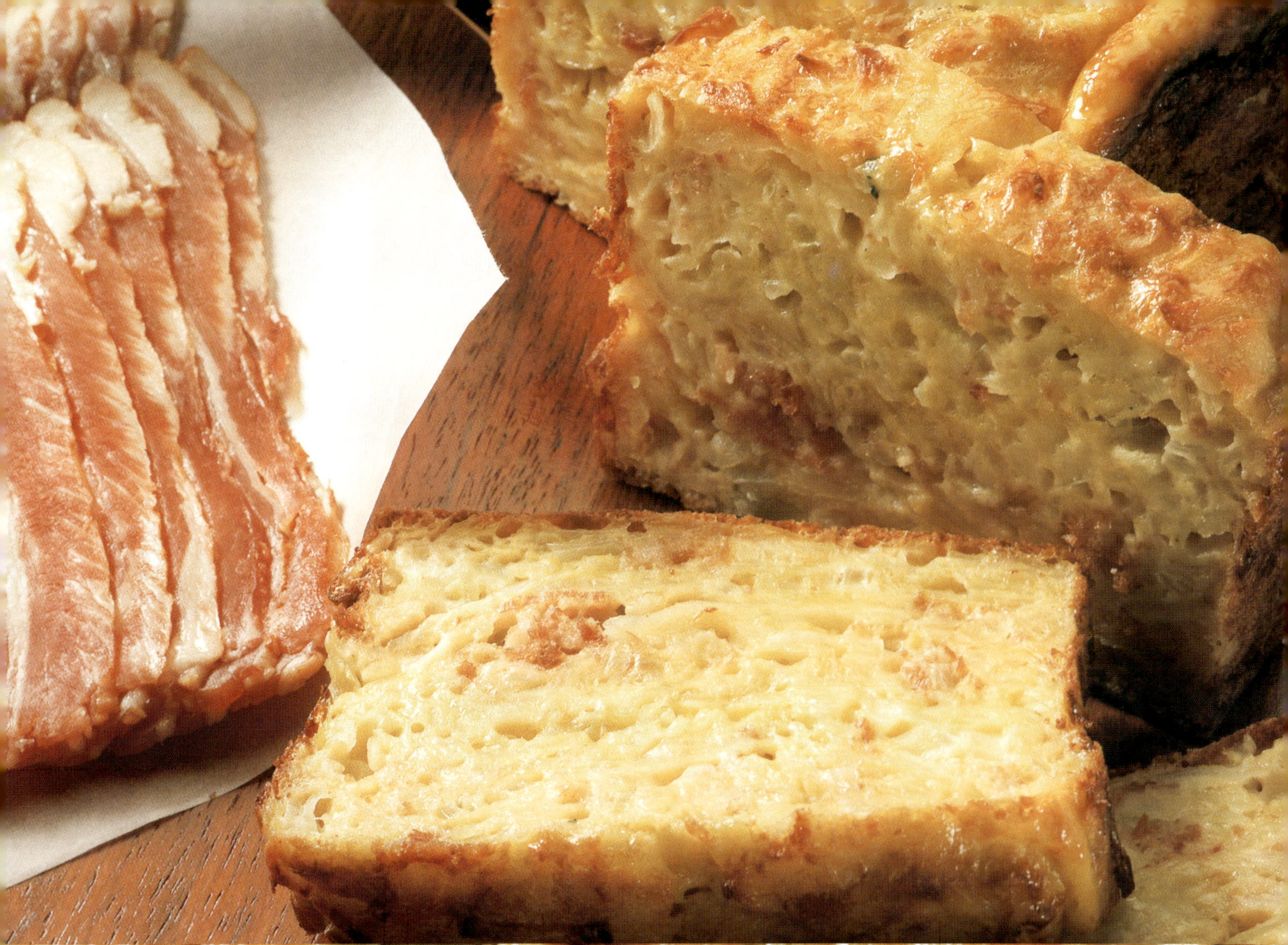

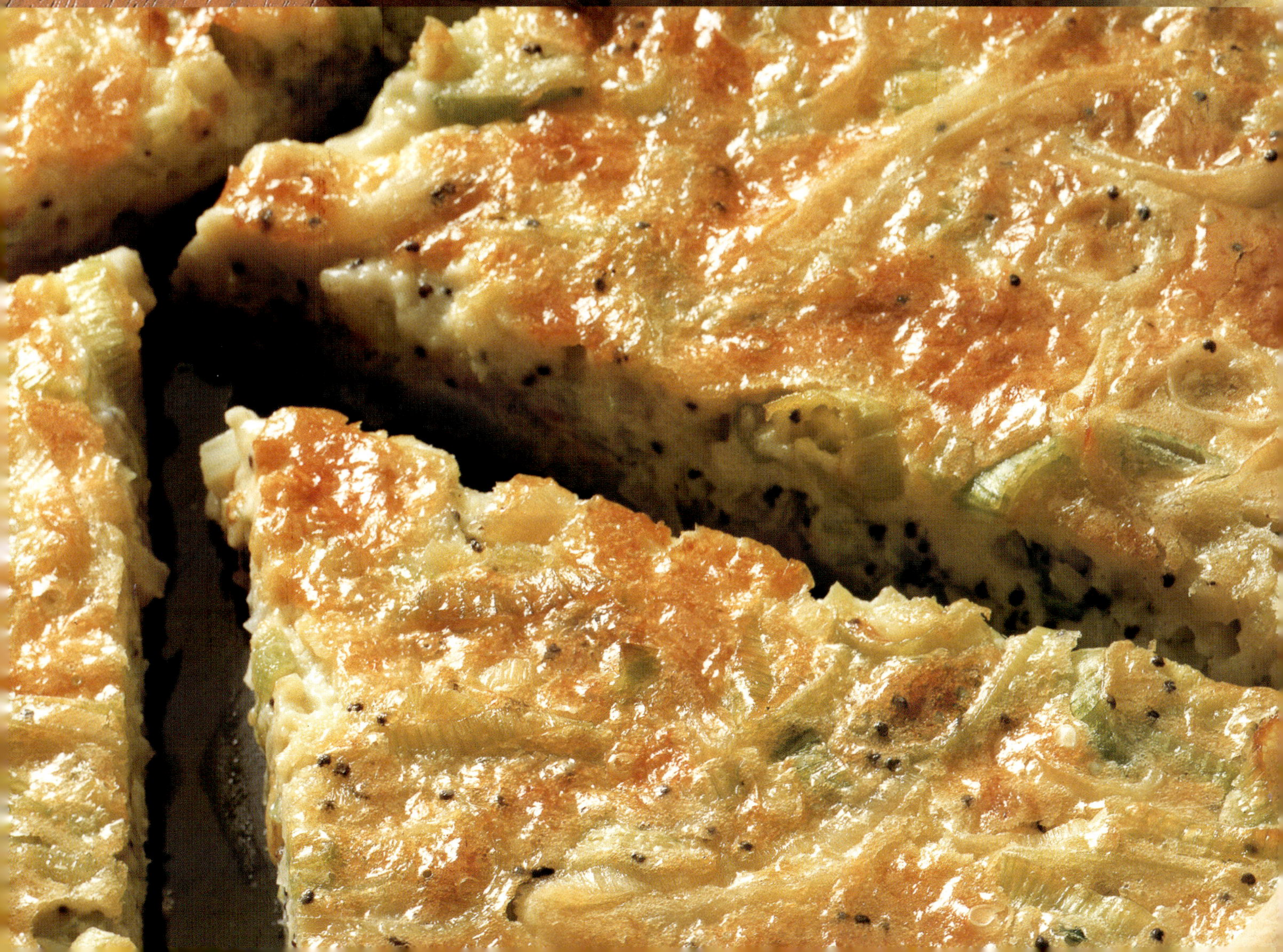

Quiche Lorraine

Der Lothringer Speckkuchen gehört zu den bekanntesten Spezialitäten der französischen Küche, und wie bei vielen traditionellen Gerichten gibt es eine Vielzahl von Rezepten. Verwechselt wird die Quiche Lorraine übrigens oft mit dem Elsässer «Flammekueche», der jedoch auf der Basis eines Hefeteiges und mit wesentlich mehr Zwiebeln zubereitet wird.

Ergibt 12 Stück

Mürbeteig:
250 g Mehl
½ Teelöffel Salz
125 g kalte Butter
ca. ½ dl eiskaltes Wasser

Füllung:
250 g magere Speckscheiben
1 grosse Zwiebel
1 Esslöffel Butter
150 g Gruyère
4 Eier
2½ dl Rahm
2½ dl Milch
Salz, Pfeffer, Muskat

Teig: etwa 10 Minuten + 30 Minuten kühl stellen
Füllung: etwa 15 Minuten
Backen: etwa 40 Minuten

1. Mehl und Salz mischen. Die Butter in Flocken dazuschneiden. Alles zwischen den Fingern bröselig reiben. Das Wasser beigeben und die Zutaten rasch zu einem glatten Teig kneten. Zu einer Kugel formen und mindestens 30 Minuten kühl stellen.

2. Den Speck in feine Streifchen schneiden.

3. Die Zwiebel schälen und in dünne Ringe schneiden.

4. Die Butter in eine beschichtete Bratpfanne geben. Den Speck beifügen und leicht anrösten. Dann die Zwiebel dazugeben und weich dünsten. Leicht abkühlen lassen.

5. Den Teig auf der bemehlten Arbeitsfläche 3–4 mm dünn auswallen. Eine Springform von etwa 26 cm Durchmesser damit auslegen, dabei einen Rand hochziehen. Den Teigboden mit einer Gabel regelmässig einstechen.

6. Den Käse in Würfelchen schneiden und gleichmässig auf dem Teigboden ausstreuen. Die Speck-Zwiebel-Masse darübergeben.

7. Eier, Rahm und Milch verquirlen. Sparsam salzen und mit frisch gemahlenem Pfeffer und Muskat würzen. Über die Füllung verteilen.

8. Die Quiche Lorraine im auf 200 Grad vorgeheizten Ofen auf der untersten Rille während etwa 40 Minuten backen. Sollte die Oberfläche zu schnell bräunen, mit Alufolie abdecken. Die Quiche vor dem Aufschneiden 10 Minuten ruhen lassen, damit die zarte Füllung nicht auseinanderläuft.

Wirz-Quiche mit Wurstklösschen

» Abbildung Seite 40 «

Eine Wähe, die viele Gemüsevarianten offen lässt: Etwas deftiger wird sie, wenn man sie mit Weisskabis zubereitet, feiner mit Lauch, besonders würzig mit Spinat.

Ergibt 12 Stück

ca. 600 g Wirz
30 g Butter
Salz, schwarzer Pfeffer aus der Mühle
1 Prise Muskat
ca. 400 g Kuchenteig oder Quark-Öl-Teig (siehe Seite 28, Rezept «Provenzalischer Zwiebelkuchen»)
4 Eier
1½ dl Milch
1½ dl Rahm
100 g geriebener Gruyère
2 Bauernbratwürste

Zubereiten: etwa 30 Minuten
Backen: 35–40 Minuten

1. Den Wirz vierteln, den Strunk herausschneiden und das Gemüse in feine Streifen schneiden.

2. Die Butter erhitzen. Den Wirz beifügen und kurz andünsten. 2–3 Esslöffel Wasser zugeben. Zugedeckt auf kleinem Feuer unter häufigem Wenden weich dünsten. Ist am Schluss der Garzeit noch Flüssigkeit vorhanden, diese vollständig verdampfen lassen. Das Gemüse mit Salz, Pfeffer und Muskat würzen. Auskühlen lassen.

3. Den Kuchenteig auf der bemehlten Arbeitsfläche rund auswallen. Eine Springform von 26 cm Durchmesser damit auslegen, dabei einen Rand von mindestens 3 cm hochziehen. Den Boden mit einer Gabel regelmässig einstechen.

4. Eier, Milch, Rahm und Gruyère verquirlen. Den Wirz beifügen, alles gut mischen und mit Salz, Pfeffer und Muskat abschmecken. Auf dem Teigboden verteilen.

5. Das Brät in kleinen Klösschen aus der Bratwursthaut drücken, auf der Wähe verteilen und leicht in die Füllung drücken.

6. Die Quiche im auf 200 Grad vorgeheizten Ofen auf der untersten Rille während 35–40 Minuten backen.

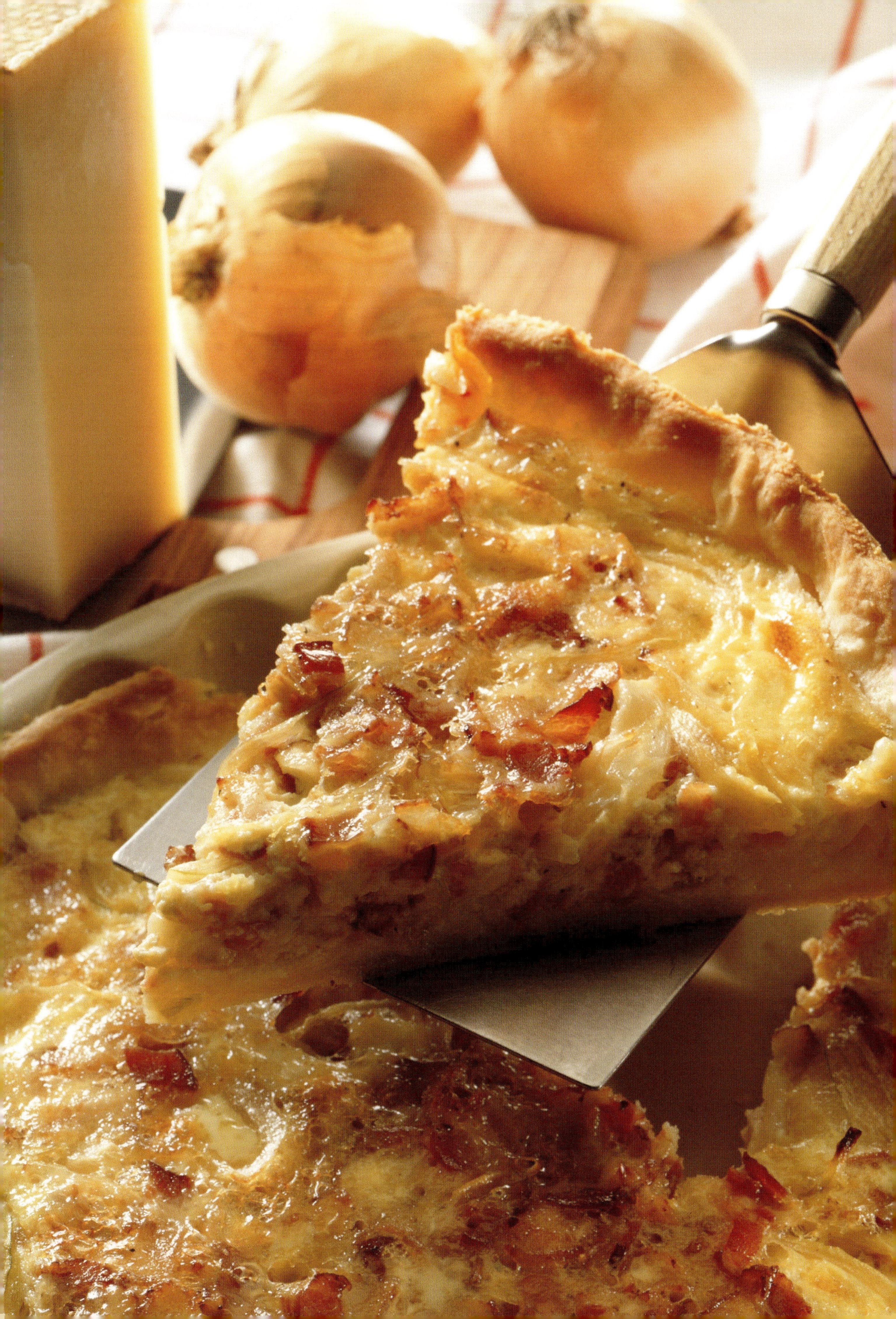

Emmentaler Speckwähe

Dies ist die währschafte Ausgabe eines Käsekuchens, gebacken in einem Grahamteig, mit reichlich Kräutern und Speckwürfelchen.

Ergibt 12 Stück

Teig:
- 200 g Grahammehl
- ½ Teelöffel Salz
- 100 g kalte Butter
- 4 Esslöffel kaltes Wasser

Füllung:
- 1 Bund Petersilie
- 1 Bund Schnittlauch
- 8 Thymianzweige
- 200 g Speckwürfelchen
- 150 g geriebener Emmentaler
- 4 Eier
- 1½ dl Rahm
- Salz, schwarzer Pfeffer aus der Mühle

Teig: etwa 10 Minuten + 30 Minuten kühl stellen
Füllung: etwa 10 Minuten
Backen: etwa 35 Minuten

1 Mehl und Salz mischen. Die Butter in Flocken dazuschneiden. Alles zwischen den Fingern bröselig reiben. Das Wasser beifügen und die Zutaten rasch zu einem glatten Teig kneten. In Klarsichtfolie wickeln und 30 Minuten kühl stellen.

2 Den Teig auf der bemehlten Arbeitsfläche rund auswallen und ein Kuchenblech von 24 cm Durchmesser damit auslegen. Den Teigboden mit einer Gabel regelmässig einstechen.

3 Für die Füllung alle Kräuter fein hacken. Mit den Speckwürfelchen und dem Emmentaler in eine Schüssel geben.

4 Eier und Rahm verquirlen. Zur Speck-Käse-Mischung geben. Die Masse mit Salz und Pfeffer würzen. Auf dem Teigboden verteilen und die Oberfläche mit einem Teigschaber glattstreichen.

5 Die Wähe im auf 200 Grad vorgeheizten Ofen auf der zweituntersten Rille während etwa 35 Minuten goldbraun backen.

Emmentaler Speckwähe
» Rezept oben «

Wirz-Quiche mit Wurstklösschen
» Rezept Seite 38 «

Der beste Käsekuchen

Ergibt 12 Stück

Teig:
200 g Mehl
½ Teelöffel Salz
50 g geriebener Sbrinz
100 g kalte Butter
1 Esslöffel Weissweinessig
4–5 Esslöffel Wasser

Füllung:
150 g geriebener Gruyère
150 g geriebener Emmentaler
1 dl Milch
1 dl Rahm
2 Eigelb
Salz, Pfeffer, Muskat
2 Eiweiss
1 Messerspitze Backpulver

Teig: etwa 10 Minuten + 30 Minuten kühl stellen
Füllung: etwa 10 Minuten
Backen: 35–40 Minuten

Fast jede Hausfrau besitzt ihr spezielles Käsewähen-Rezept. Wir möchten Ihnen hier eine klassische Variante vorstellen, die mit Gruyère und Emmentaler zu gleichen Teilen zubereitet wird, gleich also wie das Neuenburger Fondue. Wer Kalorien nicht scheut, verwendet anstelle von halb Milch, halb Rahm ausschliesslich Rahm, noch besser Doppelrahm.

1 Mehl, Salz und Sbrinz mischen. Die Butter in Flocken dazuschneiden. Alles zwischen den Fingern bröselig reiben. Essig und Wasser beifügen und die Zutaten rasch zu einem glatten Teig kneten. In Klarsichtfolie wickeln und 30 Minuten kühl stellen.

2 Den Teig auf der bemehlten Arbeitsfläche rund auswallen. Eine Springform von 26 cm Durchmesser damit auslegen, dabei einen Rand hochziehen. Den Teigboden mit einer Gabel regelmässig einstechen. 30 Minuten kühl stellen.

3 Inzwischen den Ofen auf 200 Grad vorheizen.

4 Die beiden Käsesorten mit Milch, Rahm und Eigelb mischen. Die Masse mit Salz, Pfeffer und Muskat würzen.

5 Die Eiweiss mit dem Backpulver steif schlagen. Den Eischnee sorgfältig unter die Käsemasse ziehen. Auf den Teigboden geben.

6 Den Käsekuchen im vorgeheizten Ofen bei 200 Grad auf der untersten Rille während 35–40 Minuten backen; sollte die Oberfläche zu stark bräunen, mit Alufolie abdecken.

Der gute Tip

Man kann auch kleine Käseküchlein backen; die Backzeit beträgt in diesem Fall 20–25 Minuten.

Der beste Käsekuchen
» Rezept oben «

Spinat-Quark-Strudel mit Speck

Ergibt 8–10 grosse Tranchen

Strudelteig:
300 g Mehl
1½ dl Milch
2 Esslöffel Öl
1 Ei
1 Teelöffel Salz

Füllung:
1 kg frischer Spinat oder ca. 600 g tiefgekühlter Blattspinat
1 mittlere Zwiebel
2 Esslöffel Butter
Salz, schwarzer Pfeffer
Muskatnuss
200 g Frühstücksspeck
400 g Magerquark oder Ricotta
75 g geriebener Sbrinz oder Parmesan

Zum Fertigstellen:
75 g Butter

Teig: etwa 15 Minuten + 30 Minuten ruhen lassen
Füllung: etwa 20 Minuten
Backen: 35–40 Minuten

1. Das Mehl in eine Schüssel sieben. Milch, Öl, Ei und Salz verquirlen und beifügen. Alles mit einer Kelle mischen, dann so lange kneten, bis der Teig weich und elastisch ist. In Klarsichtfolie wickeln und bei Zimmertemperatur etwa 30 Minuten ruhen lassen.

2. Frischen Spinat waschen. Tropfnass in eine grosse Pfanne geben und so lange dünsten, bis der Spinat zusammengefallen ist. In ein Sieb abschütten und gut ausdrücken. Verwendet man tiefgekühlten Spinat, diesen an- oder auftauen lassen und ebenfalls ausdrücken.

3. Die Zwiebel schälen und fein hacken.

4. Die Butter erhitzen und die Zwiebel darin andünsten. Den Spinat beifügen und 3–4 Minuten mitdünsten. Mit Salz, Pfeffer und Muskatnuss würzen. Auskühlen lassen.

5. Den Speck in dünne Streifchen schneiden. Im eigenen Fett knusprig braten. Herausnehmen und zum Spinat geben. Ausgetretenes Speckfett in ein kleines Gefäss zur weiteren Verwendung giessen.

6. Den Quark oder Ricotta sowie den Käse zum Spinat geben und alles gut mischen. Wenn nötig nachwürzen.

7. Die Butter schmelzen und mit dem Speckfett mischen.

8. Den Teig auf der bemehlten Arbeitsfläche dünn auswallen. Dann über den Handrücken papierdünn ausziehen. Ein sauberes Küchentuch unter den Teig legen.

9. Den Teig mit der Butter-Speckfett-Mischung bestreichen. Die Spinatfüllung auf der oberen Teighälfte verteilen, dabei seitlich je einen Rand von 5 cm frei lassen. Die Seiten über die Füllung schlagen, dann den Strudel mit Hilfe des Küchentuches sorgfältig aufrollen. Den Strudel mit der Naht nach unten auf ein mit Backpapier belegtes Blech gleiten lassen. Mit etwas Butter-Speckfett-Mischung bestreichen.

10. Den Strudel im auf 220 Grad vorgeheizten Ofen auf der untersten Rille während 35–40 Minuten backen. Dabei den Strudel noch zwei- bis dreimal mit der Butter-Speckfett-Mischung bestreichen.

Wer sich scheut, selber einen Strudelteig herzustellen, kann diesen auch tiefgekühlt kaufen (in grossen Lebensmittelgeschäften). Verwandt mit dem Strudelteig ist der Fillo, der papierdünne griechische Teig, sowie der türkische Yufka-Teig, der etwas dicker ist. Diese Spezialitäten sind fertig hergestellt in griechischen oder türkischen Spezialitätenläden in Folienpaketen erhältlich und eignen sich sehr gut für die Strudelzubereitung; bei Verwendung von Fillo-Teigblättern mehrere mit Butter bepinselte Blätter übereinander legen. Sowohl Fillo- wie Yufka-Teig lässt sich auch tiefkühlen.

Spinat-Gemüse-Strudel

Das Gemüse für die Füllung dieses Strudels kann je nach Saison variiert werden.
Gut harmoniert auch eine Mischung zu gleichen Teilen von Spinat, Wirz und Lattich.

Ergibt 8–10 grosse Tranchen

Strudelteig:
300 g Mehl
1½ dl Milch
2 Esslöffel Öl
1 Ei
1 Teelöffel Salz

Füllung:
750 g frischer Spinat oder
ca. 400 g tiefgekühlter Blattspinat
200 g Rüebli
1 Kohlrabi
1 mittlere Zwiebel
2 Esslöffel Butter
1 dl Rahm
Salz, Pfeffer, Muskatnuss
50 g geriebener Gruyère

Zum Fertigstellen:
100 g Butter

Teig: etwa 15 Minuten + 30 Minuten ruhen lassen
Füllung: etwa 20 Minuten
Backen: 35–40 Minuten

1. Den Strudelteig wie im Rezept «Spinat-Quark-Strudel» (siehe S. 42) zubereiten.

2. Für die Füllung den Spinat waschen. Tropfnass in eine grosse Pfanne geben und so lange dünsten, bis er zusammengefallen ist. In ein Sieb abschütten und gut ausdrücken. Verwendet man tiefgekühlten Spinat, diesen an- oder auftauen lassen und ebenfalls ausdrücken.

3. Die Rüebli und den Kohlrabi schälen und in kleine Stifte schneiden. Die Zwiebel schälen und fein hacken.

4. In einer grossen Pfanne die Butter schmelzen. Die Zwiebel darin andünsten. Dann die Rüebli-und Kohlrabistifte beifügen und unter Wenden 5 Minuten mitdünsten.

5. Spinat und Rahm beifügen. Das Gemüse mit Salz, Pfeffer und Muskat würzen und weitere 3–4 Minuten dünsten. Etwas abkühlen lassen. Dann den geriebenen Käse untermischen.

6. Die Butter in einem kleinen Pfännchen schmelzen.

7. Den Teig auf der bemehlten Arbeitsfläche dünn auswallen. Dann über den Handrücken papierdünn ausziehen. Ein sauberes Küchentuch unter den Teig legen.

8. Den Teig mit etwas flüssiger Butter bestreichen. Die Gemüsefüllung auf der oberen Teighälfte verteilen, dabei seitlich je einen Rand von 5 cm frei lassen. Die Seiten über die Füllung schlagen, dann den Strudel mit Hilfe des Küchentuches sorgfältig aufrollen. Den Strudel mit der Naht nach unten auf ein mit Backpapier belegtes Blech gleiten lassen. Mit Butter bestreichen.

9. Den Strudel im auf 220 Grad vorgeheizten Ofen auf der untersten Rille während 35–40 Minuten backen. Dabei den Strudel noch zwei- bis dreimal mit Butter bestreichen.

Spinatwähe mit Lachsforellenfilets » Rezept nebenstehend

Lauchkuchen mit Speck & Pinienkernen » Rezept nebenstehend

Grüne Quiche
» Rezept Seite 46 «

Spinatwähe mit Lachsforellenfilets

Diese Wähe schmeckt auch verwöhnten Gourmets und kann sehr gut als Vorspeise serviert werden. Anstelle von Lachsforellenfilets kann man Zander, Rot- oder Seezungenfilets verwenden.

Ergibt 12 Stück

600 g frischer Blattspinat
1 Schalotte
25 g Butter
Salz, schwarzer Pfeffer
2 dl Crème fraîche
½ dl Rahm
2 Eier
500–600 g Lachsforellenfilets, enthäutet
Saft von ½ Zitrone
ca. 400 g Kuchen- oder Quarkblätterteig
(siehe Grundrezept Seite 61)

Zubereiten: etwa 25 Minuten
Backen: 30–35 Minuten

1. Den Spinat waschen. Tropfnass in eine Pfanne geben und so lange dünsten, bis er zusammengefallen ist. In ein Sieb abschütten und gut ausdrücken.

2. Die Schalotte schälen und fein hacken.

3. Die Butter schmelzen. Die Schalotte darin hellgelb dünsten. Den Spinat beifügen, mit Salz und Pfeffer würzen und kurz mitdünsten. Etwas abkühlen lassen.

4. Crème fraîche, Rahm und Eier verrühren. Mit dem Spinat mischen und wenn nötig nachwürzen.

5. Die Lachsforellenfilets mit den Fingern nach Gräten abtasten und diese mit einer Pinzette herausziehen. Den Fisch mit Salz und Pfeffer würzen und mit Zitronensaft beträufeln.

6. Den Kuchen- oder Quarkblätterteig auf der bemehlten Arbeitsfläche 2–3 mm dünn auswallen. Eine Pieform oder ein Wähenblech von 24 cm Durchmesser damit auslegen. Den Boden mit einer Gabel einstechen. Die Spinatmasse darauf verteilen.

7. Die Lachsforellenfilets in 8 längliche Streifen schneiden. Das restliche Fischfleisch würfeln. Die Fischstreifen sternförmig auf dem Spinat anordnen, die Würfel in die Mitte geben.

8. Die Spinatwähe im auf 200 Grad vorgeheizten Ofen auf der untersten Rille während 30–35 Minuten backen.

Lauchkuchen mit Speck und Pinienkernen

Ergibt 8 Stück

Teig:
250 g Mehl
1 gestrichener Teelöffel Salz
125 g kalte Butter
1 Esslöffel Rahm
1 Eigelb

Belag:
1 kg Lauch
1 Esslöffel Butter
½ dl Weisswein oder Noilly Prat
Salz, schwarzer Pfeffer
3 Bund Basilikum
2 Eier
1 dl Crème fraîche
1 dl Vollrahm
2 Esslöffel geriebener Sbrinz
50 g Bratspeckscheiben
2 Esslöffel Pinienkerne

Teig: etwa 10 Minuten + 30 Minuten kühl stellen
Füllung: etwa 25 Minuten
Backen: etwa 35 Minuten

Beim Belag von Wähen sind der Phantasie kaum Grenzen gesetzt. Hier erhält ein Lauchkuchen seine besondere Würze durch viel Basilikum – eine überraschende Kombination mit Lauch! –, Speck und Pinienkerne. Anstatt des hausgemachten Mürbeteiges kann man auch gekauften Kuchen- oder Blätterteig verwenden.

1. Das Mehl und das Salz in einer Schüssel mischen. Die Butter in Flocken dazuschneiden. Zwischen den Fingern zu einer bröseligen Masse reiben. Rahm und Eigelb verrühren und beifügen. Rasch zu einem glatten Teig zusammenkneten. In Klarsichtfolie wickeln und 30 Minuten kühl stellen.

2. Den Lauch rüsten, dabei dunkelgrüne Stengelteile entfernen. Das Gemüse in dünne Ringe schneiden.

3. Die Butter schmelzen. Den Lauch beifügen und kurz andünsten. Weisswein oder Noilly Prat dazugiessen. Das Gemüse mit Salz und Pfeffer würzen. Zugedeckt knapp weich dünsten. In ein Sieb abschütten und leicht ausdrücken.

4. Das Basilikum grob hacken. Mit den Eiern, der Crème fraîche, dem Rahm und dem Sbrinz mischen.

5. Die Speckscheiben in kleine Vierecke schneiden.

6. Den Teig auf der bemehlten Arbeitsfläche unter Klarsichtfolie etwas grösser als ein Wähenblech oder eine Pieform von 26 cm Durchmesser auswallen. Die Form damit auslegen. Den Boden mit einer Gabel einstechen. Lauchgemüse und Basilikumguss darauf geben. Mit Speck und Pinienkernen bestreuen.

7. Den Lauchkuchen im auf 200 Grad vorgeheizten Ofen auf der untersten Rille während etwa 35 Minuten backen.

«Grüne» Quiche

So isst jedermann gern Gemüse: Zucchetti, Peperoni, Broccoli und Erbsen bilden den grünen Belag dieser Quiche, darüber kommt ein zarter Guss aus Ei und Rahm. Wichtig: Das Gemüse sollte unbedingt kurz vorgekocht werden, sonst ist es nach dem Backen noch sehr knackig.

» Abbildung Seite 44 «

Ergibt 12 Stück

Teig:
250 g Mehl
1 Teelöffel Salz
125 g kalte Butter
1 Esslöffel Rahm
1 Ei

Belag:
1 mittlerer Zucchetti
1 grüne Peperoni
1 grosse Staude Broccoli
200 g tiefgekühlte Erbsen
2 dl Rahm
2 Eier
Salz, schwarzer Pfeffer

Teig: etwa 10 Minuten + 30 Minuten kühl stellen
Belag: etwa 25 Minuten
Backen: etwa 35 Minuten

1. Mehl und Salz in einer Schüssel mischen. Die Butter in Flocken dazuschneiden. Zwischen den Fingern zu einer bröseligen Masse reiben. Rahm und Ei verquirlen und beifügen. Alles rasch zu einem glatten Teig zusammenkneten. In Klarsichtfolie wickeln und 30 Minuten kühl stellen.

2. In der Zwischenzeit den Zucchetti ungeschält in Scheiben schneiden. Die Peperoni halbieren, entkernen und in Streifen schneiden. Den Broccoli in kleine Röschen teilen.

3. Das Gemüse in einem Siebeinsatz über Dampf oder nach Sorten getrennt in nicht zuviel Salzwasser knackig garen. Gut abtropfen lassen.

4. Den Teig auf der bemehlten Arbeitsfläche unter Klarsichtfolie etwas grösser als ein Kuchenblech von 28 x 28 cm oder ein Wähenblech von 28 cm Durchmesser auswallen. Die Form damit auslegen. Den Boden mit einer Gabel einstechen. Das Gemüse darauf verteilen.

5. Rahm und Eier verquirlen und kräftig würzen. Über das Gemüse giessen.

6. Die Quiche im auf 200 Grad vorgeheizten Ofen auf der untersten Rille während etwa 35 Minuten backen.

Blätterteig - perfekt

Ob sich Blätterteig nach dem Backen zart und luftig präsentiert, hängt weitgehend davon ab, wie man ihn bei der Zubereitung behandelt.

◉ Blätterteig erst unmittelbar vor Verwendung aus dem Kühlschrank nehmen. Teig, der längere Zeit kalt gestellt wurde, geht besonders schön auf.

◉ Beim Auswallen darauf achten, dass man den Teig nicht schräg auswallt, weil sich sonst die Teigschichten verschieben. Nicht über den Teigrand hinauswallen; die Randschichten werden dadurch stark zusammengedrückt und gehen nicht mehr schön auf. Aus dem gleichen Grund Blätterteig nie mit einem Teigrädchen, sondern immer mit einem scharfen Messer schneiden.

◉ Blätterteig nach der Verarbeitung wenn möglich noch einmal 20–30 Minuten kühl stellen. Dadurch verzieht er sich beim Backen weniger.

◉ Blätterteigreste nie zusammenkneten, sondern immer schichtweise aufeinanderlegen, mit dem Wallholz andrücken, zu einem länglichen Streifen auswallen, dann dessen beide Enden zur Mitte einschlagen und nochmals falten. Man nennt dies in der Küchensprache «eine Tour geben», das heisst, dem Teig werden neue «Schichten» zugeführt. So bearbeitete Reste lassen sich wie frischer Teig verwenden und gehen schön auf.

Mais-Pie

Anstelle eines Kuchenteiges verwendet man für diese amerikanische Spezialität einen Teig aus Kartoffeln, Eiern und Mehl, den man in der Form ausstreicht. Darauf kommt eine knackige Füllung aus Peperoniwürfelchen und Maiskörnern mit einem Ei-Rahm-Käse-Guss.

Ergibt 12 Stück

600 g Kartoffeln (mehlige Sorte)
3 Eigelb
ca. 75 g Mehl
Salz, schwarzer Pfeffer
frisch geriebene Muskatnuss
je ½ rote und grüne Peperoni
3 Eier
3 dl Rahm
100 g geriebener Sbrinz
1 Dose Maiskörner, ca. 285 g Abtropfgewicht

Zubereiten: etwa 40 Minuten
Backen: etwa 45 Minuten

1. Die Kartoffeln schälen, halbieren oder vierteln und in Salzwasser weich kochen. Abschütten, dann in die Pfanne zurückgeben und auf der ausgeschalteten Herdplatte trocken dämpfen. Sofort durch ein Passevite treiben.

2. Eigelb und Mehl unter die Kartoffelmasse arbeiten. Die genaue Mehlmenge hängt von der Kartoffelsorte ab; der Teig sollte nicht zu feucht sein. Mit Salz, Pfeffer und Muskat pikant würzen.

3. Eine Springform von 24 cm Durchmesser ausbuttern und leicht bemehlen. Zwei Drittel des Kartoffelteiges auf dem Boden der Form ausstreichen. Die restliche Masse in einen Spritzsack mit runder Tülle geben und damit den Rand aufspritzen. Wichtig: Rand und Boden möglichst nahtlos miteinander verstreichen; am besten geht dies mit dem Rücken eines Löffels, den man immer wieder in Wasser taucht.

4. Die Peperonihälften entkernen und klein würfeln.

5. Eier, Rahm und die Hälfte des Sbrinz in einer grossen Schüssel verquirlen. Peperoniwürfelchen und Maiskörner beifügen und würzen. Die Masse in die vorbereitete Form geben und mit dem restlichen Käse bestreuen.

6. Den Mais-Pie im auf 180 Grad vorgeheizten Ofen auf der zweituntersten Rille etwa 45 Minuten backen.

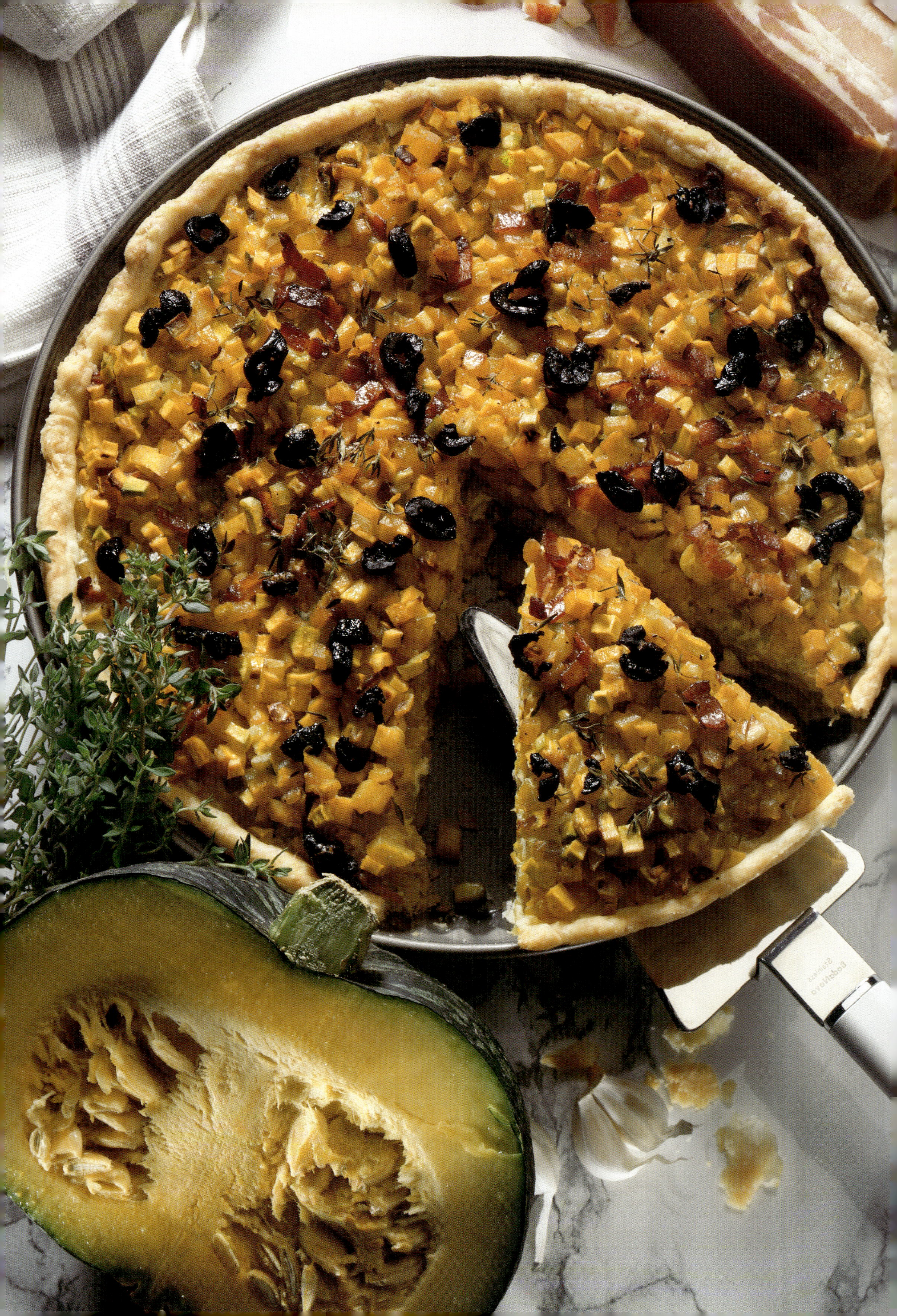

Kürbistarte

Kürbis gehört zu den alten, vergessenen Gemüsen, die in den letzten Jahren die Küche wieder zurückerobert haben. Dass sie nicht nur als Suppe schmecken – die wohl häufigste Zubereitungsart von Kürbis –, zeigt diese südlich inspirierte Wähe.

Ergibt 12 Stück

Mürbeteig:
- 200 g Mehl
- ¾ Teelöffel Salz
- 125 g Butter
- 1 Ei
- 1–2 Esslöffel Wasser

Füllung:
- 1 kg Kürbis, geschält und entkernt gewogen
- 200 g Zwiebeln
- 4 Knoblauchzehen
- ½ dl Olivenöl
- Salz, schwarzer Pfeffer aus der Mühle
- 100 g Bratspeckscheiben
- 12 schwarze Oliven
- 2 Eier
- 1 dl Milch
- 1½ dl Crème fraîche
- 8–10 Thymianzweige

Teig: etwa 10 Minuten + 30 Minuten kühl stellen.
Füllung: etwa 25 Minuten
Backen: 45–50 Minuten

1. Mehl und Salz mischen. Die Butter in Flocken dazuschneiden. Zwischen den Fingern zu einer bröseligen Masse reiben. Ei und Wasser verquirlen, beifügen und alles schnell zu einem glatten Teig zusammenkneten. In Klarsichtfolie wickeln und 30 Minuten kühl stellen.

2. Das Kürbisfleisch klein würfeln.

3. Zwiebeln und Knoblauch schälen und grob hacken. Im Olivenöl unter Wenden 3–4 Minuten dünsten.

4. Jetzt den Kürbis beifügen. Mit Salz und Pfeffer würzen. Zugedeckt so lange dünsten, bis das Gemüse weich ist. Wichtig: Der Kürbis darf jedoch nicht zerfallen! Wenn er beim Dünsten Wasser abgegeben hat, in ein Sieb abschütten und abtropfen lassen.

5. Den Bratspeck in Streifchen schneiden und im eigenen Fett knusprig braten. Auf Küchenpapier abtropfen lassen. Mit dem Kürbisgemüse mischen.

6. Den Teig etwas grösser als eine Pieform oder ein Wähenblech von 28 cm Durchmesser auswallen. Die Form damit auslegen. Den Boden mit einer Gabel regelmässig einstechen. Das Kürbisgemüse darauf verteilen.

7. Die Oliven entsteinen und in Streifen schneiden. Über das Kürbisgemüse verteilen.

8. Die Tarte im auf 180 Grad vorgeheizten Ofen auf der untersten Rille während 25 Minuten backen.

9. Inzwischen Eier, Milch und Crème fraîche verquirlen. Die Thymianblättchen von den Zweigen zupfen und beifügen. Den Guss mit Salz und Pfeffer würzen. Nach 25 Minuten Backzeit über die Tarte verteilen. Diese weitere 20–25 Minuten backen.

Mürbeteig-Tricks

- Mürbeteig nie mit der Küchenmaschine zubereiten, da sie des Guten zuviel tut, das heisst, sie knetet zu stark.

- Wärme bekommt dem Mürbeteig überhaupt nicht. Deshalb sollte die verwendete Butter immer möglichst kalt sein. Um sie dennoch mühelos klein schneiden zu können, reibt man sie am besten an der Röstiraffel zum Mehl.

- Falls der Teig einmal zu weich wird, kein zusätzliches Mehl unterkneten, sonst kommt er als Betonklotz aus dem Ofen. Besser ist es, ihn 1–2 Stunden kühl zu stellen.

Bauern-Pizza

Eine besonders reichhaltige Pizza: Sie enthält keine Tomaten, dafür Ricotta, drei verschiedene Käsesorten und Pfeffersalami.

Ergibt eine grosse Pizza für 3–4 Personen

Teig:
- 250 g Mehl
- ½ Würfel Frischhefe (ca. 20 g)
- 1 dl lauwarmes Wasser
- ½ Teelöffel Salz
- 2 Esslöffel Olivenöl

Belag:
- 1 Bund Petersilie
- 1 Bund Basilikum
- 250 g Ricotta
- 1 Ei
- Salz, schwarzer Pfeffer
- 100 g Sbrinz oder Parmesan
- 100 g Fontina- oder Raclettekäse
- 125 g Mozzarella
- 50 g in Scheiben geschnittener Pfeffersalami

Teig: etwa 15 Minuten + 50 Minuten aufgehen lassen
Belag: etwa 15 Minuten
Backen: 20–25 Minuten

1. Mehl in eine Schüssel sieben und in der Mitte eine Vertiefung anbringen. Hefe mit ½ dl des Wassers anrühren, in die Mehlmulde giessen und mit etwas Mehl zu einem dicklichen Teiglein anrühren. Etwas Mehl darüberstäuben. Diesen Vorteig so lange gehen lassen, bis die Oberfläche Risse zeigt.

2. Das Salz über das Mehl streuen, restliches Wasser sowie Olivenöl beifügen und alles während 8–10 Minuten zu einem glatten, elastischen, weichen Teig kneten. In die Schüssel zurückgeben und mit wenig Mehl bestäuben. Die Schüssel mit einem Tuch decken und den Teig etwa 50 Minuten an einem warmen Ort aufgehen lassen, bis er das Volumen verdoppelt hat.

3. Petersilie und Basilikum fein hacken. Zum Ricotta geben. Das Ei beifügen, würzen und alles gut mischen.

4. Alle Käsesorten an der Röstiraffel reiben.

5. Den aufgegangenen Teig nochmals durchkneten. Dann zu einem Fladen von etwa 30 cm Durchmesser auswallen. Auf ein gefettetes Backblech legen. Die Ricottamasse darauf verteilen. Den Käse darüberstreuen. Mit den Salamischeiben belegen.

6. Die Pizza im auf 220 Grad vorgeheizten Ofen auf der untersten Rille während 20–25 Minuten backen.

Die vegetarische Variante:

1 Dose Pelati-Tomaten (400 g) in ein Sieb abschütten (Saft wird nicht verwendet) und abtropfen lassen. Die Tomaten klein schneiden und mit dem geraffelten Käse über die mit Ricottamasse bestrichene Pizza verteilen.

Pizza Margherita

» Abbildung Seite 26 «

Die Pizza Margherita verkörpert die Farben Italiens – weiss durch den Käse, rot durch die Tomaten und grün durch das Basilikum.

Ergibt 4 mittelgrosse Pizzen

Teig:
- 400 g Mehl
- ⅔ Würfel Frischhefe (ca. 30 g)
- knapp 2 dl lauwarmes Wasser
- 1 Teelöffel Salz
- 2 Esslöffel Olivenöl

Belag:
- 600 g Fleischtomaten oder 1 grosse Dose Pelati-Tomaten (800 g)
- 300 g Mozzarella
- 1 Bund Basilikum
- Salz, Pfeffer
- ca. ½ dl Olivenöl

Teig: etwa 15 Minuten + 50 Minuten aufgehen lassen
Belag: etwa 10 Minuten
Backen: etwa 20 Minuten

1. Mehl in eine Schüssel sieben und in der Mitte eine Vertiefung anbringen. Hefe mit ½ dl des Wassers anrühren, in die Mehlmulde giessen und mit etwas Mehl zu einem dicklichen Teiglein anrühren. Etwas Mehl darüberstäuben. Diesen Vorteig so lange gehen lassen, bis die Oberfläche Risse zeigt.

2. Das Salz über das Mehl streuen, restliches Wasser sowie Olivenöl beifügen und alles während 8–10 Minuten zu einem glatten, elastischen, weichen Teig kneten. In die Schüssel zurückgeben und mit wenig Mehl bestäuben. Die Schüssel mit einem Tuch decken und den Teig etwa 50 Minuten an einem warmen Ort aufgehen lassen, bis er das Volumen verdoppelt hat.

3. Die Tomaten kurz in kochendes Wasser tauchen, häuten, quer halbieren, entkernen und in kleine Stücke schneiden. Dosen-Tomaten in ein Sieb abschütten und gut abtropfen lassen; der Saft wird nicht verwendet. Grob zerkleinern.

4. Den Mozzarella in dünne Scheiben schneiden. Das Basilikum grob zerzupfen.

5. Den Teig nochmals durchkneten und in 4 Portionen teilen. Jedes Teigstück etwa 4 mm dick rund auswallen. Auf ein gefettetes Blech legen. Die Tomaten darauf verteilen, dabei einen 1 cm breiten Rand aussparen, damit der Teig sich während des Backens erhöhen kann und die Füllung nicht ausläuft. Mit dem Mozzarella belegen und das Basilikum darüber verteilen. Alles mit Salz und Pfeffer würzen und mit Olivenöl beträufeln.

6. Die Pizzen im auf 220 Grad vorgeheizten Ofen auf der untersten Rille während etwa 20 Minuten backen.

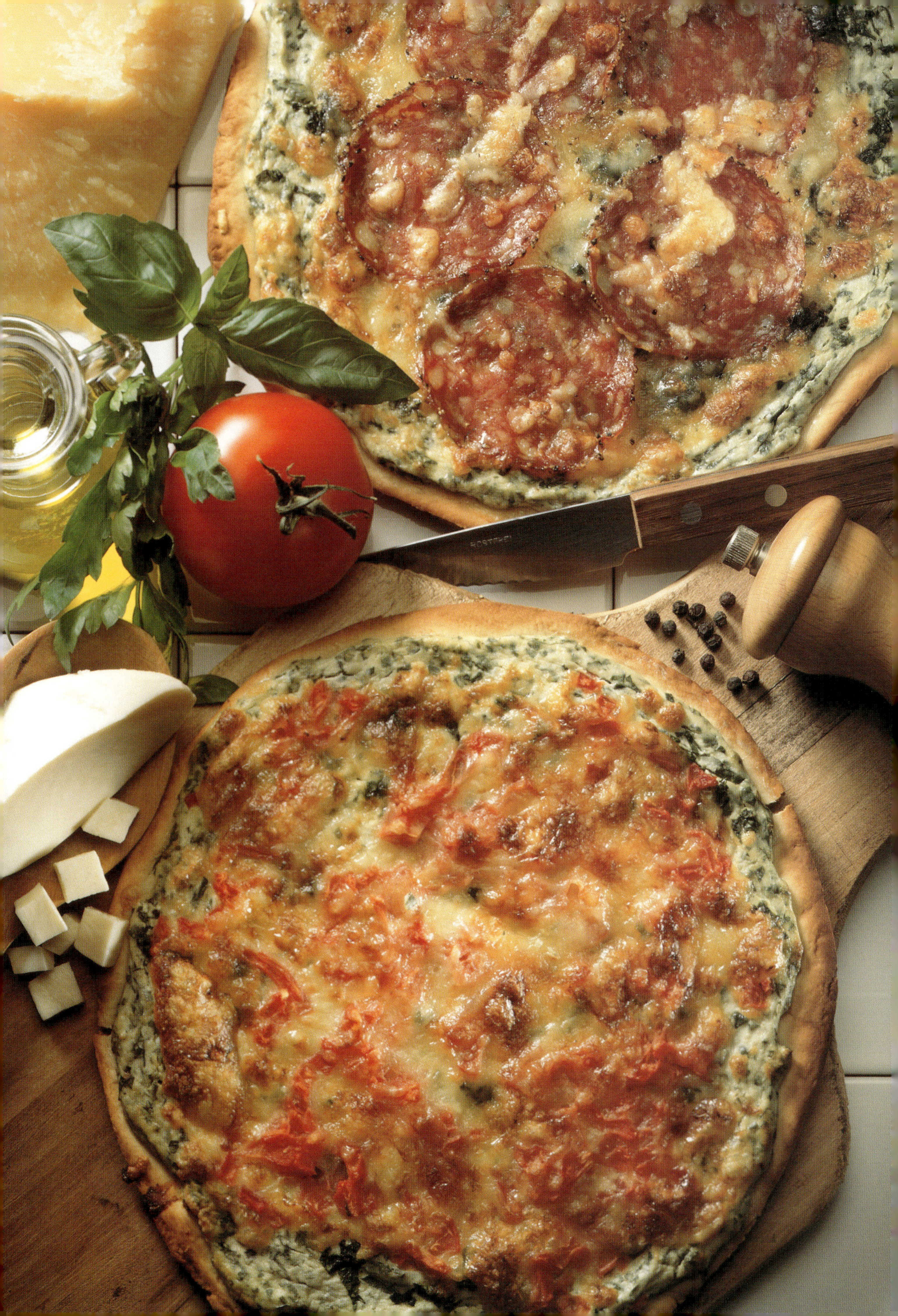

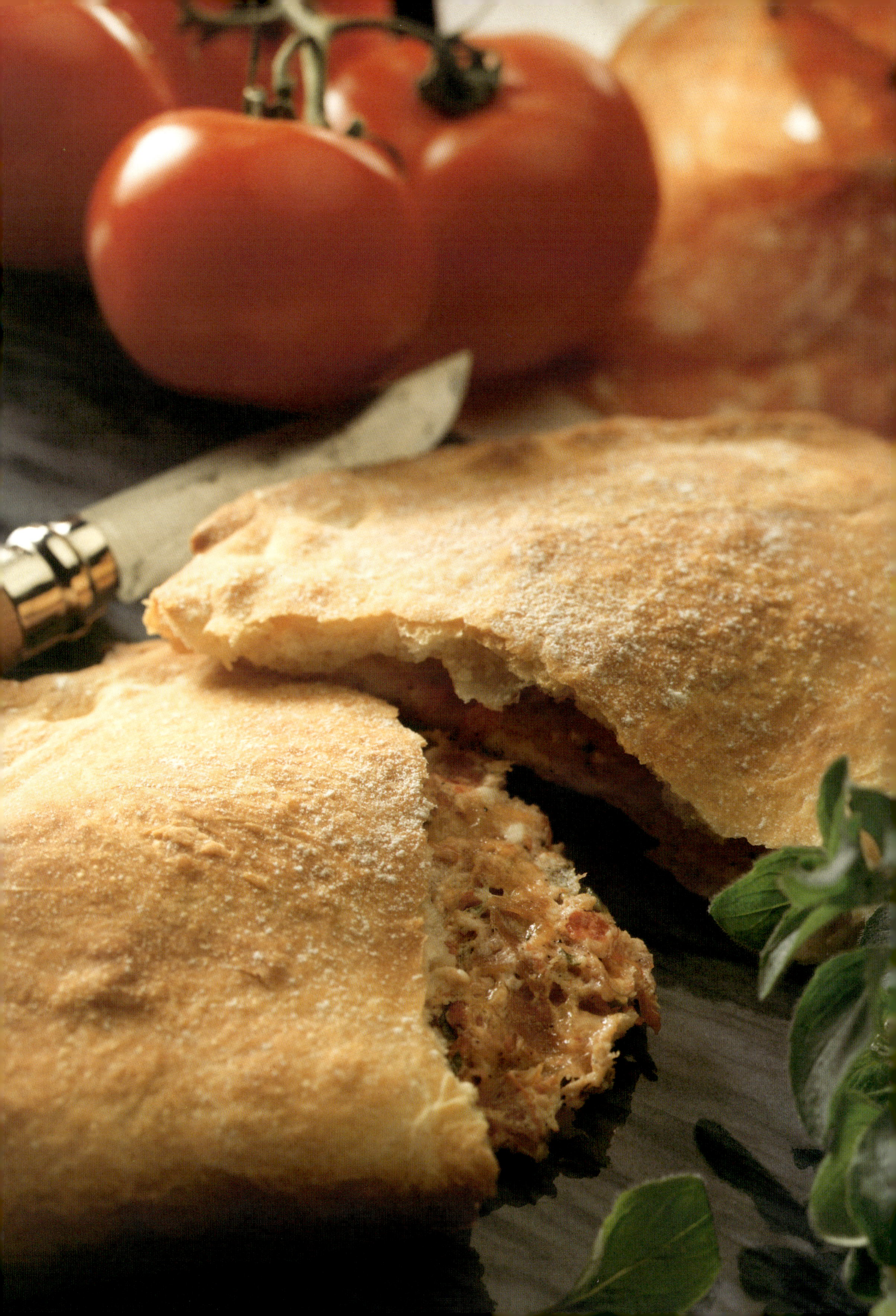

Calzone

Calzone nennt sich die zu einem Riesenkrapfen zusammengeklappte Pizza. In diesem Rezept ist sie gefüllt mit Mozzarella, Ricotta, Tomaten und Schinken oder Salami.

Ergibt 4 Stück

Teig:
- 400 g Mehl
- ½ Würfel Frischhefe (ca. 20 g)
- knapp 2 dl Wasser
- 1 Teelöffel Salz
- 2 Esslöffel Olivenöl

Füllung:
- 150 g Mozzarella
- 150 g in Scheiben geschnittener Schinken oder Salami
- 2 grosse Fleischtomaten
- ½ Bund Oregano
- 300 g Ricotta
- Salz, schwarzer Pfeffer aus der Mühle

Zum Fertigstellen:
- etwas Olivenöl

Teig: etwa 15 Minuten + 50 Minuten aufgehen lassen
Füllung: etwa 10 Minuten
Backen: etwa 20 Minuten

1. Mehl in eine Schüssel sieben und in der Mitte eine Vertiefung anbringen. Hefe mit ½ dl des Wassers anrühren, in die Mehlmulde giessen und mit etwas Mehl zu einem dicklichen Teiglein anrühren. Etwas Mehl darüberstäuben. Diesen Vorteig so lange gehen lassen, bis die Oberfläche Risse zeigt.

2. Das Salz über das Mehl streuen, restliches Wasser sowie Olivenöl beifügen und alles während 8–10 Minuten zu einem glatten, elastischen, weichen Teig kneten. In die Schüssel zurückgeben und mit wenig Mehl bestäuben. Die Schüssel mit einem Tuch decken und den Teig etwa 50 Minuten an einem warmen Ort aufgehen lassen, bis er das Volumen verdoppelt hat.

3. Den Mozzarella klein würfeln. Den Schinken oder Salami in Streifen schneiden.

4. Die Tomaten kurz in kochendes Wasser tauchen, schälen, quer halbieren, entkernen und klein würfeln.

5. Die Oreganoblättchen von den Zweigen zupfen und grob hacken.

6. Den Teig nochmals durchkneten und in vier Portionen teilen. Jedes Teigstück rund und nicht dicker als 2–3 mm auswallen.

7. Jeweils auf der einen Teighälfte jeder Rondelle einen Viertel des Ricotta verteilen, mit Salz und Pfeffer würzen und die weiteren vorbereiteten Zutaten darüber geben. Die zweite Teighälfte über die Füllung klappen und die Teigränder gut andrücken. Auf ein gefettetes Backblech legen. Die Calzone auf der Oberseite mit Olivenöl bestreichen und mit einer Gabel mehrmals einstechen.

8. Die Calzone im auf 220 Grad vorgeheizten Ofen auf der zweituntersten Rille etwa 20 Minuten backen.

Pizza-Varianten

Es gibt unzählige Möglichkeiten, eine Pizza zu belegen. Hier einige der bekanntesten klassischen Pizzen:

Pizza aglio e olio: Diese «Urpizza» wird vor dem Backen nur mit reichlich gehacktem Knoblauch bestreut und mit viel Olivenöl beträufelt. Nach dem Backen schwarzen Pfeffer darübermahlen.
Pizza napoletana: Sie ist die klassische Pizza und wird nur mit Tomaten, Oregano und einigen in dünne Scheibchen geschnittenen Knoblauchzehen belegt. Vor dem Backen mit reichlich Olivenöl beträufeln und mit schwarzem Pfeffer aus der Mühle bestreuen.
Pizza «Quattro stagioni» (Vier Jahreszeiten): Die «Jahreszeiten» werden durch den viertelweise mit verschiedenen Zutaten belegten Pizzaboden verkörpert. Variationen gibt es auch hier viele: Zur klassischen Aufteilung gehört, dass ein Viertel mit Artischocken, ein Viertel mit Schinkenstreifen, ein Viertel mit Champignons und ein Viertel mit Kapern belegt wird. Meistens wird zuvor der Teigboden mit Tomaten und Mozzarella unterlegt.
Pizza con funghi: Mischpilze (z.B. Steinpilze und Champignons) mit etwas Knoblauch und Petersilie in Olivenöl dünsten und auf den Teigboden geben.
Pizza marinara: Mit Tomaten, reichlich Knoblauch sowie zerkleinerten Sardellenfilets (Anchovis) belegen und mit Olivenöl beträufeln. In Italien nimmt man sich die Mühe, die Sardellenfilets zuerst zu waschen, damit sie nicht mehr zu salzig sind.
Pizza frutti di mare: Den Teigboden mit Tomaten, gewässerten Sardellenfilets, ausgelösten Vongole und Scampi belegen.
Pizza gorgonzola: Den Teigboden mit dünnen Gorgonzolascheiben bedecken, mit hauchdünn geschnittenen Knoblauchscheiben belegen und mit Olivenöl beträufeln.
Pizza ai due formaggi: Den Teigboden mit zartem, in dünne Ringe geschnittenem Lauch (nur weisse und gelbe Teile), Ricotta und Gorgonzola belegen, mit reichlich frisch gemahlenem Pfeffer bestreuen und mit Olivenöl beträufeln.

Käse-Birnen-Pie

Die Kombination von Käse und Birnen ist eine altbewährte. Aber in dieser Form ist sie neu: Die beiden Zutaten kommen als saftige Füllung eines gedeckten Kuchens daher.

Ergibt 4–5 Portionen

ca. 500 g Blätterteig oder Quarkblätterteig (siehe Grundrezept Seite 61)
4 vollreife Birnen
25 g Butter
1 Bund Petersilie
200 g Rahmquark
1 Eigelb (1)
Salz, schwarzer Pfeffer aus der Mühle
300 g Roquefort oder Gorgonzola
50 g Baumnusskerne
1 Eigelb (2)

Zubereiten: etwa 30 Minuten
Backen: etwa 40 Minuten

1. Zwei Drittel des Blätterteigs deutlich grösser als eine ovale oder runde, mittelgrosse Pieform auswallen. Diese damit so auslegen, dass der Teig etwa 2 cm über den Rand lappt. Den Boden mit einer Gabel einstechen. Die Form mit dem Teig mindestens 20 Minuten kühl stellen.

2. Den restlichen Blätterteig als Deckel in der Grösse der Form auswallen. Ebenfalls kühl stellen.

3. Die Birnen schälen, halbieren und das Kerngehäuse entfernen. Die Früchte in Schnitze schneiden. Sofort in der warmen Butter 2 Minuten dünsten. Auskühlen lassen.

4. Die Petersilie fein hacken. Mit dem Quark und dem Eigelb (1) verrühren. Die Masse mit Salz und Pfeffer würzen und auf dem Teigboden ausstreichen. Die Birnenschnitze darauf verteilen. Den Roquefort oder Gorgonzola klein würfeln und darüber geben. Die Baumnüsse grob hacken und über die Füllung streuen. Alles mit etwas Pfeffer aus der Mühle würzen.

5. Den überlappenden Teig über die Füllung klappen, mit Wasser bestreichen und den Teigdeckel auflegen. Die Ränder mit einer Gabel oder einer Teigklammer gut zusammendrücken. Zwei bis drei Dampflöcher in Birnenform aus dem Deckel schneiden.

6. Das Eigelb (2) verrühren und den Pie damit bestreichen.

7. Den Pie im auf 180 Grad vorgeheizten Ofen auf der untersten Rille während etwa 40 Minuten backen.

Kartoffeltorte mit Schinken und Speck

Ein ideales Essen für unkomplizierte Gäste und gut geeignet zum Vorbereiten: Eingehüllt in Blätterteig gart eine reichhaltige Füllung aus Kartoffeln, Schinken, Speck, Zwiebeln, Kräutern und Rahm.

Ergibt 4–5 Portionen

6 mittlere Kartoffeln
250 g Schinken am Stück
250 g magere Bratspeckscheiben
1 grosse Zwiebel
2 Knoblauchzehen
½ Bund Oregano oder
1 Teelöffel getrocknete Kräuter
ca. 500 g Blätterteig
Salz, schwarzer Pfeffer aus der Mühle
2½ dl Rahm
1 Bund Petersilie

Zubereiten: etwa 25 Minuten
Backen: etwa 1 Stunde

1. Die Kartoffeln schälen und in feine Scheiben schneiden.

2. Den Schinken in kleine Würfel, den Speck in feine Streifen schneiden. Die Zwiebel und den Knoblauch schälen und in dünne Scheiben schneiden. Den Oregano fein hacken.

3. Zwei Drittel des Blätterteiges auf der bemehlten Arbeitsfläche deutlich grösser als eine Pieform oder eine Gratinform von etwa 28 cm Durchmesser auswallen. Die Form so damit auslegen, dass der Teig etwa 2 cm über den Rand lappt. Den Boden mit einer Gabel einstechen.

4. Die Speckstreifen auf dem Teig verteilen. Die Hälfte der Kartoffelscheiben daraufgeben und mit Salz sowie Pfeffer würzen. Die Zwiebelringe, die Knoblauchscheibchen, den Oregano und die Hälfte der Schinkenwürfel darüber verteilen. Mit den restlichen Kartoffelscheiben decken, diese würzen und den restlichen Schinken darüberstreuen. Den Teigrand über die Füllung klappen und mit Wasser bestreichen.

5. Aus dem restlichen Teig einen Deckel in der Grösse der Form auswallen und auflegen. Den Rand mit einer Gabel oder Teigklammer gut zusammendrücken.

6. Die Kartoffeltorte im auf 180 Grad vorgeheizten Ofen auf der untersten Rille während 40 Minuten backen.

7. Inzwischen den Rahm halb steif schlagen. Die Petersilie fein hacken und unter den Rahm mischen. Mit Salz und Pfeffer würzen.

8. Die Torte aus dem Ofen nehmen. Mit einer Küchenschere den Deckel entlang der Teignaht aufschneiden und sorgfältig abheben. Den Petersilienrahm über die Füllung verteilen. Den Deckel wieder auflegen und die Kartoffeltorte während weiteren 20 Minuten fertig backen.

Käsepastete

Eine reichhaltige, saftige Füllung aus verschiedenen Käsesorten, Schinken, Champignons, Kartoffeln und Kräutern macht diese Pastete zur Gaumenfreude. Sie eignet sich übrigens auch gut für die Resteverwertung von Käse, so dass die Pastete immer wieder etwas anders schmeckt.

Ergibt 4–5 Portionen

250 g Kartoffeln
200 g Schinkenscheiben
150 g Champignons
1 Esslöffel Butter
100 g Gruyère
100 g Emmentaler
100 g Raclettekäse
1 Bund Petersilie
1 dl Rahm
2 Eier
Salz, Pfeffer
Muskatnuss
ca. 400 g Kuchenteig oder Quarkblätterteig
(siehe Grundrezept Seite 61)
1 Eigelb
1 Teelöffel Rahm

Zubereiten: etwa 40 Minuten
Backen: etwa 30 Minuten

1. Die Kartoffeln in der Schale in nicht zuviel Wasser zugedeckt weich kochen. Abschütten und leicht abkühlen lassen. Dann die Kartoffeln schälen und an der Röstiraffel reiben.

2. Während die Kartoffeln garen, die Schinkenscheiben in kleine Vierecke schneiden.

3. Die Champignons rüsten und in Scheiben schneiden. In der heissen Butter andünsten; ziehen die Pilze Flüssigkeit, diese vollständig verdampfen lassen. Abkühlen lassen.

4. Die verschiedenen Käsesorten entrinden und fein reiben.

5. Die Petersilie fein hacken.

6. Kartoffeln, Schinken, Champignons, Käse, Petersilie, Rahm und Eier in eine Schüssel geben und alles gut mischen. Die Masse mit Salz, Pfeffer und Muskatnuss würzen.

7. Den Teig auf der bemehlten Arbeitsfläche 2–3 mm dünn zu einem Rechteck auswallen. Auf ein mit Backpapier belegtes Blech geben. Die Füllung der Länge nach auf die Mitte des Teigrechteckes geben, dabei an den Stirnseiten je einen Rand von etwa 3 cm Breite frei lassen. Den Teig auf beiden Längsseiten mit einem scharfen Messer in Abständen von etwa 2 cm bis zur Füllung hin einschneiden. Jetzt an den Stirnseiten den Teigrand über die Füllung ziehen und die eingeschnittenen Teigstreifen kreuzweise ebenfalls über die Füllung legen.

8. Eigelb und Rahm verrühren. Die Pastete damit bestreichen.

9. Die Käsepastete im auf 220 Grad vorgeheizten Ofen auf der untersten Rille während etwa 30 Minuten goldbraun backen. Vor dem Servieren 5–10 Minuten ruhen lassen, damit die Füllung nicht ausläuft.

Cholera

Diese Pastete ist eine alte Gomser Spezialität, die je nach Gemeinde, in der sie zubereitet wird, kleine Veränderungen erfährt.

Ergibt 4–5 Portionen

250 g Kartoffeln
Salz
100 g Zwiebeln
1 gehäufter Esslöffel Butter
250 g Äpfel
250 g Gomser Käse
ca. 500 g Kuchenteig oder Quarkblätterteig (siehe Grundrezept Seite 61)
einige Butterflocken
1 Eigelb

Zubereiten: etwa 30 Minuten
Backen: 40–45 Minuten

1. Die Kartoffeln in der Schale in nicht zuviel Wasser zugedeckt knapp weich kochen. Etwas abkühlen lassen, dann schälen und mit dem Eierschneider in dünne Scheiben schneiden. Leicht salzen.

2. Die Zwiebeln schälen, halbieren und in dünne Scheiben schneiden. In der warmen Butter gut 5 Minuten dünsten. Auskühlen lassen.

3. Die Äpfel schälen, vierteln, das Kerngehäuse entfernen und die Früchte in dünne Schnitzchen schneiden.

4. Den Käse entrinden und in dünne Scheiben schneiden.

5. Die Hälfte des Teiges rechteckig auswallen und auf ein mit Backpapier belegtes Blech legen. Die vorbereiteten Zutaten lagenweise darauf verteilen und mit Butterflocken belegen. Den restlichen Teig ebenfalls auswallen und über die Zutaten legen. Die Ränder der Pastete auf gut 1 cm zurückschneiden, nach innen aufrollen und mit einer Gabel festdrücken. Die Pastete nach Belieben mit Teigresten verzieren.

6. Das Eigelb verrühren und die Pastete damit bestreichen.

7. Die Cholera im auf 200 Grad vorgeheizten Ofen auf der untersten Rille während 40–45 Minuten backen. Dunkelt die Oberfläche zu schnell, mit Alufolie abdecken.

In Oberwald werden die Kartoffeln zuerst mit reichlich Zwiebeln und Äpfel in etwas Butter angebraten, in Reckingen die Kartoffeln geraffelt und mit Zwiebeln gebraten. In Biel (VS) verwendet man statt Äpfel fein geschnittenen, gedünsteten Kabis. Im Fieschertal kommen Lauch sowie mehr Käse hinzu, während in Mörel das Ganze ohne Kartoffeln zubereitet wird. Und in Münster schliesslich werden die Zutaten nicht in Teig eingepackt, sondern nur gitterartig damit belegt.

Hackfleischpastete

Ergibt 8–10 Tranchen

je 1 rote und grüne Peperoni
1 grosse Zwiebel
1 Esslöffel Butter
200 g milder Gruyère
½ Bund Petersilie
500 g gehacktes Rindfleisch
1 Ei
1–2 Esslöffel Tomaten-Ketchup
Salz
etwas Paprikapulver und Cayennepfeffer
ca. 400 g Blätterteig

Zum Fertigstellen:

1 Eigelb
1 Teelöffel Öl

Zubereiten: etwa 25 Minuten
Backen: etwa 40 Minuten

Diese knusprige Blätterteigpastete enthält eine rassig gewürzte Füllung aus Hackfleisch, geriebenem Gruyère und Peperoni. Nach Belieben kann man für die Füllung auch andere Gemüse verwenden, wie zum Beispiel eine Mischung von kleinen, schmalen Rüebli- und Kohlrabi- oder Selleriestengelchen. Gut schmeckt auch eine Art Ratatouille-Mischung mit Zucchetti, Peperoni und Auberginen, die man klein würfelt.

1. Die Peperoni halbieren, entkernen und in Streifen schneiden.

2. Die Zwiebel schälen und fein hacken. In der warmen Butter hellgelb dünsten.

3. Die Peperoni beifügen und unter Wenden 3–4 Minuten dünsten. Etwas abkühlen lassen.

4. Inzwischen den Käse in kleine Würfelchen schneiden. Die Petersilie fein hacken.

5. Das Hackfleisch in eine Schüssel geben, die Peperoni-Zwiebel-Mischung, den Käse, das Ei, die Petersilie und das Ketchup beifügen. Die Masse rassig mit Salz, Paprika und Cayennepfeffer würzen.

6. Den Blätterteig auf der bemehlten Arbeitsfläche etwa 3 mm dünn rechteckig auswallen.

7. Die Hackfleischmasse zu einer Rolle formen und auf den Teig legen. Die Teigränder mit Wasser oder Eiweiss bestreichen. Den Teig zu einem Paket veschliessen. Die Pastete mit der Nahtstelle nach unten auf ein mit Backpapier belegtes Blech legen. Nach Belieben mit Teigresten dekorieren.

8. Eigelb und Öl verrühren und die Pastete damit bestreichen.

9. Die Hackfleischpastete im auf 200 Grad vorgeheizten Ofen auf der untersten Rille während etwa 40 Minuten backen.

Waadtländer Wurstpastete

Das Brät der Saucisson, der bekannten Waadtländer Wurstspezialität, ergibt zusammen mit Schinken, Champignons, Eierschwämmchen, geriebenem Käse sowie vielen Kräutern das würzige Innenleben dieser rustikalen Pastete. Und das ganz Besondere daran: Wurstbrät und Schinken werden über Nacht in Marc und Weisswein mariniert. Ein etwas anderes Aroma erhält die Pastete, wenn man sie mit Schweinsbratwurstbrät zubereitet.

Ergibt etwa 12 Tranchen

- 2 grosse Waadtländer Saucissons (insgesamt ca. 700 g)
- 250 g Schinken
- 1½ dl Weisswein
- ½ dl Marc
- 150 g Champignons
- 100 g Eierschwämme
- 4 Schalotten
- 1 Esslöffel Butter
- Salz, schwarzer Pfeffer aus der Mühle
- 150 g Gruyère
- 1 Bund Petersilie
- ½ Bund Thymian
- 2–3 Zweige Liebstöckel (Maggikraut)
- 1 Ei
- 1 Eigelb
- ca. 600 g Kuchenteig oder Quarkblätterteig (siehe Grundrezept, Seite 61)

Zum Fertigstellen:
- 1 Eigelb
- 1 Teelöffel Öl

Marinieren: etwa 6 Stunden oder über Nacht
Zubereiten: etwa 30 Minuten
Backen: etwa 60 Minuten

1. Die rohen Saucissons schälen. Das Fleisch in eine Schüssel geben und mit einer Gabel zerdrücken.

2. Den Schinken fein hacken. Zum Wurstbrät geben. Mit dem Weisswein und dem Marc begiessen und zugedeckt über Nacht ziehen lassen.

3. Am nächsten Tag die Pilze rüsten. Die Champignons je nach Grösse halbieren oder vierteln. Die Eierschwämme halbieren oder in Streifen schneiden.

4. Die Schalotten schälen und fein hacken. In der warmen Butter hellgelb dünsten.

5. Die Hitze höher stellen. Die Pilze beifügen. Unter Wenden 4–5 Minuten dünsten; dabei entstehender Saft vollständig verdampfen lassen. Die Pilze erst am Schluss mit Salz und Pfeffer würzen. Etwas abkühlen lassen.

6. Den Gruyère fein reiben. Alle Kräuter fein hacken.

7. Pilze, Käse, Kräuter, Ei und Eigelb zur Wurstmasse geben. Alles gut mischen und würzen.

8. Etwas mehr als einen Drittel des Kuchenteiges auf der bemehlten Arbeitsfläche zu einem Rechteck von 30x40 cm auswallen. Auf ein mit Backpapier belegtes Blech geben.

9. Die Wurstmasse zu einer Rolle formen und auf den Teig legen. Die Teigränder mit Wasser oder Eiweiss bestreichen.

10. Den restlichen Teig etwas grösser als den Boden auswallen und sorgfältig über die Wurstmasse legen. Den Teig der Füllung entlang gut andrücken. Die Ränder auf etwa 3 cm Breite zurückschneiden und zur Pastete hin aufrollen. Mit einer Gabel andrücken. In der Mitte der Pastete ein Dampfloch anbringen. Nach Belieben die Pastete mit Teigresten verzieren.

11. Eigelb und Öl verrühren und die Pastete damit bestreichen.

12. Die Pastete im auf 200 Grad vorgeheizten Ofen auf der untersten Rille während etwa 60 Minuten backen. Wenn die Oberfläche zu stark bräunt, mit Alufolie abdecken.

Gefüllte Champignons im Strudelteig

Ungewöhnlich und raffiniert: Grosse Champignonköpfe werden gefüllt mit einer Masse aus Schinken, Pilzen, Crème fraîche und Schnittlauch, locker in Strudelteig gehüllt und als kleine Blumen gebacken.

Ergibt 4–6 Portionen

Teig:
- 250 g Mehl
- ½ Teelöffel Salz
- knapp 1½ dl lauwarmes Wasser
- 2 Esslöffel Öl

Füllung:
- 12 sehr grosse Champignons (1)
- 4 dl Gemüsebouillon
- 100 g Champignons (2)
- 2 Schalotten
- 2 Knoblauchzehen
- 1 Esslöffel Butter
- 1 dl Crème fraîche
- Salz, schwarzer Pfeffer
- 200 g in Scheiben geschnittener Schinken
- 1 Bund Schnittlauch

Zum Fertigstellen:
- 75 g flüssige Butter

Teig: etwa 10 Minuten + 30 Minuten ruhen lassen
Füllung: etwa 30 Minuten
Backen: etwa 25 Minuten

1. Mehl, Salz, Wasser und Öl mischen und zu einem glatten, elastischen Teig kneten. In Klarsichtfolie wickeln und bei Zimmertemperatur 30 Minuten ruhen lassen.

2. Die Stiele der grossen Champignons (1) herausdrehen. Die Bouillon aufkochen und die Champignonköpfe hineingeben. Zugedeckt 5 Minuten leise kochen. Gut abtropfen lassen.

3. Die zweite Portion Champignons (2) rüsten und klein würfeln. Schalotten und Knoblauch schälen und fein hacken.

4. In einer beschichteten Bratpfanne die Butter schmelzen. Schalotten und Knoblauch darin hellgelb dünsten. Die Champignonwürfel beifügen und mitdünsten; ziehen sie Saft, diesen vollständig verdampfen lassen. Dann die Crème fraîche beifügen und wiederum vollständig einkochen lassen. Die Pilzmasse würzen. Abkühlen lassen.

5. Den Schinken in kleine Vierecke schneiden. Den Schnittlauch in Röllchen schneiden. Beides zur Pilzmasse geben.

6. Den Strudelteig in vier Portionen teilen. Jedes Teigstück zuerst auswallen, dann über den Handrücken so dünn wie nur möglich ausziehen. Aus den Teigstücken 12 Rondellen von 12 cm Durchmesser ausstechen. Mit flüssiger Butter bepinseln.

7. Die Füllung bergartig in die Champignonköpfe verteilen. Je ein Champignon in die Mitte einer Strudelrondelle setzen. Den Teig so um den Pilz hüllen, dass die Füllung offen bleibt.

8. Die Champignons im auf 220 Grad vorgeheizten Ofen auf der zweituntersten Rille während etwa 25 Minuten backen. Nach Belieben eine kalte Sauce aus saurem Halbrahm und/oder Joghurt, mit Schnittlauch und Korianderpulver gewürzt, dazu servieren.

Quarkblätterteig – Schritt für Schritt

Man könnte diesen vielseitig verwendbaren Teig auch Blitz-Blätterteig nennen, denn man kann ihn nach der Zubereitung und kurzem Kühlstellen sofort verwenden. Man braucht ihm also nicht unbedingt «Touren» zu geben wie dem normalen Blätterteig, ausser man wünscht einen besonders luftigen Teig. Im Kühlschrank hält sich Quarkblätterteig in Folie verpackt vier bis fünf Tage frisch, tiefgekühlt bis zu 4 Monate.

Grundrezept für 750 g Teig:

250 g Mehl
1 Teelöffel Salz
250 g kalte Butter
250 g Magerquark

1. Das Mehl in eine Schüssel geben und mit dem Salz mischen. Die Butter in kleinen Stücken dazuschneiden. Den Quark beifügen. Alle Zutaten mit einem Tafelmesser oder einer Gabel so lange bearbeiten, das heisst schneiden oder zerdrücken, bis eine bröselige Masse entstanden ist. Diese rasch zu einem glatten Teig zusammenkneten.

2. Wünscht man einen besonders gut aufgehenden und knusprigen Teig, gibt man ihm vor dem Kühlstellen (etwa 30 Minuten) sogenannte «Touren»: Dazu den Teig auf der gut bemehlten Arbeitsfläche zu einem Rechteck von etwa 30 x 60 cm auswallen, und zwar abwechslungsweise von vorne nach hinten und von links nach rechts. Darauf achten, dass der Teig gleichmässig dick ausgewallt wird.

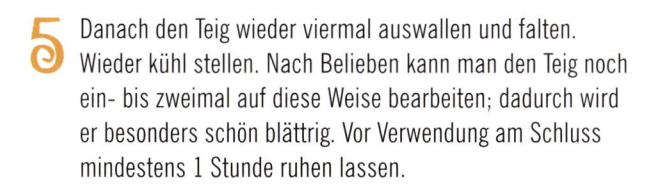

3. Den Teig von beiden Schmalseiten her so über die Mitte schlagen, dass drei Schichten entstehen. Mit dem Wallholz leicht andrücken.

4. Den Teig wie oben beschrieben wieder auswallen und zusammenlegen. Diesen Vorgang noch zweimal wiederholen. Dann den Teig in Folie gewickelt 30 Minuten kühl stellen.

5. Danach den Teig wieder viermal auswallen und falten. Wieder kühl stellen. Nach Belieben kann man den Teig noch ein- bis zweimal auf diese Weise bearbeiten; dadurch wird er besonders schön blättrig. Vor Verwendung am Schluss mindestens 1 Stunde ruhen lassen.

Rüeblikuchen
» Rezept Seite 85 «

Cake, Gugelhopf und andere feine Kuchen

Lauter Lieblingskuchen

Die einen schwören auf Früchtecakes, für andere gibt's nichts Besseres als einen Gugelhopf, und für manche ist eine Quarktorte das Höchste im Kuchenhimmel. Hier finden Sie nun die beliebtesten Familien-Backrezepte versammelt, von denen bestimmt das eine oder andere auch Ihr neuer Lieblingskuchen werden könnte.

Vanille-Mohn-Gugelhopf

Marzipan macht diesen Vanilleteig besonders fein, die Mohnfüllung sorgt für Feuchtigkeit – eine Kombination, die Sie unbedingt ausprobieren müssen.

Ergibt etwa 16 Stück

Füllung:
1¼ dl Milch
½ Päcklein Vanillepuddingpulver
100 g Mohnsamen
1 Päcklein Bourbon Vanillezucker

Teig:
½ dl Milch
100 g Backmarzipan
250 g weiche Butter
150 g Zucker
1 Päcklein Bourbon Vanillezucker
3 Eier
350 g Mehl
1 Päcklein Backpulver
etwas Puderzucker zum Bestäuben

Zubereiten: etwa 20 Minuten
Backen: 60–70 Minuten

1. Eine grosse Gugelhopfform grosszügig ausbuttern. Kurz kühl stellen, dann mit Mehl ausstäuben. Den Backofen auf 170 Grad vorheizen.

2. Für die Füllung einige Löffel Milch mit dem Vanillepuddingpulver verrühren. Mit der restlichen Milch, den Mohnsamen sowie dem Vanillezucker in ein Pfännchen geben und aufkochen. Beiseite stellen.

3. Für den Teig die Milch in ein Pfännchen geben und gut handwarm werden lassen. Vom Feuer nehmen, das Marzipan in Stücke bröckeln und in der Milch auflösen.

4. Die weiche Butter mit dem Zucker und dem Vanillezucker sehr luftig und hell schlagen. Dann ein Ei nach dem andern unterrühren. Die Marzipanmasse beifügen.

5. Mehl und Backpulver mischen und unter die Butter-Marzipan-Creme rühren. Die Hälfte des Teiges in die vorbereitete Form füllen. Die andere Hälfte mit der Mohnmasse mischen und ebenfalls in die Form geben. Eine Gabel spiralförmig durch den Teig ziehen.

6. Den Gugelhopf im auf 170 Grad vorgeheizten Ofen auf der untersten Rille während 60–70 Minuten backen. Die Nadelprobe machen (siehe Seite 89, Punkt 4).

7. Den Gugelhopf 10 Minuten in der Form stehen lassen. Dann den Rand sorgfältig lösen und den Kuchen auf eine Platte stürzen. Vollständig auskühlen lassen. Vor dem Servieren mit Puderzucker bestäuben.

Schokolade-Roulade

Ergibt etwa 16 Stück

Biskuit:
4 Eigelb
40 g Zucker (1)
4 Eiweiss
1 Prise Salz
30 g Zucker (2)
75 g Mehl

Füllung:
100 g dunkle Schokolade
2 Blatt Gelatine
4 dl Rahm

Pariser Creme:
150 g dunkle Schokolade
1½ dl Rahm

Teig: etwa 10 Minuten
Backen: etwa 8 Minuten
Füllen: etwa 10 Minuten (ohne Kühlstellen)

1. Ein Blech von 30 x 40 cm mit Backpapier belegen und dieses leicht bebuttern. Ein zweites Backpapier ebenfalls bebuttern und mit etwas Zucker bestreuen. Den Backofen auf 180 Grad vorheizen.

2. Eigelb und Zucker (1) zu einer hellen, dicken Creme aufschlagen.

3. Eiweiss und Salz halb steif schlagen. Löffelweise die zweite Portion Zucker (2) einrieseln lassen und alles zu einer glänzenden, schneeweissen Masse schlagen. Abwechselnd mit dem Mehl unter die Eicreme ziehen. Auf dem vorbereiteten Blech ausstreichen.

4. Das Biskuit sofort im 180 Grad heissen Ofen auf der zweituntersten Rille während etwa 8 Minuten leicht hellbraun backen. Herausnehmen, auf das Backpapier mit dem Zucker stürzen und das Backpapier des Bodens abziehen. Das Biskuit mitsamt dem gezuckerten Papier aufrollen und auskühlen lassen.

5. Für die Füllung die Schokolade in Stücke brechen, in ein Pfännchen geben und mit 2–3 Esslöffeln Wasser auf kleinstem Feuer langsam schmelzen lassen. Glatt rühren.

6. Die Gelatine in reichlich kaltem Wasser einweichen. Dann ausdrücken und in der warmen Schokolade auflösen.

7. Den Rahm steif schlagen und mit der Schokoladecreme mischen. Kühl stellen.

8. Für die Pariser Creme die Schokolade und den Rahm in ein Pfännchen geben. Auf kleinem Feuer schmelzen und glatt rühren. Abkühlen lassen.

9. Das Biskuit entrollen und das Backpapier entfernen. Mit Schokoladefüllung bestreichen und wieder aufrollen. Die Roulade mit Pariser Creme überziehen. Bis zum Servieren kühl stellen.

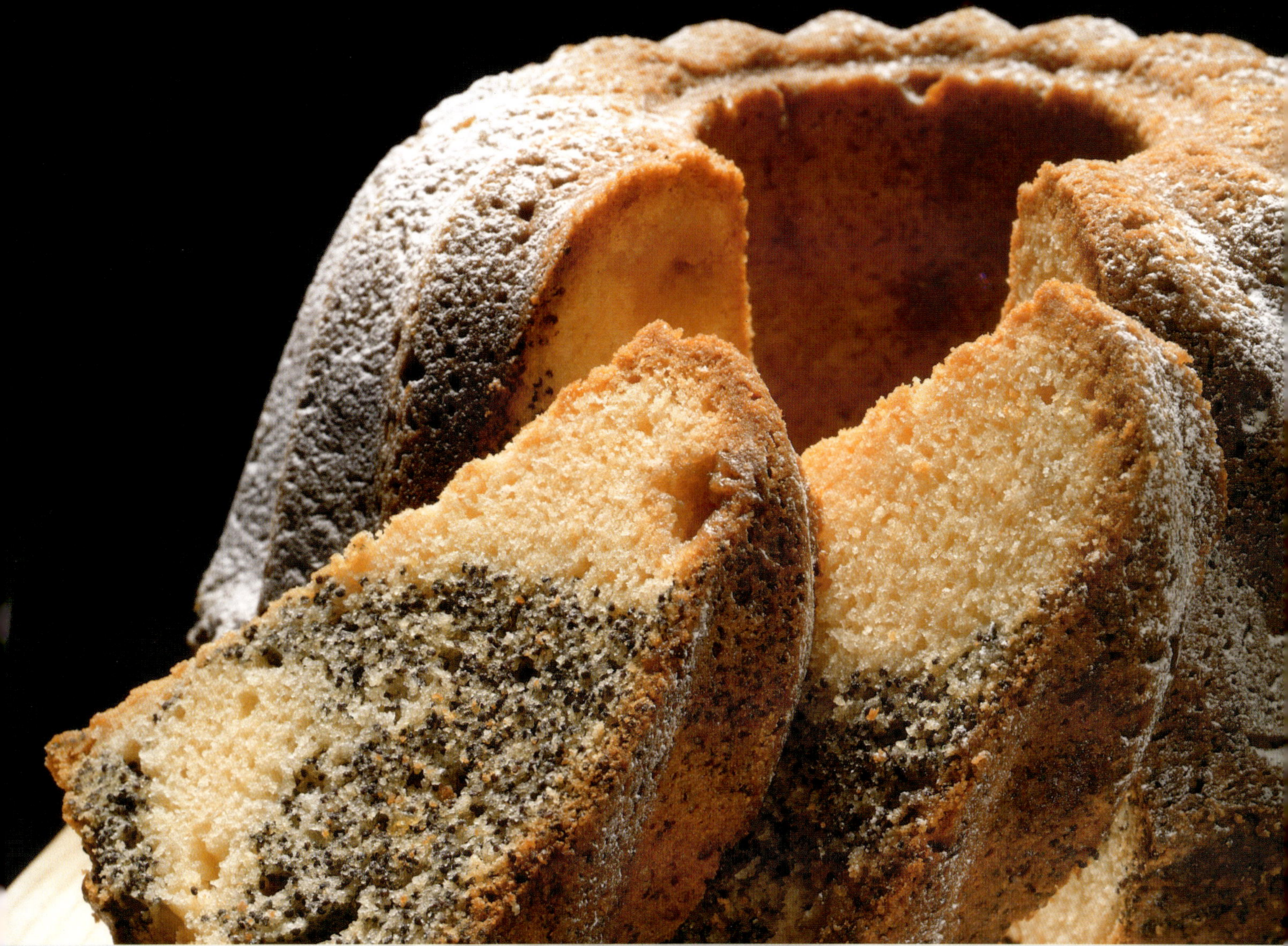

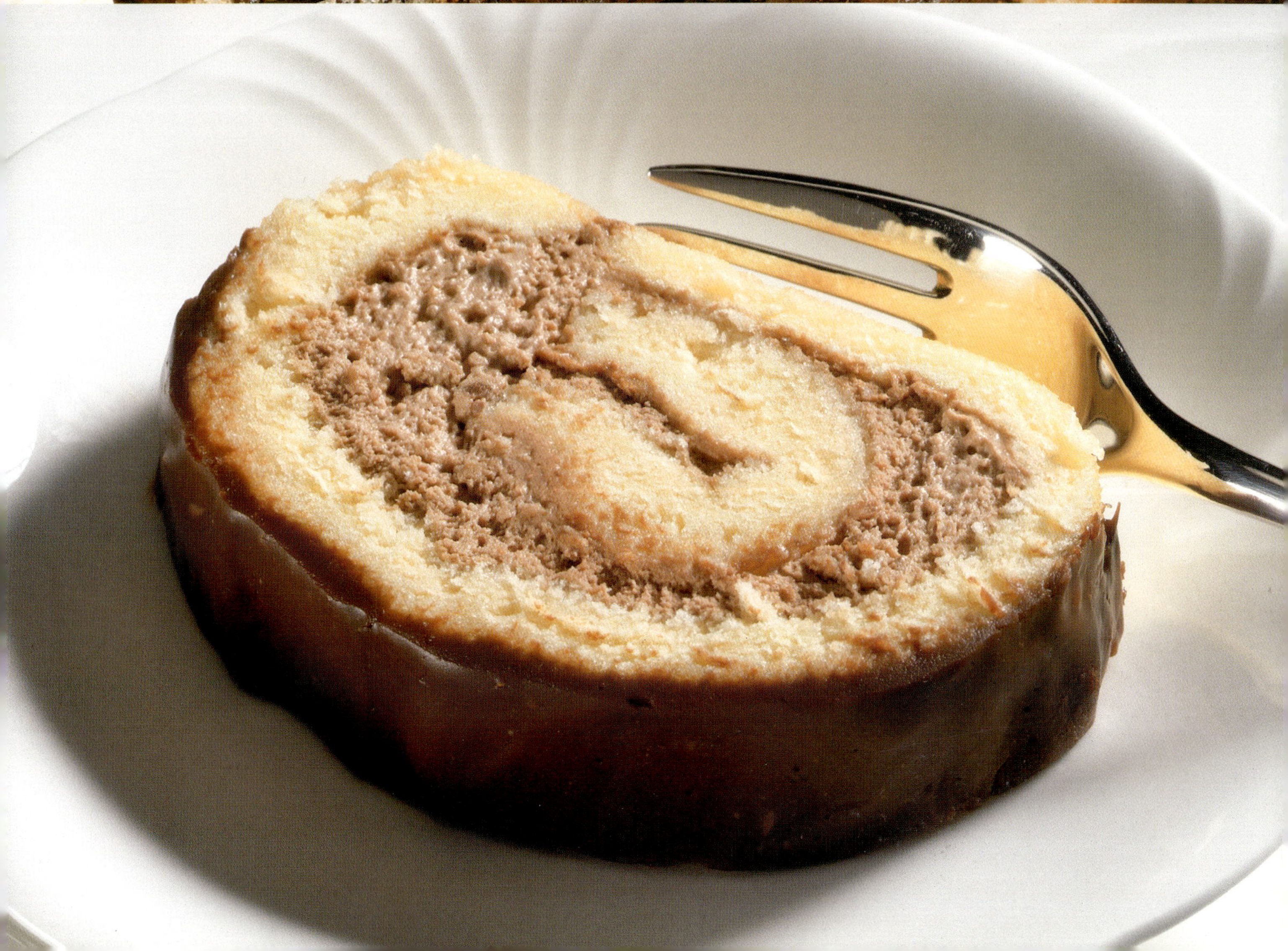

Früchtecake

Er gilt als der klassische Cake, dieser Rührteigkuchen mit Rosinen, Sultaninen, Orangeat- und Zitronatwürfelchen. In Folie verpackt hält er sich etwa eine Woche frisch.

Ergibt 16–20 Stück

100 g Rosinen
100 g Sultaninen
50 g Orangeat- und/oder Zitronatwürfelchen
4 Esslöffel Rum
200 g weiche Butter
175 g Zucker
3 Eier
2 Esslöffel gemahlene geschälte Mandeln
200 g Mehl

Marinieren: etwa 30 Minuten
Zubereiten: etwa 15 Minuten
Backen: 50–60 Minuten

1. Rosinen, Sultaninen, Orangeat und Zitronat in ein kleines Schüsselchen geben und mit dem Rum beträufeln. Mindestens 30 Minuten ziehen lassen.

2. Eine Cakeform ausbuttern. Kurz kühl stellen, dann mit etwas Mehl ausstäuben. Den Backofen auf 180 Grad vorheizen.

3. Die Butter so lange rühren, bis sie sehr hell geworden ist. Dann den Zucker und die Eier beifügen und alles während gut 5 Minuten weiterschlagen; der Zucker soll sich vollständig aufgelöst haben.

4. Die marinierten Früchte mitsamt dem Rum, die gemahlenen Mandeln und das Mehl beifügen und untermischen. Den Teig in die vorbereitete Form füllen.

5. Den Cake im 180 Grad heissen Ofen auf der zweituntersten Rille während 50–60 Minuten backen. Die Nadelprobe machen (siehe Seite 89, Punkt 4). Aus dem Ofen nehmen, 5–10 Minuten in der Form stehen lassen. Dann den Rand mit einem Messer sorgfältig lösen und den Cake auf ein Kuchengitter stürzen. Vollständig auskühlen lassen.

Sultaninen, Rosinen & Co.

Eine getrocknete Weinbeere ist längst nicht immer das Gleiche. Zu unterscheiden gilt es vier verschiedene Typen: Sultaninen, Rosinen, Korinthen und Weinbeeren.

Die **Weinbeere** (links oben im Bild) eignet sich wegen ihrer Grösse und Fleischigkeit vor allem zum Rohessen und für Müesli. Viel kleiner, fast schwarz und kernlos sind **Korinthen** (rechts oben), benannt nach der griechischen Stadt Korinth. Sie werden, heiss gespült, vorwiegend zum Backen verwendet. Aus Kalifornien und dem Mittleren Osten stammen die **Rosinen** (rechts unten). Sie sind die verbreitetsten Trockenfrüchte und finden ebenfalls vor allem beim Backen Verwendung. **Sultaninen** (links unten), die hellste Sorte, sind besonders süss. Sie kommen zur Anwendung, wenn Korinthen zu herb und Rosinen zu sauer sind.

Rosenkuchen

Nicht von ungefähr ist dieser Hefeteig-Kuchen namensverwandt mit der edelsten aller Blumen: Mit seiner Mandel-Apfel-Füllung schmeckt er so königlich, wie eine Rose duftet.

Ergibt 10–12 Stück

Hefeteig:
- 300 g Mehl
- ½ Würfel Frischhefe (ca. 20 g)
- 1 Teelöffel Zucker (1)
- 50 g Butter
- 1 dl Milch
- 1 Ei
- 50 g Zucker (2)
- ½ Teelöffel Salz

Füllung:
- 50 g Sultaninen
- 125 g gemahlene Mandeln
- 4–5 Esslöffel Rahm
- abgeriebene Schale von ½ Zitrone
- 1 Esslöffel Zitronensaft
- 1 kleiner Apfel
- 3–4 Esslöffel Zucker

Glasur:
- 2 Esslöffel Mandelblättchen
- 5 Esslöffel Puderzucker
- 1 Esslöffel Zitronensaft

Teig: etwa 15 Minuten
Aufgehen lassen: etwa 45 Minuten + 20 Minuten
Zubereiten: etwa 15 Minuten
Backen: etwa 30 Minuten

1. Das Mehl in eine Schüssel geben und in der Mitte eine Vertiefung anbringen. Die Hefe mit dem Zucker verrühren, bis sie flüssig wird. In die Mehlmulde giessen. Etwas Mehl darüberstäuben. Die Butter schmelzen. Vom Feuer nehmen und die Milch dazugiessen. Das Ei unterrühren und Zucker sowie Salz beifügen. Alles zum Mehl geben.

2. Die Zutaten zu einem glatten, elastischen Teig kneten. In der Schüssel mit einem Tuch gedeckt an einem warmen Ort etwa 45 Minuten aufgehen lassen.

3. Die Sultaninen in warmem Wasser einweichen. Die Mandeln mit dem Rahm, der Zitronenschale und dem Saft mischen. Den Apfel an einer feinen Raffel dazureiben. Zuletzt die gut abgetropften Sultaninen und den Zucker beifügen.

4. Den Teig auf der bemehlten Arbeitsfläche zu einem knapp 1 cm dicken Rechteck auswallen. Die Füllung darauf ausstreichen. Den Teig der Länge nach aufrollen.

5. Eine Springform von 22–24 cm Durchmesser ausbuttern, dann mit Mehl bestäuben. Die Teigrolle in 10–12 gleichmässig dicke Scheiben schneiden. Diese mit etwas Abstand voneinander in die Springform setzen. Nochmals so lange aufgehen lassen, bis die Rosetten aneinander stossen. Inzwischen den Backofen auf 220 Grad vorheizen. Den aufgegangenen Kuchen auf der untersten Rille während etwa 30 Minuten backen.

6. Für die Glasur die Mandelblättchen in einer trockenen Pfanne ohne Fettzugabe hellbraun rösten. Puderzucker und Zitronensaft zu einer dicken Glasur verrühren. Den noch heissen Kuchen damit bestreichen und mit den Mandelblättchen bestreuen.

Grossmamas Quarktorte

Eine ganz einfache Quarktorte, ohne Schnörkel und ohne Chichi – aber unwiderstehlich gut. Nach Belieben kann man Weichselkirschen aus der Dose als Füllung auf dem Teigboden verteilen, bevor man die Quarkcreme darübergibt.

Ergibt etwa 16 Stück

Mürbeteig:
- 300 g Mehl
- ¼ Teelöffel Salz
- 100 g Zucker
- 200 g kalte Butter
- 1 Ei
- 1–2 Esslöffel Rahm

Füllung:
- 500 g Magerquark
- 1 Päcklein Bourbon Vanillezucker
- 100 g Zucker (1)
- abgeriebene Schale von 1 Zitrone
- 7 Eigelb
- je 1 gehäufter Esslöffel Mehl und Speisestärke (z.B. Maizena oder Epifin)
- 7 Eiweiss
- 50 g Zucker (2)
- 50 g Butter

Teig: etwa 15 Minuten
Kühl stellen: etwa 30 Minuten
Vorbacken: etwa 15 Minuten
Füllung: etwa 15 Minuten
Backen: etwa 40 Minuten

1. Für den Teig das Mehl in eine Schüssel sieben. Mit dem Salz und dem Zucker mischen. Die Butter in Flocken dazuschneiden. Dann alles zwischen den Fingern zu einer bröseligen Masse reiben. Ei und Rahm verquirlen, beifügen und die Zutaten rasch zu einem glatten Teig zusammenkneten. In Klarsichtfolie wickeln und im Kühlschrank 30 Minuten ruhen lassen.

2. Eine Springform von 26 cm Durchmesser ausbuttern und kurz kühl stellen. Dann mit Mehl ausstäuben. Den Backofen auf 200 Grad vorheizen.

3. Knapp die Hälfte des Teiges direkt auf dem Formenboden auswallen. Den Formenrand aufsetzen. Aus dem restlichen Teig einen 4 cm hohen Rand formen; am besten geht dies, wenn man den Teig in Portionen teilt und Rollen daraus formt, die man mit den Fingern dem Rand entlang hochdrückt.

4. Aus Alufolie lange, gut 3 cm breite Streifen falten und gegen den Teigrand drücken.

5. Den Teigboden im 200 Grad heissen Ofen auf der zweituntersten Rille 15 Minuten vorbacken.

6. In der Zwischenzeit für die Füllung den Quark, den Vanillezucker, den Zucker (1), die Zitronenschale, die Eigelb, das Mehl und die Speisestärke zu einer glatten Creme verrühren.

7. Die Eiweiss sehr schaumig schlagen. Dann nach und nach unter Rühren Zucker (2) einrieseln lassen und so lange weiterschlagen, bis eine glänzende, schneeweisse Masse entstanden ist.

8. Die Butter in einem kleinen Pfännchen schmelzen.

9. Den ersten Drittel des Eischnees mit dem Schwingbesen unter die Quarkcreme rühren. Den restlichen Schnee in zwei Portionen abwechselnd mit der flüssigen Butter sorgfältig mit einem Gummischaber unterziehen.

10. Die Folienstreifen vom vorgebackenen Kuchen entfernen. Die Ofenhitze auf 180 Grad reduzieren.

11. Die Quarkcreme auf dem Teigboden verteilen und glatt streichen.

12. Die Quarktorte im heissen Ofen bei 180 Grad auf der zweituntersten Rille während etwa 40 Minuten backen. Die Nadelprobe machen (siehe Seite 89, Punkt 4). Herausnehmen und in der Form 10 Minuten stehen lassen. Dann den Rand mit einem Messer sorgfältig lösen, den Formenrand öffnen und die Quarktorte vollständig auskühlen lassen.

Milchrahmstrudel

Bei uns kennt man die Strudel vor allem als blättrige Rouladen mit einer saftigen süssen oder pikanten Füllung. In Österreich, der Heimat des Strudels, werden manchmal Strudel auch als eine Art Auflauf mit einer Eiermilch überbacken. Zu diesen Familienmitgliedern gehört dieser gehaltvolle Strudel mit einer Füllung aus Crème fraîche, Rosinen, Weissbrot und Ei, der sowohl süsse Mahlzeit wie auch Dessert sein kann.

Ergibt etwa 12 Portionen

Strudelteig:
300 g Mehl
30 g weiche Butter
1 Ei
¼ Teelöffel Salz
1½ dl lauwarmes Wasser

Füllung:
150 g Toastbrot
2 dl Milch
150 g weiche Butter
75 g Zucker (1)
1 Prise Salz
abgeriebene Schale von 1 Zitrone
1 Päcklein Bourbon Vanillezucker
6 Eigelb
2 dl Crème fraîche
25 g Paniermehl
80 g Rosinen
6 Eiweiss
75 g Zucker (2)

Zum Fertigstellen:
50 g Butter
5 dl Milch
1 Ei
75 g Zucker

Zubereiten: etwa 40 Minuten
Backen: 45–50 Minuten

1. Für den Teig das Mehl in eine Schüssel geben. Die Butter in Flocken darübergeben. Ei, Salz und Wasser verquirlen und beifügen. Alles während etwa 5 Minuten zu einem glatten, elastischen Teig kneten. In Klarsichtfolie gewickelt bei Zimmertemperatur 30 Minuten ruhen lassen.

2. Inzwischen für die Füllung das Toastbrot dünn entrinden und in Würfel schneiden. Die Milch darüberträufeln und etwa 10 Minuten einweichen lassen.

3. Die Butter kräftig rühren, bis sie luftig ist. Zucker (1), Salz, Zitronenschale und Vanillezucker beifügen und wiederum gut schlagen. Dann ein Eigelb nach dem andern unterrühren.

4. Das eingeweichte Toastbrot durch ein Passevite zur Butter-Ei-Masse treiben. Gut mischen. Dann die Crème fraîche, das Paniermehl und die Rosinen beifügen.

5. Die Eiweiss sehr schaumig schlagen. Dann löffelweise unter Rühren den Zucker (2) einrieseln lassen und so lange weiterschlagen, bis die Masse glänzend und schneeweiss ist. Portionenweise unter die Füllung ziehen.

6. Eine grosse Gratinform oder ein tiefes Backblech grosszügig ausbuttern. Den Backofen auf 200 Grad vorheizen.

7. Den Strudelteig halbieren. Jede Hälfte auf der bemehlten Arbeitsfläche zuerst mit dem Wallholz auswallen. Dann ein sauberes Tuch unter den Teig legen und diesen über den Handrücken so dünn wie möglich ausziehen.

8. Die Butter schmelzen. Die beiden Teigblätter damit bestreichen. Jeweils zwei Drittel der Teigfläche mit Füllung bestreichen. Mit Hilfe des Tuches, das man leicht anhebt, den Strudel aufrollen. Die Strudel nebeneinander in die vorbereitete Form legen.

9. Milch, Ei und Zucker verquirlen. Die Hälfte davon über die Strudel giessen. Diese sofort im 200 Grad heissen Ofen auf der zweituntersten Rille während 45–50 Minuten backen. Nach der Hälfte der Backzeit die Strudel mit der restlichen Eiermilch übergiessen. Den Strudel lauwarm oder kalt servieren.

Mandelrolle

Aus Blätterteig mit einer Füllung aus grob gehackten Mandeln, Ei, Zucker und Zimt ist diese unkomplizierte Gebäckspezialität aus der griechischen Küche.

Ergibt etwa 10 Stück

120 g geschälte Mandeln
1 Esslöffel Paniermehl
1 Ei
3 Esslöffel Zucker
1 Teelöffel Zimt
30 g Butter
ca. 300 g Blätterteig
1 Eigelb

Glasur:

2 Esslöffel geschälte Mandeln
3 Esslöffel Zitronensaft
100 g Zucker
½ Zimtstengel

Zubereiten: etwa 15 Minuten
Kühl stellen: etwa 15 Minuten
Backen: etwa 30 Minuten

1. Für die Füllung die Mandeln grob hacken. Mit dem Paniermehl, dem Ei, dem Zucker und dem Zimt mischen.

2. In einem Pfännchen die Butter schmelzen.

3. Den Blätterteig zu einem Rechteck von etwa 22 x 40 cm auswallen. Mit der flüssigen Butter bestreichen. Die eine Teighälfte über die andere legen, so dass ein Rechteck von 22 x 20 cm entsteht. Mit der restlichen Butter bestreichen.

4. Die Füllung auf dem Rechteck verteilen, dabei auf der oberen Längsseite einen Rand von 2 cm frei lassen. Den Blätterteig aufrollen und mit der Nahtstelle nach unten auf ein mit Backpapier belegtes Blech geben.

5. Die Rolle mit dem Eigelb bestreichen. Vor dem Backen mindestens 15 Minuten kühl stellen.

6. Den Backofen auf 180 Grad vorheizen.

7. Die Mandelrolle im 180 Grad heissen Ofen auf der zweituntersten Rille während etwa 30 Minuten goldbraun backen.

8. Inzwischen für die Glasur die Mandeln grob hacken.

9. Zitronensaft, Zucker und Zimtstengel zusammen aufkochen. Auf kleinem Feuer leise kochen lassen, bis der Sirup goldfarben caramelisiert. Den Zimtstengel entfernen.

10. Die Mandelrolle aus dem Ofen nehmen und sofort mit dem heissen Sirup bestreichen. Die gehackten Mandeln darüberstreuen. Die Rolle auskühlen lassen.

» Abbildung Seite 72 «

Ananas-Cake

Anstelle einer Zuckerglasur kann man diesen saftigen Früchtecake auch mit Schokolade überziehen.

Ergibt 16–20 Stück

ca. 150 g Ananasscheiben aus der Dose, abgetropft gewogen
175 g weiche Butter
150 g Zucker
1 Päckli Vanillezucker
200 g Backmarzipan
2 Esslöffel Ananassaft
3 Eigelb
200 g Mehl
1 Teelöffel Backpulver
3 Eiweiss
1 Messerspitze Salz

Glasur:
200 g Puderzucker
3–4 Esslöffel Ananassaft

Zubereiten: etwa 20 Minuten
Backen: 50–60 Minuten

1. Eine Cakeform ausbuttern und kurz kühl stellen. Dann mit etwas Mehl ausstäuben. Den Backofen auf 180 Grad vorheizen.

2. Die Ananasscheiben in kleine Würfelchen schneiden.

3. Die Butter mit dem Zucker und dem Vanillezucker schlagen, bis sie sehr hell geworden ist.

4. Die Marzipanmasse möglichst klein zerbröckeln und mit dem Ananassaft beifügen. Alles so lange schlagen, bis sich das Marzipan aufgelöst hat. Dann ein Eigelb nach dem andern unterrühren.

5. Mehl und Backpulver zum Teig sieben und sorgfältig untermischen.

6. Die Eiweiss mit dem Salz steif schlagen. Mit dem Schwingbesen locker unter den Teig rühren. Zuletzt die Ananaswürfel untermischen.

7. Den Teig in die vorbereitete Cakeform füllen und im 180 Grad heissen Ofen auf der zweituntersten Rille 50–60 Minuten backen. Die Nadelprobe machen (siehe Seite 89, Punkt 4). Den Cake herausnehmen und 5–10 Minuten in der Form stehen lassen. Dann den Rand sorgfältig mit einem Messer lösen und den Cake auf ein Kuchengitter stürzen. Vollständig auskühlen lassen.

8. Den Puderzucker mit dem Ananassaft zu einer dickflüssigen Glasur verrühren und den Cake damit überziehen.

Schokolade-Kirsch-Cake

» Abbildung Seite 73 «

Dieser feine Schokolade-Cake wird besonders saftig, wenn man 100 g Rosinen in Rum einlegt, diese gut abtropfen lässt und die Einlegeflüssigkeit zum Schmelzen der Schokolade verwendet. Die Rosinen am Schluss unter den Teig mischen; damit sie beim Backen nicht auf den Boden der Form sinken, vor dem Beigeben leicht mehlen.

Ergibt 16–20 Stück

200 g dunkle Schokolade
½ dl Kirsch oder Rum
100 g Butter
75 g Zucker
2 Eier
2 Eigelb
100 g gemahlene Mandeln
50 g Mehl
½ Teelöffel Backpulver

2 Eiweiss
2 Esslöffel Puderzucker

Zubereiten: etwa 20 Minuten
Backen: 50–60 Minuten

1. Eine Cakeform ausbuttern und kurz kühl stellen. Dann mit Mehl ausstäuben. Den Backofen auf 180 Grad vorheizen.

2. Die Schokolade in kleine Stücke brechen. Mit dem Kirsch in ein Pfännchen geben. Auf kleinem Feuer langsam schmelzen lassen.

3. Jetzt die Butter unter die Schokolade rühren, ebenso den Zucker. Die Pfanne von der Herdplatte nehmen.

4. Die Eier und die Eigelb nacheinander kräftig unter die Schokolademasse rühren. Dann die Mandeln, das Mehl und das Backpulver untermischen.

5. Die Eiweiss sehr schaumig schlagen. Dann unter Weiterrühren den Puderzucker löffelweise einrieseln lassen; noch so lange schlagen, bis eine glänzende, schneeweisse Masse entstanden ist. Die Hälfte des Eischnees mit dem Schwingbesen unterrühren, den Rest mit dem Gummischaber sorgfältig unterziehen. Den Teig in die vorbereitete Form füllen.

6. Den Cake im 180 Grad heissen Ofen auf der zweituntersten Rille 50–60 Minuten backen. Die Nadelprobe machen (siehe Seite 89, Punkt 4). Den Cake herausnehmen, den Rand mit einem Messer leicht lösen, den Kuchen jedoch noch 10 Minuten in der Form stehen lassen, bevor man ihn auf ein Kuchengitter stürzt.

Ananas-Cake
» Rezept Seite 71 «

Schokolade-Kirsch-Cake
》 Rezept Seite 71 《

Haselnuss-Quark-Cake
》 Rezept Seite 74 《

Haselnuss-Quark-Cake

》Abbildung Seite 73《

Dieser zart-luftige Cake fällt meistens beim Auskühlen leicht zusammen. Aber er schmeckt so gut, dass man diesen kleinen «Schönheitsfehler» gerne in Kauf nimmt.

Ergibt 16–20 Stück

100 g weiche Butter
50 g Zucker (1)
4 Eigelb
abgeriebene Schale von 1 Zitrone
150 g Rahmquark
150 g gemahlene Haselnüsse
3 gehäufte Esslöffel Mehl
½ Teelöffel Backpulver
4 Eiweiss
50 g Zucker (2)
2 Beutel dunkle Schokoladeglasur

Zubereiten: etwa 20 Minuten
Backen: 50–60 Minuten

1. Eine Cakeform ausbuttern und kurz kühl stellen. Dann mit etwas Mehl ausstäuben. Den Backofen auf 180 Grad vorheizen.

2. Die weiche Butter mit dem Zucker (1) zu einer sehr hellen Creme schlagen. Dann ein Eigelb nach dem andern unterrühren und die Masse so lange weiterschlagen, bis sich der Zucker praktisch vollständig aufgelöst hat.

3. Zitronenschale, Quark, Haselnüsse, Mehl und Backpulver nacheinander untermischen.

4. Die Eiweiss mit dem Salz sehr schaumig aufschlagen. Dann unter Weiterrühren löffelweise die zweite Portion Zucker (2) einrieseln lassen; noch so lange schlagen, bis eine glänzende, schneeweisse Masse entstanden ist. Die Hälfte des Eischnees locker mit dem Schwingbesen unter den Teig rühren, den Rest mit dem Gummischaber unterziehen. Den Teig in die vorbereitete Form füllen.

5. Den Cake im 180 Grad heissen Ofen auf der zweituntersten Rille 50–60 Minuten backen. Die Nadelprobe machen (siehe Seite 89, Punkt 4). Herausnehmen und in der Form 5–10 Minuten stehen lassen. Dann den Rand mit einem Messer sorgfältig lösen und den Cake auf ein Kuchengitter stürzen. Auskühlen lassen.

6. Die Schokoladeglasur nach Anleitung auf dem Beutel schmelzen. Den Cake dick damit überziehen.

Bierkuchen

》Abbildung nebenstehend《

Bier verleiht diesem Kuchen nicht nur Würze und Feuchtigkeit, sondern sorgt für einen wunderbar lockeren Teig, ähnlich wie man dies vom Bierteig zum schwimmend Ausbacken kennt.

Ergibt etwa 16 Stück

250 g weiche Butter
200 g Zucker
1 Päckli Bourbon Vanillezucker
1 Prise Salz
4 Eier
3 dl alkoholfreies Bier
500 g Bauern- oder Weissmehl
1 Päcklein Backpulver
125 g Rosinen
125 g Sultaninen
50 g klein gewürfeltes Zitronat
100 g kandierte Kirschen

Zubereiten: etwa 15 Minuten
Backen: 75–85 Minuten

1. Eine grosse Cakeform oder eine Kastenform von 28 x 28 cm ausbuttern und kurz kühl stellen. Dann mit Mehl ausstäuben. Den Backofen auf 170 Grad vorheizen.

2. Die Butter so lange durchrühren, bis sich Spitzchen bilden. Den Zucker, den Vanillezucker und das Salz beifügen. Ein Ei nach dem andern unterarbeiten. Dann das Bier dazugiessen und den Teig kräftig schlagen.

3. Das Mehl und das Backpulver beifügen und sorgfältig untermischen. Zuletzt Rosinen, Sultaninen, Zitronat und Kirschen unterheben. Den Teig in die vorbereitete Form füllen.

4. Den Bierkuchen im 170 Grad heissen Ofen auf der zweituntersten Rille während 75–85 Minuten backen. Sollte die Oberfläche zu stark bräunen, mit Alufolie abdecken. Die Nadelprobe machen (siehe Seite 89, Punkt 4). Den Kuchen aus dem Ofen nehmen und 5–10 Minuten in der Form stehen lassen. Dann mit einem Messer den Rand sorgfältig lösen und den Kuchen auf ein Gitter stürzen. Auskühlen lassen.

Bierkuchen
》Rezept nebenstehend《

Nidle-Chueche

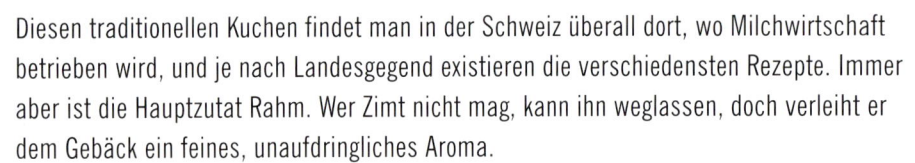

Diesen traditionellen Kuchen findet man in der Schweiz überall dort, wo Milchwirtschaft betrieben wird, und je nach Landesgegend existieren die verschiedensten Rezepte. Immer aber ist die Hauptzutat Rahm. Wer Zimt nicht mag, kann ihn weglassen, doch verleiht er dem Gebäck ein feines, unaufdringliches Aroma.

Ergibt etwa 12 Stück

Teig:
150 g Mehl
1 gestrichener Teelöffel Backpulver
75 g kalte Butter
1 Prise Salz
1 Teelöffel Zucker
ca. 4 Esslöffel Milch

Füllung:
100 g Zucker
1 Teelöffel Mehl
2½ dl Doppelrahm
etwas Zimtpulver
einige Butterflocken

Zubereiten: etwa 15 Minuten
Backen: etwa 30 Minuten

1. Ein Wähenblech von 24 cm Durchmesser ausbuttern. Kurz kühl stellen, dann mit Mehl ausstäuben. Den Backofen auf 220 Grad vorheizen.

2. Mehl und Backpulver in einer Schüssel mischen. Die Butter in Flocken dazuschneiden. Salz und Zucker beifügen. Alles mit den Fingern zu einer bröseligen Masse reiben. Dann die Milch beifügen und rasch zu einem glatten Teig kneten; wenn er bröselt, noch etwas Milch nachgiessen.

3. Den Teig sofort auf der bemehlten Arbeitsfläche dünn auswallen. Das Blech damit auslegen, dabei soll der Rand des Teiges etwas über das Kuchenblech hinausragen. Den Teigrand auf die Kante der Wähenform hinunterdrücken. Den Teigboden mit einer Gabel regelmässig einstechen.

4. Für die Füllung Zucker und Mehl mischen und auf dem Kuchenboden ausstreuen. Den Doppelrahm dazugiessen und leicht mit Zimt bestäuben. Dann mit einer Gabel sorgfältig alles auf dem Teigboden mischen, damit mit der Zucker-Mehl-Masse eine leichte Bindung entsteht und die gesamte Kuchenfläche gleichmässig bedeckt ist. Die Oberfläche mit Butterflocken belegen.

5. Den Nidle-Chueche im 220 Grad heissen Ofen auf der zweituntersten Rille während etwa 30 Minuten backen. Auskühlen lassen.

Safran-Rum-Kuchen

Ergibt 12–16 Stück

175 g weiche Butter
200 g Zucker
5 Eier
250 g Mehl
75 g Maisgriess
1 Päcklein Backpulver
½ dl Rum
1 Briefchen Safran
abgeriebene Schale von je 1 Orange und Zitrone
je ¼ dl Orangen- und Zitronensaft

Glasur:

200 g Puderzucker
ca. 4 Esslöffel weisser Rum oder Wasser
¼ Teelöffel Safranfäden

Zubereiten: etwa 15 Minuten
Backen: etwa 60 Minuten

Safran macht den Kuchen gelb… Dieser alte Kinderreim gilt auch für diesen Kuchen aus der südamerikanischen Küche. Safran verleiht ihm die Farbe, Rum, Orangen- und Zitronensaft das würzige Aroma und die Feuchtigkeit. Die Safranfäden in der Glasur sehen zwar sehr dekorativ aus, sind aber kein Muss.

1. Eine grosse Cakeform oder eine Springform von 24 cm Durchmesser ausbuttern und kurz kühl stellen. Dann mit Mehl ausstäuben. Den Backofen auf 180 Grad vorheizen.

2. Die Butter in einer Schüssel durchrühren, bis sich kleine Spitzchen bilden. Den Zucker beifügen und alles weitere 5 Minuten schlagen. Dann ein Ei nach dem andern dazurühren. Die Masse noch so lange schlagen, bis sie sehr hell geworden ist.

3. Mehl, Mais und Backpulver mischen und beifügen.

4. Den Rum leicht erwärmen. Den Safran beifügen und verrühren. Mit der Orangen- und Zitronenschale sowie dem Orangen- und dem Zitronensaft zum Teig geben und untermischen. In die vorbereitete Form füllen.

5. Den Safran-Rum-Kuchen im 180 Grad heissen Ofen auf der zweituntersten Rille während etwa 60 Minuten backen. Die Nadelprobe machen (siehe Seite 89, Punkt 4). Aus dem Ofen nehmen und 5–10 Minuten in der Form stehen lassen. Dann mit einem Messer den Rand sorgfältig lösen und den Kuchen auf ein Gitter stürzen.

6. Puderzucker und Rum oder Wasser zu einer dicken Glasur verrühren. Die Safranfäden beifügen. Über den noch warmen Kuchen giessen. Vollständig auskühlen lassen.

Rehrücken

Rehrücken war ursprünglich ein 'Restekuchen', denn es wurden für den Teig anstelle von Mandeln altbackene Kuchenreste verwendet. Wer also einmal einen trockenen Sandkuchen oder Biskuits vorrätig hat, kann einen Teil der Nüsse durch fein gemahlene Kuchenbrösel ersetzen.

Ergibt etwa 16 Stück

- 6 Eigelb
- 150 g Zucker
- 125 g dunkle Schokolade
- 6 Eiweiss
- 50 g Butter
- 150 g geschälte, gemahlene Mandeln
- 100 g Johannisbeergelee
- 200 g dunkle Schokoladeglasur aus dem Beutel
- 50 g Mandelstifte

Zubereiten: etwa 15 Minuten
Backen: etwa 50 Minuten
Fertigstellen: etwa 15 Minuten

1. Eine Cakeform von etwa 26 cm Länge gut ausbuttern. Kurz kühl stellen, dann mit Mehl bestäuben. Den Backofen auf 180 Grad vorheizen.

2. Die Eigelb mit der Hälfte des Zuckers zu einer hellen, dicklichen Creme aufschlagen.

3. Die Schokolade in kleine Stücke brechen und in eine Metallschüssel geben. Über einem heissen Wasserbad langsam schmelzen lassen. Glatt rühren und unter die Eicreme mischen.

4. Die Eiweiss schaumig aufschlagen. Dann nach und nach unter Weiterrühren den restlichen Zucker löffelweise einrieseln lassen; es soll eine glänzende, schneeweisse Masse entstehen. Unter die Schokoladecreme ziehen.

5. Die Butter schmelzen. Zusammen mit den gemahlenen Mandeln unter den Teig heben. Den Teig sofort in die vorbereitete Form füllen.

6. Den Kuchen im 180 Grad heissen Ofen auf der zweituntersten Rille während etwa 50 Minuten backen. Die Nadelprobe machen (siehe Seite 89, Punkt 4). Den Rehrücken herausnehmen, den Rand sorgfältig lösen und auf ein Kuchengitter stürzen. Vollständig auskühlen lassen.

7. Das Johannisbeergelee leicht erwärmen.

8. Den Rehrücken der Länge nach zweimal durchschneiden. Das unterste und das mittlere Kuchenstück mit Gelee bestreichen. Alle Stücke wieder zu einem Kuchen zusammensetzen. Die Oberfläche des Rehrückens ebenfalls mit Gelee bestreichen.

9. Die Schokoladeglasur nach Anleitung auf dem Beutel schmelzen. Den Rehrücken damit überziehen. Sofort mit den Mandelstiften wie einen Igel spicken. Die Glasur fest werden lassen.

Damit nichts kleben bleibt

Nichts ärgerlicher, als wenn ein frisch gebackener Kuchen in der Form hängen bleibt. Damit dies nicht passiert, muss auf folgende Punkte geachtet werden:

Generell gilt: Jede Form, in der gebacken wird, muss grosszügig gefettet und anschliessend mit etwas Mehl ausgestäubt werden. Zum Fetten der Formen verwendet man am besten flüssige Butter, die man mit einem Backpinsel aufträgt, damit wirklich jede Ecke, jeder Winkel, jede Wölbung mit einem schützenden Fettfilm überzogen wird. Nach dem Fetten unbedingt kurz kühl stellen. Anschliessend mit etwas Mehl, Paniermehl oder Zwiebackbrösel ausstreuen.

Bei stark zuckerhalten Teigen oder saftigen Kuchenfüllungen empfiehlt es sich, Cake- und Springformen zusätzlich mit Backpapier auszulegen. Dazu muss man bei Cakeformen zuerst ein «Schnittmuster» der Form herstellen: Man überträgt mit einem Bleistift die Umrisse der Form auf das Backpapier und schneidet dieses dann entsprechend zu. Nun geht das Auskleiden der Form ganz einfach.

Marmor-Gugelhopf

Ergibt 20–24 Stück

1 Esslöffel Butter (1)
2 Stück Zwieback oder 2–3 Esslöffel hausgemachtes Paniermehl
100 g Edelbitter-Schokolade
500 g weiche Butter (2)
2 Päcklein Bourbon Vanillezucker
400 g Zucker
3 Esslöffel brauner Rum
500 g Mehl
3 Teelöffel Backpulver
10 Eier
1 dl Rahm
30 g Kakaopulver
100 g Mandelblättchen
Puderzucker zum Bestäuben des Kuchens

Zubereiten: etwa 20 Minuten
Backen: 90–100 Minuten

Dies ist die Luxus-Variante des klassischen Gugelhopfes: Im Schokoladeteig findet man kleine Edelbitter-Schokoladestückchen, der Vanilleteig enthält Mandelblättchen, und zusammen vereinigen sich die beiden Teige zu einer unschlagbaren geschmacklichen Harmonie. Man sollte übrigens unbedingt sogenannten Bourbon-Vanillezucker verwenden, der aus natürlichem Vanillestengel hergestellt wird. Der künstlich hergestellte Vanillinzucker ergibt niemals das gleiche intensive Aroma wie natürlicher Vanillezucker, und dosiert man ihn zu hoch, schmeckt er bitter.

1. Die Butter (1) schmelzen. Eine grosse Gugelhopfform damit ausstreichen. Den Zwieback an der Bircherraffel fein reiben und die Kuchenform damit oder mit Paniermehl ausstreuen. Den Backofen auf 170 Grad vorheizen.

2. Die Schokolade klein hacken.

3. Die weiche Butter (2), den Vanillezucker, den Zucker und den Rum zu einer luftigen Masse aufschlagen.

4. Mehl und Backpulver mischen. Die Eier in eine Schüssel aufschlagen und verquirlen. Abwechselnd Mehl und Eier unter die Buttermasse rühren. Dann den Rahm beifügen.

5. Den Teig halbieren. Unter die eine Hälfte das Kakaopulver und die Schoklade-stückchen mischen, unter die andere Hälfte die Mandelblättchen geben.

6. Den hellen und den dunklen Teig abwechselnd in die vorbereitete Form füllen und einen Löffel spiralenförmig durch den Teig ziehen.

7. Den Gugelhopf sofort im 170 Grad heissen Ofen auf der zweituntersten Rille während 90–100 Minuten backen. Nach 60 Minuten Backzeit den Kuchen mit Alufolie abdecken. Die Nadelprobe machen (siehe Seite 89, Punkt 4).

8. Den Kuchen aus dem Ofen nehmen, 10 Minuten in der Form stehen lassen, dann sorgfältig den Rand lösen und aus der Form auf eine Platte stürzen. Vollständig auskühlen lassen. Vor dem Servieren mit Puderzucker bestäuben.

Der gute Tip

Man kann Bourbon Vanillezucker auch selber herstellen: ½ Vanillestengel mit etwa 50 g Zucker im Cutter fein mahlen, dann diese Mischung mit etwa 250 g Zucker in ein gut verschliessbares Einmachglas geben und vor Verwendung mindestens 2 Tage durchziehen lassen. Dieser selbstgemachte Vanillezucker ist gut ein Jahr haltbar.

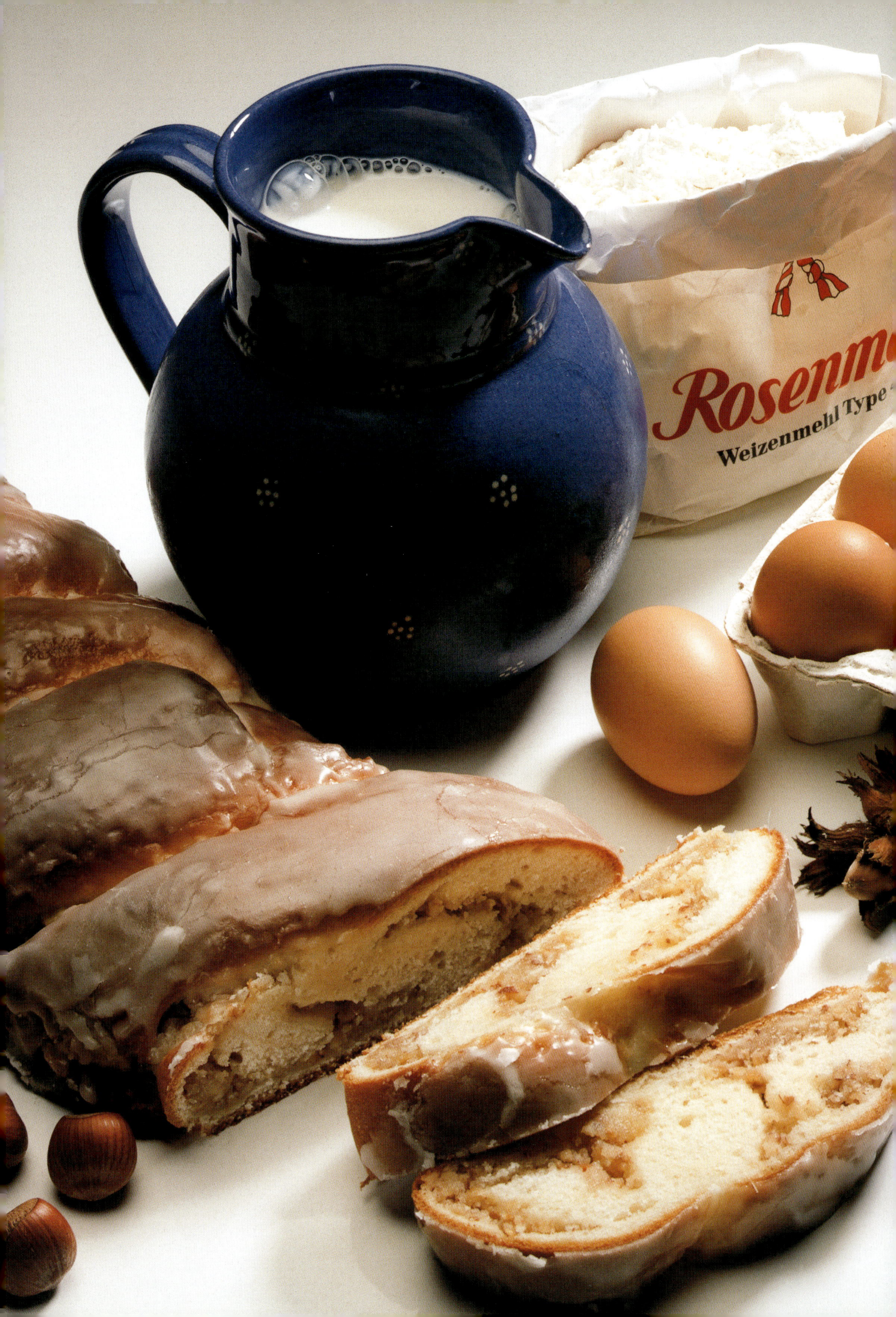
Rosenm
Weizenmehl Type

Nusszopf

Der Quark-Öl-Teig ist eine Alternative zum Hefeteig, jedoch wesentlich schneller zubereitet. In diesem Rezept dient er als Hülle für einen süssen Zopf mit einer Haselnuss-Marzipan-Füllung.

Ergibt etwa 20 Stück

Teig:
- 150 g Magerquark
- 75 g Zucker
- ¼ Teelöffel Salz
- 1 Ei
- 5 Esslöffel Öl
- 275 g Mehl
- 1 Päcklein Backpulver

Füllung:
- 100 g Haselnusskerne
- 200 g Backmarzipan
- 50 g weiche Butter
- 1 Ei
- 50 g Zucker
- abgeriebene Schale und Saft von ½ Zitrone

Glasur:
- 125 g Puderzucker
- 2 Esslöffel Zitronensaft

Zubereiten: etwa 20 Minuten
Backen: etwa 30 Minuten

1 Für den Teig Quark, Zucker, Salz und Ei mit den Quirlen des Handrührgerätes mischen. Löffelweise das Öl unterrühren.

2 Mehl und Backpulver mischen. Die Hälfte zum Teig sieben und unterrühren. Dann die Quirlen gegen die Knethaken austauschen, restliches Mehl beifügen und den Teig bearbeiten, bis er glatt ist. Zu einer Kugel formen und zugedeckt 10 Minuten ruhen lassen.

3 Inzwischen für die Füllung die Haselnüsse hacken. Das Marzipan in Flocken schneiden. Beides mit der weichen Butter, dem Ei, dem Zucker, der Zitronenschale und dem Zitronensaft mit den Quirlen des Handrührgerätes gut mischen.

4 Den Teig halbieren. Jede Hälfte auf der bemehlten Arbeitsfläche zu einem Rechteck von etwa 45 x 20 cm auswallen. Auf der unteren Längsseite jeder Teigplatte je die Hälfte der Füllung verteilen und aufrollen.

5 Ein Blech mit Backpapier belegen. Beide Teigrollen darauf geben, am oberen Ende zusammendrücken, dann abwechselnd so übers Kreuz legen, dass eine Art Zopf entsteht.

6 Den Nusszopf im auf 200 Grad vorgeheizten Ofen auf der zweituntersten Rille während etwa 30 Minuten backen.

7 Puderzucker und Zitronensaft zu einer dickflüssigen Glasur verrühren. Den noch heissen Zopf damit bestreichen. Auskühlen lassen.

Der gute Tip

Der Quark-Öl-Teig kann auch für salzige Kuchen verwendet werden: Einfach den Zucker weglassen und etwas mehr Salz an den Teig geben. Für süssen Teig immer ein geschmacksneutrales Öl (z.B. Erdnuss- oder Rapsöl) verwenden. Für salziges Gebäck passt auch Olivenöl.

Aus der Haut gepellt

Mandeln: 2–3 Minuten in kochendes Wasser geben, in ein Sieb abschütten und kalt abschrecken. Danach lassen sie sich mühelos aus der Haut drücken.

Haselnüsse: In einer trockenen Pfanne oder im Backofen bei 180 Grad hellbraun rösten, dabei Blech oder Pfanne hin und wieder durchrütteln. Dann die Nüsse auf ein grobes Tuch geben, das Tuch zusammennehmen und die Nüsse darin kräftig aneinanderreiben, damit sich die äusseren Häutchen lösen. Häutchenreste von Hand entfernen.

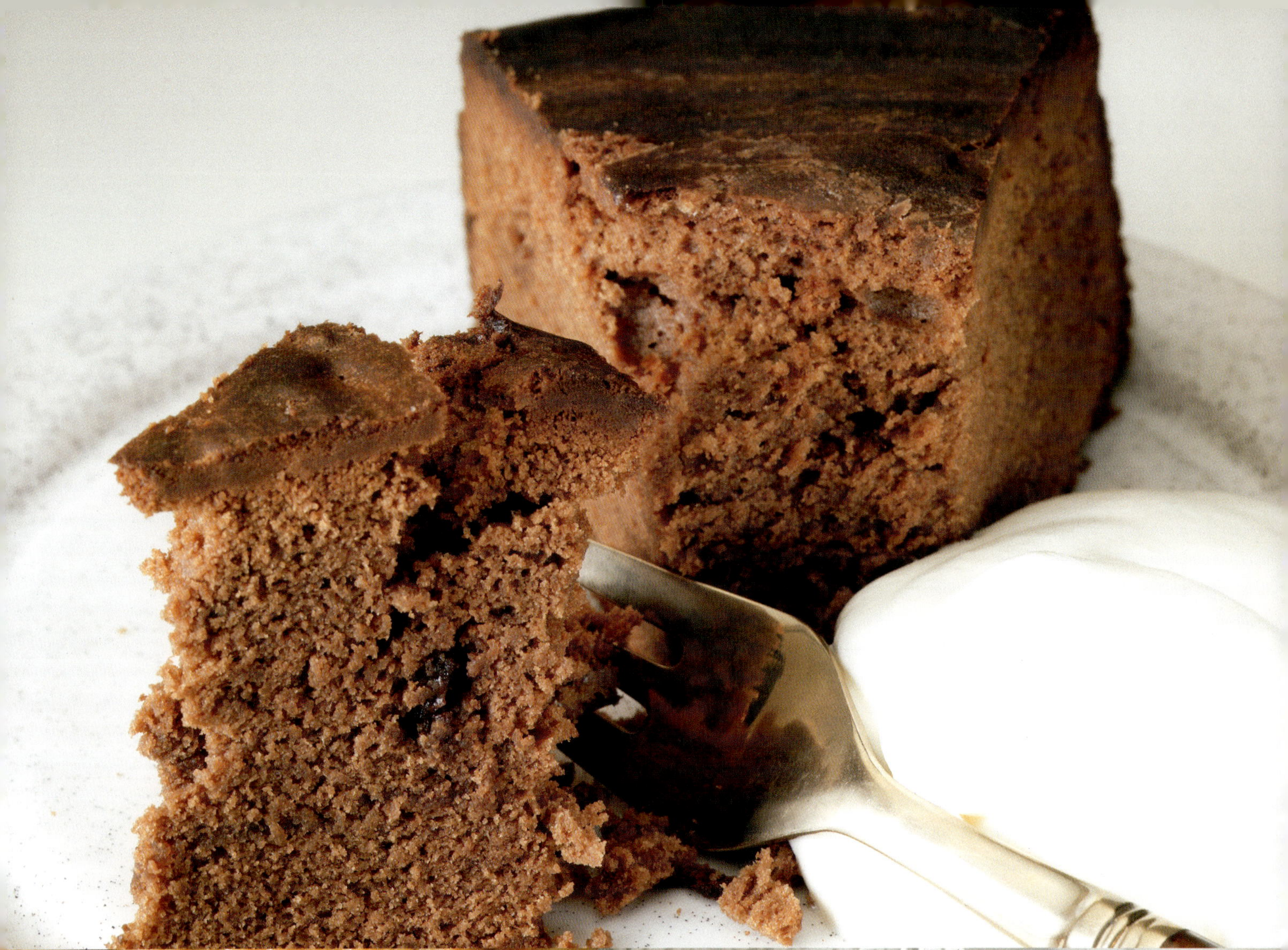

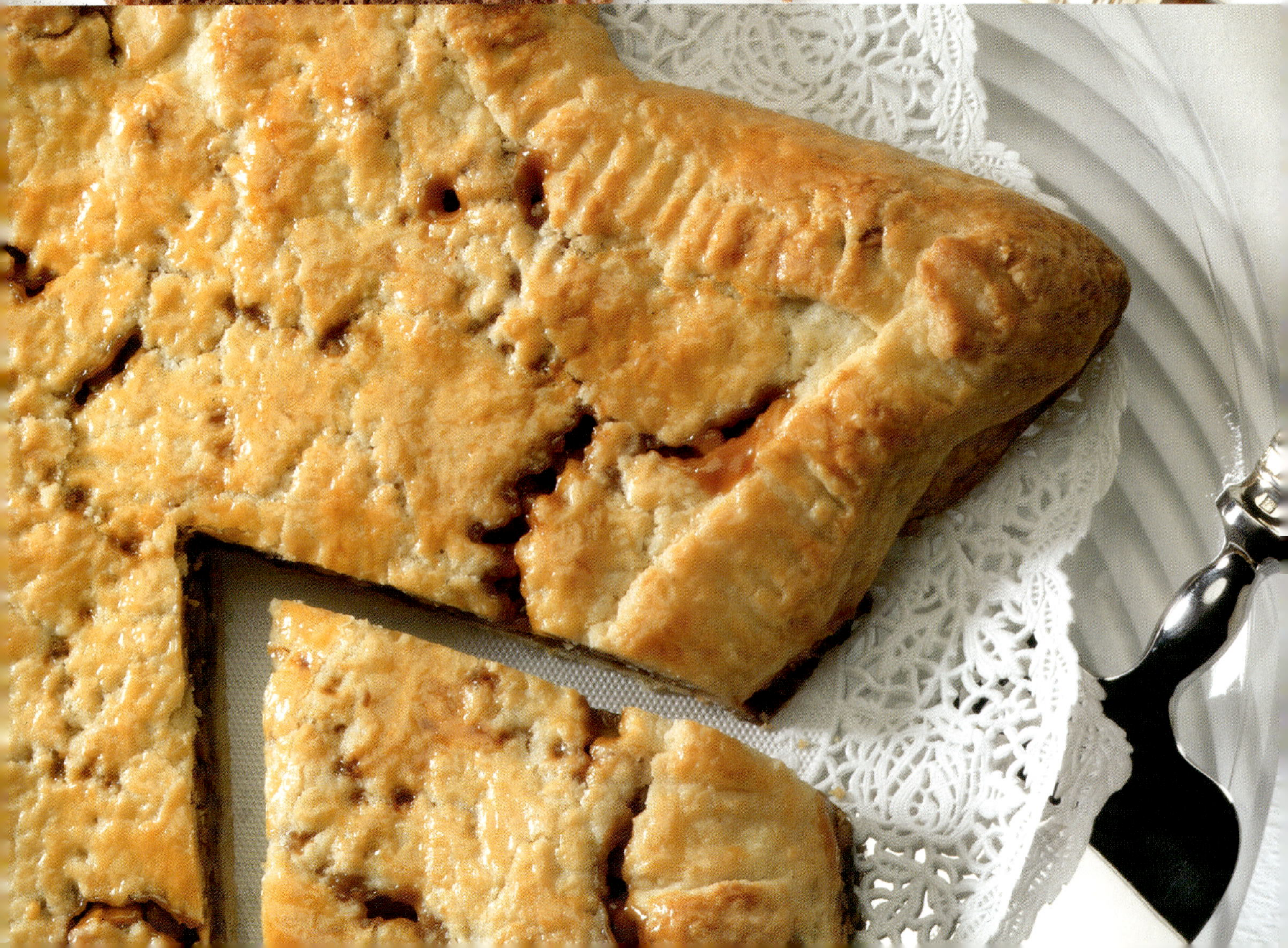

Lützelflüher Schokoladetorte

Diese gut haltbare Schokoladetorte war einst der traditionelle Geburtstagskuchen im Pfarrhaus im bernischen Lützelflüh, der Heimat von Jeremias Gotthelf. Das Rezept stammt übrigens aus dem Rezeptbuch der Tochter des Pfarrers und Dichters. Nach Belieben kann man die Torte nach dem Auskühlen mit einer Schokoladeglasur versehen.

Ergibt 12–16 Stück

- 250 g dunkle Schokolade
- 3–4 Esslöffel Wasser
- 250 g Butter
- 250 g Zucker
- 4 Eier
- 250 g Mehl

Zubereiten: etwa 20 Minuten
Backen: 50–60 Minuten

1. Eine Springform von 24 cm Durchmesser ausbuttern und kurz kühl stellen. Dann mit Mehl ausstäuben. Den Backofen auf 180 Grad vorheizen.

2. Die Schokolade in kleine Stücke brechen und zusammen mit dem Wasser in eine mittelgrosse Pfanne geben. Auf kleinstem Feuer ganz langsam schmelzen lassen. Glatt rühren.

3. Die Butter in 50-Gramm-Stücke schneiden. Nacheinander in die warme Schokolade rühren. Den Zucker ebenfalls unterrühren.

4. Die Pfanne vom Feuer nehmen. Ein Ei nach dem andern dazurühren. Dann die Masse so lange kräftig schlagen, bis sie eine hellere Farbe angenommen hat.

5. Das Mehl portionenweise zur Schokoladecreme sieben und sorgfältig unterziehen. Den Teig in die vorbereitete Form füllen.

6. Den Kuchen im 180 Grad heissen Ofen auf der untersten Rille während 50–60 Minuten backen. Auf dem Kuchen soll sich eine Kruste bilden, die später beim Schneiden leicht bricht; innen soll der Kuchen jedoch noch gut feucht sein. Aus dem Ofen nehmen und in der Form auskühlen lassen.

Bündner Nusstorte

Ob man dieses traditionelle Bündner Gebäck – wie auf unserem Bild – in Sternenform backt oder aber ganz einfach als runden Kuchen, hat auf den Geschmack keinen Einfluss: Das Gebäck schmeckt in jedem Fall himmlisch süss und gut!

Ergibt etwa 12 Stück

Mürbeteig:
- 450 g Mehl
- 150 g Zucker
- ¼ Teelöffel Salz
- 250 g kalte Butter
- 1 Ei
- 1 Eigelb
- 4–5 Esslöffel Rahm

Füllung:
- 300 g Baumnusskerne
- 300 g Zucker
- 2 dl Rahm
- 3 Esslöffel Honig

Zum Fertigstellen:
- 1 Eigelb
- 1 Esslöffel Rahm

Teig: etwa 10 Minuten
Kühl stellen: etwa 30 Minuten
Füllung: etwa 20 Minuten
Backen: etwa 45 Minuten

1. Für den Teig Mehl, Zucker und Salz in einer Schüssel mischen. Die Butter in Flocken dazuschneiden. Alles mit den Fingern bröselig reiben. Ei, Eigelb und Rahm verquirlen, beifügen und die Zutaten rasch zu einem glatten Teig zusammenkneten. In Klarsichtfolie wickeln und 30 Minuten kühl stellen.

2. Inzwischen die Baumnusskerne grob hacken.

3. In einer Pfanne den Zucker langsam zu hellbraunem Caramel schmelzen. Die gehackten Nüsse beifügen und wenden, bis sie vollständig mit Caramel überzogen sind. Den Rahm beifügen. Alles auf kleinem Feuer unter Rühren zu einer cremigen Masse einkochen lassen. Am Schluss den Honig unterrühren. Leicht abkühlen lassen.

4. Eine Springform von 28 cm Durchmesser ausbuttern. Kurz kühl stellen, dann mit Mehl ausstäuben. Den Backofen auf 180 Grad vorheizen.

5. Zwei Drittel des Mürbeteiges auf der bemehlten Arbeitsfläche rund auswallen. Die vorbereitete Form damit auslegen, dabei einen Rand von 4 cm hochziehen. Den Boden mit einer Gabel regelmässig einstechen.

6. Die Nussmasse auf dem Teigboden verteilen.

7. Aus dem restlichen Teig einen Deckel in der Grösse der Form auswallen und über die Füllung legen. Den überlappenden Rand über den Teigdeckel legen und mit den Zinken einer Gabel gut festdrücken. Den Teigdeckel mit der Gabel regelmässig einstechen.

8. Eigelb und Rahm verrühren. Den Teigdeckel damit bestreichen.

9. Die Nusstorte im 180 Grad heissen Ofen auf der zweituntersten Rille während etwa 45 Minuten goldbraun backen. Herausnehmen, den Teigrand sofort mit einem Messer sorgfältig lösen und den Formenrand öffnen. Die Nusstorte vollständig auskühlen lassen, bevor man sie auf eine Platte gleiten lässt.

«Beerli»-Gugelhopf
》Rezept nebenstehend《

«Beerli»-Gugelhopf

» Abbildung nebenstehend «

Ein Rezept aus Grossmutters Kochbuch: Mit «Beerli» sind Rosinen und Korinthen gemeint, die dafür sorgen, dass dieser feine Gugelhopf besonders lange feucht und dadurch gut eine Woche haltbar bleibt. Wer kandierte Früchte mag, kann die Hälfte der Rosinen durch Orangeat und Zitronat ersetzen. Eine weitere Variationsmöglichkeit: Anstelle der «Beerli» klein geschnittene gedörrte Aprikosen verwenden, die man zuvor einige Stunden in warmem Wasser eingeweicht hat.

Ergibt etwa 16 Stück

- 100 g Rosinen
- 100 g Korinthen
- 4 Esslöffel Rum
- 350 g Mehl (1)
- 150 g Epifin (Weizenstärke) oder eine andere Speisestärke
- 2 Esslöffel gemahlene Mandeln
- 1 Päcklein Backpulver
- 250 g Zucker
- 1 Päcklein Vanillezucker
- ¼ Teelöffel Salz
- 250 g Butter
- 2 dl Milch
- 4 Eier
- 2 Esslöffel Mehl (2)

Marinieren: etwa 1 Stunde
Zubereiten: etwa 15 Minuten
Backen: etwa 60 Minuten

1. Rosinen und Korinthen in einem Sieb unter heissem Wasser gründlich spülen. Gut abtropfen lassen. Dann in eine kleine Schüssel geben, mit dem Rum mischen und 1 Stunde marinieren lassen, dabei zwei- bis dreimal wenden.

2. Eine grosse Gugelhopfform ausbuttern und kurz kühl stellen. Dann mit etwas Mehl ausstäuben. Den Backofen auf 180 Grad vorheizen.

3. Mehl (1), Epifin oder Speisestärke, Mandeln, Backpulver, Zucker, Vanillezucker und Salz in einer grossen Schüssel mischen.

4. Die Butter in einem Pfännchen schmelzen. Vom Feuer nehmen. Die Milch dazugiessen. Dann ein Ei nach dem andern unterrühren. Diese Mischung unter kräftigem Rühren zu den übrigen Zutaten geben und alles gut durchschlagen.

5. Rosinen und Korinthen gut abtropfen lassen. Im Mehl (2) wenden, damit sie beim Backen nicht auf den Teigboden sinken. Sorgfältig unter den Teig mischen. In die vorbereitete Form füllen, diese einige Male auf die Arbeitsfläche klopfen, damit sich der Teig gleichmässig verteilt.

6. Den Gugelhopf im 180 Grad heissen Ofen auf der untersten Rille während etwa 60 Minuten backen. Die Nadelprobe machen (siehe Seite 89, Punkt 4). Den Kuchen aus dem Ofen nehmen und in der Form 10 Minuten stehen lassen. Dann auf eine Platte stürzen und vollständig auskühlen lassen. Nach Belieben den Gugelhopf vor dem Servieren mit Puderzucker bestäuben.

Rüeblikuchen

» Abbildung Seite 62 «

Geriebene rohe Rüebli verleihen dem Kuchen Farbe und Feuchtigkeit. Anstatt den Kuchen mit Pinienkernen zu belegen und mit Puderzucker zu bestreuen, kann man ihn nach dem Auskühlen auch mit einer Zitronen- oder Kirschglasur überziehen.

Ergibt 12 Stück

- 300 g Rüebli
- 4 Eigelb
- 200 g Zucker
- abgeriebene Schale von 1 Zitrone
- 250 g gemahlene Mandeln
- 2 Esslöffel Mehl
- 1 Teelöffel Backpulver
- 4 Eiweiss
- 1 Prise Salz
- 30 g Pinienkerne
- Puderzucker zum Bestreuen

Zubereiten: etwa 20 Minuten
Backen: etwa 50 Minuten

1. Eine Springform von 20–22 cm Durchmesser ausbuttern und mit Mehl bestäuben. Den Backofen auf 170 Grad vorheizen.

2. Die Rüebli schälen und an der Bircherraffel fein reiben.

3. Eigelb und Zucker zu einer hellen, dicklichen Creme aufschlagen. Die Zitronenschale und die Rüebli beifügen. Mandeln, Mehl und Backpulver mischen und unterziehen.

4. Die Eiweiss mit dem Salz steif schlagen. Den Eischnee sorgfältig unter den Teig ziehen. In die vorbereitete Form füllen. Die Pinienkerne darüber verteilen.

5. Den Rüeblikuchen im 170 Grad heissen Ofen auf der zweituntersten Rille während etwa 50 Minuten backen. Sollte die Oberfläche mit den Pinienkernen zu schnell bräunen, mit Alufolie abdecken. Die Nadelprobe machen (siehe S. 89, Punkt 4). Den Kuchen aus dem Ofen nehmen, 5–10 Minuten in der Form stehen lassen, den Rand mit einem Messer lösen und den Kuchen auf ein Gitter stürzen. Auskühlen lassen.

6. Den Rüeblikuchen vor dem Servieren mit Puderzucker bestreuen.

Schokolade-Brottorte

Ergibt etwa 12 Stück

5 dl Milch
1 Vanillestengel
300 g altbackenes Brot
2 Esslöffel Kakaopulver
100 g dunkle Schokolade
100 g gemischte Nüsse (z.B. Pinienkerne, Pistazien, Baumnusskerne)
2 Eigelb
40 g Zucker
abgeriebene Schale und Saft von 1 Orange
2 Eiweiss
1 Messerspitze Backpulver

Brot einweichen: 1 Stunde
Zubereiten: etwa 25 Minuten
Backen: etwa 60 Minuten

Dass man aus Brotresten köstliche Kuchen backen kann, wissen die Tessiner Hausfrauen und Bäcker schon lange. In der Südschweiz hat fast jede Familie ihr traditionelles Brotkuchen-Rezept. Dieses hier ist eine Variante mit Schokolade und gemischten Nüssen. In Alufolie gewickelt hält sich die Brottorte mehr als eine Woche frisch. Am besten schmeckt sie ohnehin erst zwei bis drei Tage nach dem Backen, wenn sie gut durchgezogen hat.

1. Die Milch mit dem der Länge nach aufgeschlitzten Vanillestengel in eine Pfanne geben und aufkochen. Neben der Herdplatte 10 Minuten ziehen lassen.

2. Inzwischen das Brot in Stücke schneiden und in eine Schüssel geben.

3. Die Milch nochmals aufkochen. Den Vanillestengel entfernen. Das Kakaopulver dazurühren. Über die Brotwürfel giessen und diese zugedeckt 50–60 Minuten ziehen lassen.

4. Die Schokolade in kleine Stücke brechen und in einer Schüssel über einem nicht zu heissen Wasserbad langsam schmelzen lassen.

5. Alle Nüsse grob hacken.

6. Eine Springform von 24 cm Durchmesser ausbuttern und mit Mehl ausstäuben. Den Backofen auf 200 Grad vorheizen.

7. Eigelb und Zucker zu einer hellen, dicklichen Creme aufschlagen. Geschmolzene Schokolade, Nüsse sowie Orangenschale und -saft untermischen.

8. Die eingeweichte Brotmasse mit einer Gabel fein zerdrücken. Zur Schokoladecreme geben.

9. Die Eiweiss mit dem Backpulver steif schlagen. Den Eischnee sorgfältig unter den Teig ziehen. In die vorbereitete Form füllen.

10. Den Kuchen im 200 Grad heissen Ofen auf der untersten Rille etwa 60 Minuten backen. Dunkelt er zu stark, mit Alufolie abdecken. Aus dem Ofen nehmen, den Rand mit einem Messer lösen und den Kuchen auf ein Tortengitter stürzen. Auskühlen und vor dem Anschneiden mindestens einen Tag ziehen lassen.

Baumnusskerne – wie frisch geerntet

Im Frühjahr und Sommer haben die Baumnüsse oft einen unangenehmen Nebengeschmack, bedingt durch den hohen Fettgehalt der Früchte. Wenn man jedoch die Nusskerne einige Stunden in kalte Milch einlegt, dann gut abspült und mit Küchenpapier trocknet, schmecken sie fast wieder wie frisch geerntet. Allerdings muss man sie sogleich weiterverwenden. Ebenfalls verbessert wird das Aroma, wenn man die Baumnüsse – aber auch alle anderen Nüsse – in einer trockenen Pfanne ohne Fettzugabe leicht röstet.

Grossmutters Kartoffeltorte

Dass man aus Kartoffeln auch feine süsse Kuchen backen kann, ist leider etwas in Vergessenheit geraten. Die Knollen sorgen nicht nur für ein feines Kuchenaroma, sondern auch dafür, dass die Torte einige Tage schön feucht bleibt. Unbedingt eine mehlige Kartoffelsorte (z.B. Désirée oder Bintje) verwenden, damit der Teig locker bleibt; Verwendungsangaben auf der Kartoffelpackung beachten oder im Geschäft nachfragen.

Ergibt 12–16 Stück

250 g mehlig kochende Kartoffeln
6 Eigelb
150 g Zucker
abgeriebene Schale von 1 Zitrone
100 g gemahlene Mandeln
6 Eiweiss
1 Prise Salz
etwas Puderzucker zum Bestreuen

Zubereiten: etwa 35 Minuten
Backen: 50–60 Minuten

1. Die Kartoffeln in der Schale in nicht zuviel Wasser knapp weich kochen. Etwas abkühlen lassen.

2. Eine Springform von 24 cm Durchmesser ausbuttern und mit etwas Mehl ausstäuben. Den Backofen auf 180 Grad vorheizen.

3. Die Kartoffeln schälen und an der Bircherraffel fein reiben.

4. Eigelb und Zucker zu einer hellen, dicklichen Creme aufschlagen. Die geriebenen Kartoffeln und die Zitronenschale beifügen und alles gut durchrühren. Dann nach und nach die Mandeln untermischen.

5. Die Eiweiss mit dem Salz steif schlagen. Die Hälfte des Eischnees mit dem Schwingbesen unter den Teig rühren. Den restlichen Schnee mit einem Gummischaber sorgfältig unterziehen. Den Teig in die vorbereitete Form füllen.

6. Die Kartoffeltorte im 180 Grad heissen Ofen auf der zweituntersten Rille während 50–60 Minuten backen. Die Nadelprobe machen (siehe Seite 89, Punkt 4). Aus dem Ofen nehmen, den Rand mit einem Messer lösen und die Form öffnen. Den Kuchen auskühlen lassen.

7. Nach Belieben einen Scherenschnitt zuschneiden und auf den Kuchen legen. Mit Puderzucker bestäuben.

Mandeltorte

Dieses traditionelle Bündner Gebäck wird in den Weinregionen im Herbst oft mit einer Handvoll halbierter und entkernter Traubenbeeren in der Füllung zubereitet. Doch auch solo schmeckt die zarte Mandelmasse im Mandelteig sehr fein und passt auch gut zu einem Glas Wein aus der Bündner Herrschaft.

Ergibt etwa 12–16 Stück

Teig:
- 225 g weiche Butter
- 150 g Zucker
- 1 Eigelb
- 225 g Mehl
- 200 g geschälte, gemahlene Mandeln

Füllung:
- 150 g Zucker
- 3 kleine Eier
- 3 Eigelb
- 200 g gemahlene Mandeln
- abgeriebene Schale von 1 Zitrone

Teig: etwa 10 Minuten
Kühl stellen: etwa 30 Minuten
Füllung: etwa 10 Minuten
Backen: etwa 60 Minuten

1. Boden und Rand einer Springform von 24 cm Durchmesser getrennt mit etwas flüssiger Butter bestreichen und kurz kühl stellen. Den Ofen auf 180 Grad vorheizen.

2. Für den Teig die Butter kräftig rühren, bis sich Spitzchen bilden. Zucker und Eigelb dazugeben und alles zu einer hellen, dicklichen Masse aufschlagen. Das Mehl dazusieben und die Mandeln beifügen. Alles rasch zu einem glatten Teig zusammenfügen. In Klarsichtfolie wickeln und 30 Minuten kühl stellen.

3. Die Hälfte des Teiges direkt auf dem vorbereiteten Formenboden auswallen. Den Formenrand aufsetzen. Aus dem restlichen Teig lange Rollen formen, dem Rand entlang auslegen und mit den Fingern hochdrücken. Nochmals kurz kühl stellen.

4. Inzwischen für die Füllung Zucker, Eier und Eigelb zu einer dicken, hellen Creme aufschlagen. Mandeln und Zitronenschale beifügen und sorgfältig untermischen. Die Masse in die vorbereitete Form füllen.

5. Die Mandeltorte im 180 Grad heissen Ofen auf der untersten Rille während etwa 60 Minuten backen. Die Nadelprobe machen (siehe Seite 89, Punkt 4). Aus dem Ofen nehmen, den Rand mit einem Messer lösen und die Form öffnen. Die Torte auskühlen lassen.

Ein Teig – viele Kuchen: Gleichschwer-Cake

Der Name dieses unkomplizierten Kuchens besagt es schon: Butter, Zucker, Eier und Mehl werden zu gleichen Teilen gemischt, kräftig gerührt und in einer Cake- oder Gugelhopfform gebacken. Mit den verschiedensten Zutaten und etwas Phantasie lässt sich der Teig beliebig abwandeln und aromatisieren.

Grundmasse für eine normale Cake- oder Gugelhopfform:

250 g weiche Butter
250 g Zucker
250 g Eier (entspricht etwa 5 mittleren Eiern à 50 g, siehe Gewichtsangabe auf der Packung)
250 g Mehl
Aroma und Zutaten nach Belieben: z.B. Vanillezucker, abgeriebene Zitronenschale, grob gehackte Nüsse, Sultaninen, Dörrfrüchte, kandierter Ingwer, Schokoladewürfelchen, Marzipanwürfelchen, klein geschnittene Früchte, Beeren, Müeslimischung usw.

Zubereiten: etwa 15 Minuten
Backen: 40–50 Minuten

1. Eine Cake- oder Gugelhopfform grosszügig ausbuttern und kurz kühl stellen. Dann mit etwas Mehl ausstäuben. Den Backofen auf 180 Grad vorheizen.

2. Die weiche Butter sehr luftig schlagen. Dann den Zucker unterrühren und kräftig weiterschlagen, bis sich dieser fast vollständig aufgelöst hat. Ein Ei nach dem andern unterrühren und nochmals so lange weiterschlagen, bis der Teig sehr hell geworden ist. Dann allfällige Aromazutaten untermischen.

3. Das Mehl auf den Teig sieben und sorgfältig untermischen. Den Teig in die vorbereitete Form füllen.

4. Den Cake oder Gugelhopf im 180 Grad heissen Ofen auf der zweituntersten Rille je nach Form während 40–50 Minuten backen. Die **Nadelprobe** machen: Ein langes Holzstäbchen oder eine Stricknadel in die Mitte des Kuchens stecken; bleibt beim Herausziehen kein Teig mehr daran kleben, ist der Kuchen genügend gebacken. Aus dem Ofen nehmen und 10 Minuten in der Form stehen lassen. Dann mit einem Messer sorgfältig den Rand lösen und den Kuchen aus der Form stürzen. Auf einem Kuchengitter auskühlen lassen.

Die wichtigsten Rührteig-Backtricks

⊙ Die einfachste Variante der Zubereitung eines Gleichschwer- oder Rührteiges ist zweifellos, wenn man Butter, Zucker und Eier auf einmal verrührt und dann das Mehl unterzieht. Der Kuchen wird dadurch feucht, schwer und fest. Wer einen besonders luftigen Kuchen möchte, schlägt zuerst Eier und Zucker miteinander auf und gibt die Butter erst nachher bei. Werden zuerst Butter und Zucker geschlagen, so wird der Kuchen sehr feinporig. Wer sich zusätzlich die Mühe nimmt, die Eier in Eigelb und Eiweiss zu trennen und das steifgeschlagene Eiweiss am Schluss sorgfältig unter den Teig hebt, wird mit einem besonders zarten Kuchen belohnt.

⊙ Alle Zutaten müssen Zimmertemperatur aufweisen, sonst kann der Teig gerinnen; dadurch wird der Kuchen grobporig. Passiert dies dennoch, so kann man 1 Esslöffel Speisestärke (z.B. Maizena) auf den Teig stäuben und glattrühren.

⊙ Der Kuchen wird feiner in der Konsistenz, wenn man das Mehl nur kurz untermischt und nicht mehr rührt.

⊙ Zäher Teig wird geschmeidig, wenn man einige Löffel Milch unter den Teig rührt.

⊙ Eier und Fett treiben den Teig in die Höhe – Backpulver ist meist überflüssig.

⊙ Schmelzend zart wird der Teig, wenn man einen Teil des Mehls durch Weizenpuder (Epifin) ersetzt.

⊙ Sehr frischer Kuchen zerbröckelt beim Schneiden, daher nach dem Backen mindestens eine Stunde ruhen lassen.

Mandel-Aprikosen-Pastete

Ein Püree aus geschälten Mandeln, Zucker und Dörraprikosen, die in Orangensaft kurz gekocht wurden, ist die Füllung dieses Blätterteiggebäcks. Auf die gleiche Weise kann man auch eine Füllung mit Dörrpflaumen oder Dörrbirnen zubereiten.

Ergibt 8 Stück

200 g gedörrte Aprikosen
1½ dl Orangensaft
50 g Zucker
100 g geschälte Mandeln
100 g Puderzucker
1 Eiweiss
ca. 400 g Blätterteig

Zum Fertigstellen:
1 Eiweiss
etwas Puderzucker zum Bestreuen

Zubereiten: etwa 40 Minuten
Kühl stellen: etwa 30 Minuten
Backen: etwa 20 Minuten

1 Die Dörraprikosen, den Orangensaft und den Zucker in eine Pfanne geben und zugedeckt auf kleinem Feuer 10 Minuten kochen lassen. Alles mit dem Stabmixer oder im Mixbecher fein pürieren. Abkühlen lassen.

2 Die Mandeln im Cutter fein mahlen. Den Puderzucker beigeben und kurz mitmahlen. Das Eiweiss dazugeben und alles zu einer zähflüssigen Masse mixen. Die Mandelmasse mit dem Aprikosenpüree mischen.

3 Den Blätterteig halbieren. Jede Teigportion auf der leicht bemehlten Arbeitsfläche etwa 2 mm dünn auswallen. Aus jedem Teigstück eine Rondelle von 26 cm Durchmesser ausschneiden (z.B. mit Hilfe eines Springformenbodens). Aus dem restlichen Teig einen 3 cm breiten Streifen in der Länge des Umfangs des Teigbodens ausschneiden.

4 Ein Blech mit Backpapier belegen. Die erste Teigrondelle daraufgeben. Den Teigrand mit Eiweiss bestreichen und mit dem Teigstreifen belegen; diesen ebenfalls mit Eiweiss bestreichen. Das Aprikosenmus bergartig auf die Rondelle geben; der Teigstreifen bildet den Rand.

5 In der Mitte der zweiten Teigrondelle ein kleines Dampfloch ausstechen. Die Rondelle als Deckel über die Füllung legen; dem Rand entlang andrücken. Den Deckel mit einem scharfen Messer achtmal etwa 5 cm lang einschneiden. Dem Rand entlang 16 kleine Dreiecke herausschneiden. Die Pastete wenn möglich vor dem Backen 30 Minuten kühl stellen, dann geht der Teig besonders schön auf.

6 Den Backofen auf 220 Grad vorheizen.

7 Die Mandel-Aprikosen-Pastete im 220 Grad heissen Ofen auf der zweituntersten Rille während etwa 20 Minuten backen. Auskühlen lassen. Vor dem Servieren mit Puderzucker bestreuen.

Annies Schokoladekuchen

Dieser herrlich feuchte Schokoladekuchen hält sich nicht nur lange frisch, sondern ist auch ein wahres Kuchen-Multi-Talent, kann er doch in allen möglichen Formen – von der einfachen Cakeform bis zur festlichen Sternenform – gebacken werden und gelingt immer. Anstelle einer Schokoladeglasur kann man ihn auch mit Kakaopulver oder Puderzucker besieben. Und das Tüpfchen auf dem i: Servieren Sie flaumig geschlagenen Rahm dazu!

Ergibt 16–20 Stück, je nach Form

- 150 g Edelbitter-Schokolade
- 3–4 Esslöffel Wasser
- 1 Teelöffel Instant-Kaffeepulver
- 125 g weiche Butter
- 6 Eigelb
- 200 g Zucker (1)
- 3–4 Esslöffel heisses Wasser
- 6 Eiweiss
- 50 g Zucker (2)
- 50 g Zwieback
- 250 g geschälte, fein gemahlene Mandeln

Glasur:
- 125 g Schokoladepulver
- 125 g Puderzucker
- 6–8 Esslöffel Wasser

Zubereiten: etwa 25 Minuten
Backen: etwa 60 Minuten

1. Den Backofen auf 170 Grad vorheizen. Den Boden einer Springform von 26 cm Durchmesser, einer grossen Cake- oder Phantasieform mit Backpapier belegen. Die Form mitsamt Backpapier grosszügig ausbuttern und kurz kühl stellen. Dann mit Mehl ausstäuben.

2. Die Schokolade in Stücke brechen. Mit dem Wasser und dem Kaffeepulver in ein Pfännchen geben. Auf ganz kleinem Feuer langsam schmelzen. Glatt rühren.

3. Die Butter, die Eigelb, den Zucker (1) und das heisse Wasser so lange schlagen, bis sich der Zucker fast vollständig aufgelöst hat und eine helle, luftige Masse entstanden ist.

4. Die Schokolade unter die Ei-Butter-Creme rühren.

5. Die Eiweiss sehr schaumig aufschlagen. Den Zucker (2) löffelweise unter Weiterrühren beifügen und so lange schlagen, bis eine glänzende, schneeweisse Masse entstanden ist.

6. Den Zwieback in einen Plastikbeutel geben und mit dem Wallholz sehr fein zerbröseln. Mit den Mandeln mischen. Abwechselnd mit dem Eischnee unter die Schokoladecreme ziehen. In die vorbereitete Form füllen.

7. Den Schokoladekuchen im 170 Grad heissen Ofen auf der untersten Rille während etwa 60 Minuten backen; die genaue Backzeit hängt von der Grösse und Art der Form ab. Die Nadelprobe machen (siehe Seite 89, Punkt 4). Den Kuchen aus dem Ofen nehmen, in der Form 5–10 Minuten stehen lassen, dann mit einem Messer den Rand sorgfältig lösen und den Kuchen auf ein Tortengitter stürzen.

8. Für die Glasur das Schokoladepulver in einer Schüssel über einem nicht zu heissen Wasserbad langsam schmelzen lassen. Den Puderzucker dazusieben. Das Wasser beifügen und alles zu einer glatten Creme rühren, die dicklich von der Kelle abläuft. Noch warm auf den ausgekühlten Kuchen auftragen und nach Belieben mit silbernen und goldenen Zuckermandeln, Nonpareilles usw. dekorieren.

Beerentörtchen
»Rezept Seite 117«

Feines Gebäck mit Obst und Beeren

Das trägt Früchte

Mit Rhabarber beginnt das Früchtejahr, und gleichzeitig neigt es sich mit den letzten Äpfeln und Birnen aus Kellerbeständen zur Neige. Das ganze Jahr hindurch ergiesst sich so eine Fülle von Früchten in unseren Einkaufskorb. Da braucht es hin und wieder neue Back-Ideen – hier sind die besten!

Meringuierte Johannisbeer-Torte

Eine luftige, süsse Eischneemasse wird mit den leicht säuerlichen Johannisbeeren gemischt und auf einem Mürbeteigboden gebacken. Am besten schmeckt die Torte, wenn man sie nach dem Auskühlen noch eine Weile kalt stellt.

Ergibt etwa 12 Stück

Teig:
- 250 g Mehl
- ½ Teelöffel Salz
- 75 g Zucker
- 125 g kalte Butter
- 1 Ei
- 1–2 Esslöffel Wasser

Belag:
- 500 g rote Johannisbeeren
- 30 g Zwieback
- 5 Eiweiss
- 175 g Zucker

Teig: etwa 10 Minuten
Kühl stellen: insgesamt etwa 50 Minuten
Füllen: etwa 20 Minuten
Backen: etwa 30 Minuten

1. Mehl, Salz und Zucker mischen. Die Butter in Flocken dazuschneiden. Alles zwischen den Fingern zu einer bröseligen Masse reiben. Ei und Wasser verquirlen, beifügen und die Zutaten rasch zu einem glatten Teig zusammenkneten. In Klarsichtfolie wickeln und mindestens 30 Minuten kühl stellen.

2. Den Boden und den Rand einer Springform von 26 cm Durchmesser getrennt bebuttern.

3. Knapp zwei Drittel des Teiges als Kugel auf den Formenboden geben. Eine Klarsichtfolie darübergeben und den Teig in der Grösse der Form auswallen. Den Springformenrand aufsetzen. Aus dem restlichen Teig lange Rollen formen und als Rand auflegen. Mit den Fingern gut festdrücken und glattstreichen. Den Teigboden mit einer Gabel regelmässig einstechen. Vor dem Backen nochmals 20 Minuten kühl stellen.

4. Den Backofen auf 220 Grad vorheizen.

5. Den Teigboden im heissen Ofen auf der zweituntersten Rille während 15 Minuten hell backen.

6. In der Zwischenzeit die Johannisbeeren waschen und von den Zweigen abstreifen.

7. Den Zwieback an einer Bircherraffel fein reiben.

8. Die Eiweiss sehr schaumig aufschlagen. Nach und nach 50 g Zucker unter Weiterschlagen beifügen; es soll eine glänzende, schneeweisse Masse entstehen. Den restlichen Zucker sowie die Beeren sorgfältig unterziehen.

9. Die Zwiebackbrösel auf den heissen Tortenboden streuen. Dann die Beerenmasse einfüllen. Den Kuchen sofort weiterhin bei 220 Grad auf der zweituntersten Rille noch etwa 15 Minuten backen. Auskühlen lassen.

Aprikosentörtchen

Klein, aber so fein wie vom Konditor: Ein Blitz-Mürbeteig wird mit Aprikosenschnitzchen belegt und mit einem zarten Vanilleguss gebacken. Auf die gleiche Weise kann man auch Nektarinen- und Pfirsichtörtchen zubereiten; in diesem Fall die Früchte zuerst schälen, bevor man sie weiterverarbeitet.

Ergibt 4 Stück

Blitz-Mürbeteig:
- 100 g Mehl
- 1 Esslöffel Zucker
- 1 Prise Salz
- 40 g weiche Butter
- 2–3 Esslöffel Wasser

Belag:
- 500 g Aprikosen
- 40 g geschälte, gemahlene Mandeln
- 1 dl Milch
- ½ dl Rahm
- 1 Ei
- 1 Esslöffel Vanillezucker
- 40 g Zucker

Teig: etwa 5 Minuten
Füllen: etwa 15 Minuten
Backen: 25–30 Minuten

1. Mehl, Zucker und Salz mischen. Butter und Wasser beifügen und alles zu einem glatten Teig verkneten. In Folie gewickelt etwa 15 Minuten ruhen lassen (nicht kühl stellen!).

2. Inzwischen die Aprikosen halbieren, entsteinen und in dünne Schnitze schneiden.

3. Vier Portionen-Wähenbleche von etwa 10 cm Durchmesser ausbuttern. Den Backofen auf 200 Grad vorheizen.

4. Den Teig auf der bemehlten Arbeitsfläche etwa 2–3 mm dünn auswallen. 4 Rondellen mit einem Durchmesser von etwa 16 cm ausstechen und die vorbereiteten Förmchen damit auslegen. Die Mandeln auf den Teigböden verteilen. Die Aprikosen dekorativ darauf anordnen.

5. Die Aprikosentörtchen im 200 Grad heissen Ofen auf der zweituntersten Rille während 10 Minuten backen.

6. Inzwischen Milch, Rahm, Ei, Vanillezucker und Zucker verrühren.

7. Den Vanilleguss nach 10 Minuten Backzeit über die Aprikosen verteilen. Die Törtchen nochmals 15–20 Minuten backen.

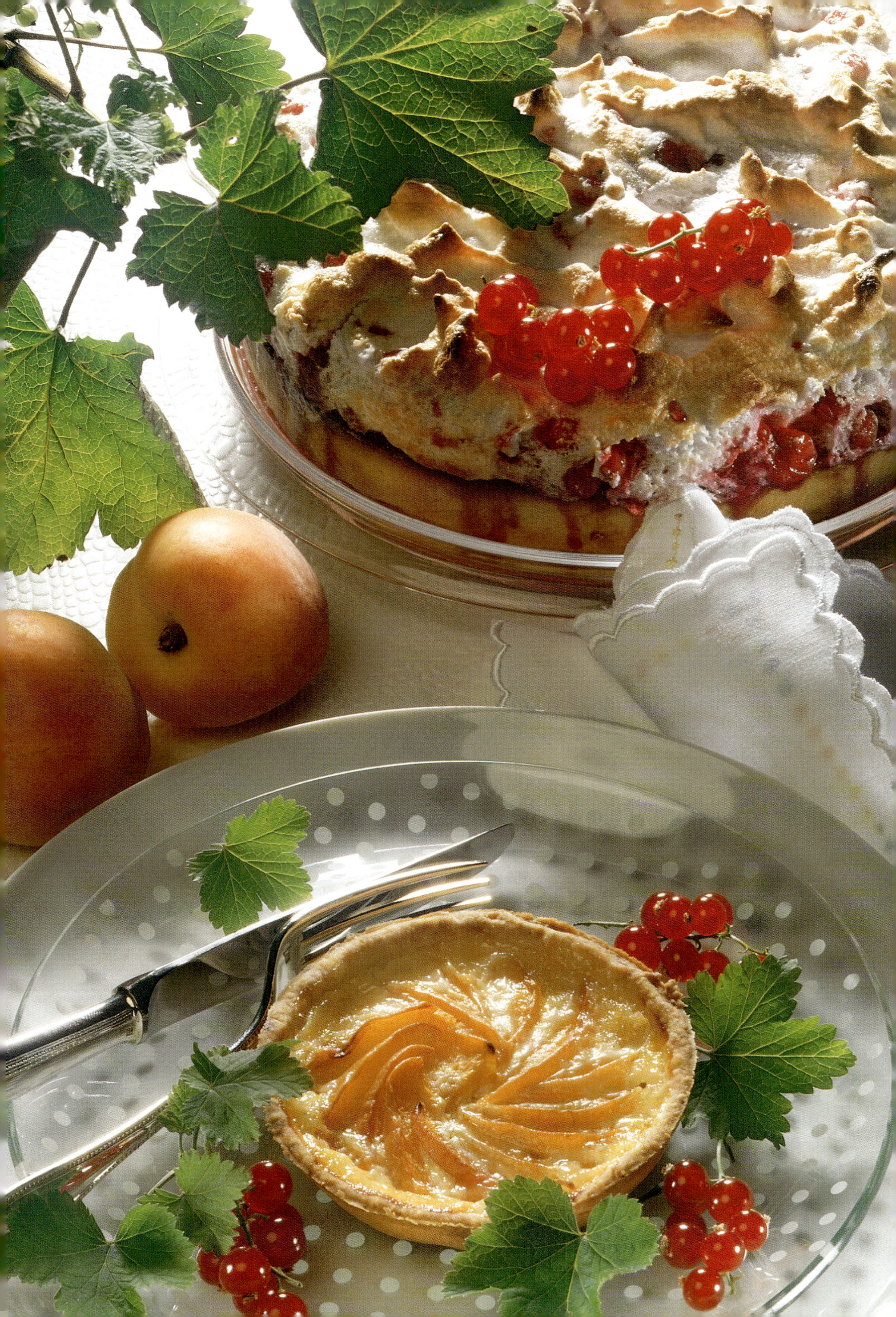

Himbeer-Rahm-Wähe

Dieser feine Hefe-Butter-Teig ist schnell zubereitet und muss weder aufgehen noch kühl gestellt werden. Er eignet sich sowohl für süsse wie pikante Kuchen und kann überall dort verwendet werden, wo Kuchenteig rezeptiert ist.

Ergibt etwa 12 Stück

Teig:
- 250 g Mehl
- knapp 1 Teelöffel Salz
- 100 g kalte Butter
- 1 dl Milch
- gut ⅓ Würfel Frischhefe (ca. 15 g)

Belag:
- ½ Glas Himbeer- oder Johannisbeergelee
- 750 g Himbeeren
- 2½ dl Crème fraîche
- 50 g Zucker
- 1 Päcklein Vanillezucker
- 25 g Speisestärke (z.B. Maizena)
- 2 Eier

Zubereiten: etwa 25 Minuten
Backen: etwa 30 Minuten

1. Mehl und Salz mischen. Die Butter in kleinen Flocken dazuschneiden. Dann alles mit einem Messer so lange hacken, bis die Masse bröselig ist.

2. Die Milch auf etwa 30 Grad erwärmen – nicht heisser! – und die Hefe darin auflösen. Zur Mehl-Butter-Masse geben und alles rasch zu einem geschmeidigen Teig kneten.

3. Ein Kuchenblech von 26–28 cm Durchmesser leicht bebuttern. Den Backofen auf 220 Grad vorheizen.

4. Den Teig auf der bemehlten Arbeitsfläche 2–3 mm dünn auswallen und die vorbereitete Form damit auslegen. Den Teigboden mit einer Gabel regelmässig einstechen.

5. Das Gelee in einem Pfännchen leicht erwärmen. Den Teigboden mit der Hälfte davon bestreichen. Die Himbeeren darauf geben.

6. Crème fraîche, Zucker, Vanillezucker und Speisestärke zu einer glatten Creme verrühren. Die Eier beifügen. Den Guss über die Himbeeren verteilen.

7. Die Himbeerwähe im 220 Grad heissen Ofen auf der untersten Rille etwa 30 Minuten backen. Aus dem Ofen nehmen und einen Moment abkühlen lassen.

8. Den noch warmen Kuchen mit dem restlichen warmen Gelee bestreichen. Lauwarm oder kalt servieren.

Himbeer-Gugelhopf

Anstelle von Himbeeren lässt sich dieser Gugelhopf im Sommer mit Aprikosen oder Pfirsichen, die man klein würfelt, oder im Herbst und Winter auch mit Äpfeln oder Birnen backen. Letztere muss man allerdings vor dem Beifügen schälen, halbieren, in einem leichten Zuckersirup halb weich kochen und anschliessend gut abgetropft in Würfelchen schneiden.

Ergibt 16–20 Stück

250 g Mehl
½ Teelöffel Salz
75 g Butter
¾ dl Milch
gut ⅓ Würfel Frischhefe (ca. 15 g)
80 g Zucker
2 Eier
abgeriebene Schale von 1 Zitrone
150 g Himbeeren
Puderzucker zum Bestreuen

Teig: etwa 15 Minuten
Aufgehen lassen:
30 Minuten + 45–75 Minuten
Backen: etwa 50 Minuten

1 Das Mehl in eine Schüssel sieben und mit dem Salz mischen. Die Butter in einem kleinen Pfännchen schmelzen. Vom Feuer nehmen. Die Milch dazugiessen. Zum Mehl geben. Die Hefe mit 1 Esslöffel Zucker flüssig rühren und beifügen. Alles zu einem glatten, geschmeidigen Teig kneten. Diesen zugedeckt bei Zimmertemperatur während 30 Minuten aufgehen lassen.

2 Den restlichen Zucker, die Eier und die Zitronenschale unter den Teig arbeiten. Am Schluss die Himbeeren untermischen.

3 Eine Gugelhopfform gut ausbuttern und mit etwas Mehl ausstäuben. Den Teig einfüllen. An einem warmen Ort zugedeckt so lange gehen lassen, bis der Teig um das Doppelte aufgegangen ist (45–75 Minuten, je nach Raumtemperatur).

4 Den Backofen auf 180 Grad vorheizen.

5 Den Gugelhopf im 180 Grad heissen Ofen auf der zweituntersten Rille während etwa 50 Minuten backen. Herausnehmen und 10 Minuten in der Form stehen lassen. Dann den Rand mit einem Messer lösen und den Gugelhopf auf ein Kuchengitter stürzen. Auskühlen lassen. Dann mit Puderzucker bestäuben.

Orangen-Roulade

Ein gerollter Biskuitteig wird mit einer leicht caramelsierten Orangen-Rahmcreme und frischen Orangenwürfelchen gefüllt. Das braucht zwar etwas Zeit, aber das Resultat ist eine Orangenroulade, wie man sie nirgends kaufen kann!

Ergibt etwa 16 Stück

Biskuit:
- 4 Eigelb
- 100 g Zucker
- 4 Eiweiss
- 90 g Mehl
- 30 g Maizena
- 1 Messerspitze Backpulver

Füllung:
- 6 Orangen
- 30 g Zucker
- ½ Vanillestengel
- 2 dl Rahm

Teig: etwa 10 Minuten
Backen: etwa 12 Minuten
Füllen: etwa 25 Minuten

1. Ein grosses Blech mit Backpapier belegen. Den Ofen auf 200 Grad vorheizen.

2. Die Eigelb und die Hälfte des Zuckers zu einer hellen, dicklichen Creme aufschlagen.

3. Die Eiweiss sehr schaumig aufschlagen. Nach und nach löffelweise den restlichen Zucker dazuschlagen; es soll eine glänzende, schneeweisse Masse entstehen. Auf die Eicreme geben. Mehl, Maizena und Backpulver darübersieben. Alles mit einem Gummischaber sorgfältig unterziehen.

4. Die Biskuitmasse auf dem vorbereiteten Blech etwa 1 cm dick zu einem Rechteck ausstreichen. Sofort im 200 Grad heissen Ofen auf der zweituntersten Rille während etwa 12 Minuten backen.

5. Ein Küchentuch mit Zucker bestreuen. Das Biskuit aus dem Ofen nehmen und darauf stürzen. Das Backpapier abziehen. Das Biskuit mit Hilfe des Tuchs aufrollen. Auskühlen lassen.

6. Für die Füllung 5 Orangen mitsamt weisser Haut schälen. Die Schnitze aus den Trennhäuten schneiden; über einer Schüssel arbeiten, um den austretenden Saft aufzufangen. Die zurückbleibenden Orangenteile ausdrücken. Die sechste Orange auspressen. Zum übrigen Saft geben.

7. Den Zucker in einem Pfännchen zu hellbraunem Caramel schmelzen. Mit dem Orangensaft ablöschen. Vanillestengel und herausgekratztes Mark beifügen. Alles sirupartig einkochen lassen. Leicht abkühlen lassen.

8. Den Rahm steif schlagen. Den Orangensirup unterrühren.

9. Die Orangenfilets würfeln und ebenfalls beifügen.

10. Das Biskuit entrollen. Mit dem Orangenrahm bestreichen und wieder aufrollen. Bis zum Servieren kühl stellen.

Zitronenkuchen

Zitronenschale und Zitronensaft würzen die zarte Füllung dieses Mürbeteigkuchens. Achten Sie darauf, den Kuchen mit ungespritzten Zitronen zuzubereiten. Ob Zitronen zur besseren Haltbarkeit behandelt sind oder nicht, kann man an der Schale selbst erkennen: Behandelte Früchte haben eine glänzende Schale, unbehandelte eine matte Farbe. In jedem Falle sicherheitshalber die Früchte vor Verwendung möglichst heiss waschen. Übrigens: Nur die gelbe Schicht der Zitronenschale schmeckt aromatisch; das Weisse hat ein ausgeprägtes Bitteraroma.

Ergibt etwa 12–16 Stück

Mürbeteig:
- 250 g Mehl
- 1 Prise Salz
- 1 Esslöffel Zucker
- 125 g kalte Butter
- ca. 1 dl kalte Milch

Füllung:
- 4 Stück Zwieback
- 2 Zitronen
- 125 g weiche Butter
- 175 g Puderzucker
- 4 Eigelb
- 4 Eiweiss
- 50 g Speisestärke (z.B. Maizena oder Epifin)

Teig: etwa 15 Minuten
Kühl stellen: etwa 30 Minuten
Füllen: etwa 20 Minuten
Backen: etwa 40 Minuten

1. Das Mehl in eine Schüssel sieben und mit Salz sowie Zucker mischen. Die Butter in Flocken dazuschneiden. Dann Mehl und Butter rasch zwischen den Fingern bröselig reiben. Die Milch beifügen und alles zu einem glatten Teig zusammenkneten. In Klarsichtfolie wickeln und mindestens 30 Minuten kühl stellen.

2. Ein Wähenblech von 28 cm Durchmesser oder eine Springform von 26 cm Durchmesser ausbuttern und mit etwas Mehl bestäuben. Den Backofen auf 200 Grad vorheizen.

3. Den Teig auf der bemehlten Arbeitsfläche etwas grösser als die vorbereitete Form auswallen und diese damit auslegen. Den Teigboden mit einer Gabel regelmässig einstechen. Nochmals kurz kühl stellen.

4. Den Zwieback in einen Plastikbeutel geben und mit dem Wallholz fein zerbröseln. Auf den Teigboden streuen.

5. Die beiden Zitronen fein abreiben. Dann eine Zitrone auspressen. Die zweite Zitrone für die Garnitur beiseite legen.

6. Die Butter, den Puderzucker und die Eigelb zu einer hellen, luftigen Masse aufschlagen. Dann nach und nach den Zitronensaft sowie die abgeriebene Schale beifügen.

7. Die Eiweiss steif schlagen. Den Schnee auf die Zitronencreme geben. Die Speisestärke darübersieben und alles mit einem Gummischaber sorgfältig, aber gründlich mischen. Die Creme auf den Teigboden geben.

8. Den Zitronenkuchen im 200 Grad heissen Ofen auf der untersten Rille während etwa 40 Minuten backen. Nach 20 Minuten Backzeit die Oberfläche des Kuchens abdecken, damit sie nicht zu stark dunkelt. Den Kuchen auskühlen lassen.

9. Die beiseite gelegte Zitrone wie einen Apfel mitsamt der weissen Haut schälen. Dann die Schnitze aus den Trennhäuten schneiden. Vor dem Servieren die Tarte mit Zitronenschnitzchen garnieren.

Birnencake

Besonders dekorativ sieht dieser Kuchen aus, wenn man ihn in einer Sternen- oder Herzform backt. Voraussetzung für ein gutes Gelingen des Kuchens ist, dass man wirklich optimal reife, sehr saftige Birnen verwendet. Hat man keine zur Hand, kann man auch Birnen aus der Dose verwenden.

Ergibt etwa 16 Stück

500 g gut reife Birnen
2 Esslöffel Zucker
½ Teelöffel Zimt
½ Teelöffel Ingwerpulver
4–5 Esslöffel Williams oder ein anderer Obstbranntwein

Teig:
3 Eigelb
100 g Zucker
100 g Butter
2 dl Milch
2 gehäufte Esslöffel gemahlene Haselnüsse
3 Eiweiss
1 Prise Salz
250 g Mehl
1 Teelöffel Backpulver

Zubereiten: etwa 30 Minuten
Backen: 50–60 Minuten

1. Die Birnen schälen, vierteln, das Kerngehäuse entfernen und die Früchte in feine Scheibchen schneiden. Zucker, Zimt und Ingwerpulver mischen und über die Früchte streuen. Diese mit dem Williams beträufeln. Sorgfältig mischen und einen Moment durchziehen lassen.

2. Eine grosse Cake- oder Sternenform grosszügig ausbuttern und mit Mehl ausstäuben oder mit gemahlenen Haselnüssen ausstreuen. Kurz kühl stellen. Den Backofen auf 180 Grad vorheizen.

3. Die Eigelb mit dem Zucker zu einer hellen, dicklichen Creme aufschlagen.

4. In einem Pfännchen die Butter schmelzen. Vom Feuer nehmen und die Milch sowie die Haselnüsse beifügen. Zur Eicreme geben und mischen.

5. Die Eiweiss mit dem Salz steif schlagen. Das Mehl mit Backpulver mischen. Lagenweise mit dem Eischnee unter die Teigmasse ziehen.

6. Einige Birnenschnitze auf die Seite legen. Die restlichen Früchte unter den Teig mischen. In die vorbereitete Form füllen und mit den restlichen Birnenschnitzen belegen.

7. Den Kuchen im 180 Grad heissen Ofen auf der zweituntersten Rille während 50–60 Minuten backen. Die Nadelprobe machen (siehe Seite 89, Punkt 4). Bräunt der Kuchen zu stark, mit Alufolie decken. Herausnehmen, 5–10 Minuten in der Form stehen lassen, dann den Rand sorgfältig mit einem Messer lösen und den Kuchen aus der Form stürzen. Nach dem Auskühlen nach Belieben mit Puderzucker bestreuen.

Kirschen-Gugelhopf

Dieser herrlich feuchte Gugelhopf kann mit frischen, tiefgekühlten und Kompottkirschen zubereitet werden, ist also ein Ganzjahreskuchen für viele Gelegenheiten.

Ergibt etwa 16 Stück

180 g weiche Butter
200 g Zucker
abgeriebene Schale und Saft von ½ Zitrone
5 Eier
2 dl Milch
500 g Mehl (1)
1 Päcklein Backpulver
400 g Weichsel- oder schwarze Kirschen
2–3 Esslöffel Mehl (2)

Zubereiten: etwa 20 Minuten
Backen: 50–60 Minuten

1 Eine Gugelhopfform gut ausbuttern und kurz kühl stellen. Dann mit etwas Mehl ausstäuben. Den Backofen auf 200 Grad vorheizen.

2 Die Butter so lange durchrühren, bis sich kleine Spitzchen bilden. Dann den Zucker, die Zitronenschale und den Zitronensaft beifügen und alles zu einer hellen, luftigen Masse aufschlagen.

3 Die Eier und die Milch verquirlen. Das Mehl (1) mit dem Backpulver mischen. Abwechselnd Mehl und Eiermilch unter die Buttercreme rühren.

4 Die Kirschen entsteinen. Kompottkirschen auf Küchenpapier gut abtropfen lassen. Tiefgekühlte Kirschen können leicht angetaut oder aufgetaut verwendet werden. Die Kirschen mit dem Mehl (2) bestäuben und sorgfältig mischen. Den Teig in die vorbereitete Form füllen.

5 Den Gugelhopf im 200 Grad heissen Ofen auf der untersten Rille während 50–60 Minuten backen. Die Nadelprobe machen: Bleibt kein Teig mehr am Stäbchen kleben, ist der Kuchen genügend gebacken. Herausnehmen, etwa 10 Minuten in der Form stehen lassen, dann den Rand mit einem Messer lösen und den Gugelhopf auf ein Kuchengitter stürzen. Auskühlen lassen. Vor dem Servieren nach Belieben mit Puderzucker bestreuen.

Birnenwähe nach Winzerart

Ein würziges Apfel-Birnen-Püree bildet die saftige Füllung dieser Wähe, die mit in Rotwein gekochten Birnenhälften belegt wird. Diesen Kuchen kann man auch in Früchteform backen (gleiches Vorgehen wie beim nachstehenden Apfelkuchen-Rezept). Pro Stück rechnet man eine grosse Birnenhälfte als Belag; die Püreemenge bleibt sich gleich, jedoch benötigt man etwa 500 g Kuchenteig.

Ergibt etwa 12 Stück

3 mittlere Äpfel
6–8 Birnen, je nach Grösse
ca. 3 dl Rotwein
50 g Zucker
Saft von ½ Zitrone
1 Messerspitze Zimt
1 Messerspitze Nelkenpulver
ca. 250 g Kuchenteig
2 Esslöffel Johannisbeergelee

Zubereiten: etwa 30 Minuten
Backen: 30–35 Minuten

1. Die Äpfel sowie – je nach Grösse – 2–3 Birnen schälen, halbieren und das Kerngehäuse entfernen.

2. Den Rotwein mit dem Zucker, dem Zitronensaft, dem Zimt und dem Nelkenpulver aufkochen. Die Fruchtwürfel darin weich kochen. Mit einer Schaumkelle herausheben und gut abtropfen lassen. Durch ein Passevite treiben oder im Mixer pürieren.

3. Die restlichen Birnen schälen, halbieren und das Kerngehäuse entfernen.

4. Die Birnenhälften in den verbliebenen Rotweinsud legen. Wenn nötig etwas Rotwein nachgiessen. Zugedeckt knapp weich kochen. Im Sud leicht abkühlen lassen.

5. Eine Pieform oder ein Wähenblech von etwa 26 cm Durchmesser leicht bebuttern und mit Mehl ausstäuben. Kurz kühl stellen. Den Backofen auf 200 Grad vorheizen.

6. Den Kuchenteig etwas grösser als die vorbereitete Form auswallen und diese damit auslegen. Den Teigboden mit einer Gabel regelmässig einstechen. Das Apfel-Birnen-Püree auf dem Teigboden ausstreichen.

7. Den Kuchen im 200 Grad heissen Ofen auf der untersten Rille während etwa 20 Minuten vorbacken.

8. Die Birnenhälften aus dem Sud nehmen und fächerartig einschneiden, so dass sie jedoch noch zusammenhalten. Nach 20 Minuten Backzeit auf den Kuchenboden geben. Den Kuchen weitere 10–15 Minuten backen.

9. Inzwischen den Rotweinsud auf grossem Feuer sirupartig einkochen lassen. Vom Feuer nehmen und den Johannisbeergelee unterrühren.

10. Den Birnenkuchen aus dem Ofen nehmen. Noch heiss mit dem Rotwein-Johannisbeer-Sirup bestreichen. Den Kuchen lauwarm oder kalt servieren.

Kleine Apfeltörtchen

In Haushaltfachgeschäften findet man spezielle Ausstecher in Apfel- und Birnenform. Doch selbstverständlich lässt sich der Apfelkuchen auch in einem Wähenblech backen; in diesem Fall braucht es jedoch nur etwa 250 g Kuchenteig.

Ergibt 4 Stück

ca. 500 g Kuchenteig
50 g Rosinen
ca. 1 kg eher kleine Äpfel
Saft von 1 Zitrone
1 Teelöffel Zimt
4–5 Esslöffel Zucker

Zubereiten: etwa 25 Minuten
Backen: 25–30 Minuten

1. Den Kuchenteig etwa 3 mm dünn auswallen. Dann mit Hilfe einer selbstgezeichneten Kartonschablone oder mit einer Spezial-Ausstechform vier apfelförmige Teigstücke ausstechen. Aus dem restlichen Teig lange, etwa 1 cm breite Streifen schneiden und mit diesen die «Teigäpfel» so umlegen, dass ein Rand entsteht. Auf ein mit Backpapier belegtes Blech geben. Die Teigböden regelmässig mit einer Gabel einstechen. Kurz kühl stellen.

2. Die Rosinen in ein Schüsselchen geben und mit heissem Wasser bedeckt etwa 15 Minuten einweichen.

3. Zwei Äpfel schälen, halbieren und das Kerngehäuse herausschneiden. Die Früchte sofort mit etwas Zitronensaft bestreichen. Auf die Seite legen.

4. Die restlichen Äpfel schälen, vierteln, das Kerngehäuse entfernen und die Früchte an der Röstiraffel reiben. Sofort mit dem restlichen Zitronensaft, dem Zimt und dem Zucker mischen.

5. Jeden Teigboden mit einer Apfelhälfte – Schnittfläche nach unten – belegen. Mit den geraffelten Äpfeln umgeben.

6. Die Apfeltörtchen im auf 200 Grad vorgeheizten Ofen auf der untersten Rille während 25–30 Minuten backen. Lauwarm oder kalt servieren.

Kirschenflan

Dieses zarte Gebäck ist ein idealer Dessertkuchen, denn er liegt näher bei einem Auflauf als bei einem Kuchen und schmeckt am besten lauwarm serviert. Er kann übrigens sehr gut auch mit Himbeeren zubereitet werden.

Ergibt 6–8 Stück

500 g rote oder schwarze Kirschen
4 Eier
1 Becher Crème fraîche (180 g)
2½ dl Doppelrahm
75 g Zucker
1 Päcklein Vanillezucker
40 g Mandelsplitter

Zubereiten: etwa 15 Minuten
Backen: 45–50 Minuten

1. Eine Pie- oder runde Glasform von etwa 26 cm Durchmesser grosszügig ausbuttern. Den Backofen auf 200 Grad vorheizen.

2. Die Kirschen entsteinen und gut abtropfen lassen.

3. Die Eier in einer Schüssel verquirlen. Die Crème fraîche, den Doppelrahm, den Zucker und den Vanillezucker beifügen und alles zu einer glatten Creme verrühren. In die vorbereitete Form füllen. Die Kirschen darauf verteilen. Alles mit den Mandelsplittern bestreuen.

4. Den Flan im 200 Grad heissen Ofen auf der untersten Rille während 45–50 Minuten backen. Sollte die Oberfläche zu stark bräunen, mit Alufolie abdecken. Den Kuchen in der Form wenn möglich noch leicht warm servieren.

Versunkener Apfelkuchen

Ein altmodischer, aber immer erfolgreicher Rührteigkuchen: Apfelviertel werden zusammen mit marinierten Rosinen in einem Mandel-Rührteig gebacken. Auf die gleiche Weise kann man auch einen Zwetschgen- oder Aprikosenkuchen zubereiten; in diesem Fall jedoch die Rosinen weglassen.

Ergibt etwa 12 Stück

- 2 Esslöffel Rosinen
- 2–3 Esslöffel Apfelsaft
- 4 mittlere Äpfel
- Saft von 1 Zitrone
- 200 g weiche Butter
- 200 g Zucker
- 1 Päcklein Vanillezucker
- 4 Eier
- 150 g Mehl
- 150 g gemahlene Mandeln
- 1 Päcklein Backpulver
- 2 Esslöffel Mandelstifte

Rosinen einweichen: etwa 60 Minuten
Zubereiten: etwa 20 Minuten
Backen: 50 Minuten

1. Die Rosinen in ein kleines Schüsselchen geben und mit dem Apfelsaft beträufeln. Mindestens 1 Stunde, besser aber länger, zugedeckt einweichen lassen.

2. Die Äpfel schälen und sofort mit dem Zitronensaft bestreichen.

3. Eine Springform von 24 cm Durchmesser leicht ausbuttern und mit etwas Mehl ausstäuben. Den Backofen auf 200 Grad vorheizen.

4. Die Butter mit dem Zucker und dem Vanillezucker kräftig schlagen. Dann ein Ei nach dem andern unterrühren und die Masse wieder gut schlagen.

5. Das Mehl, die Mandeln und das Backpulver mischen und unter den Teig rühren. In die vorbereitete Form füllen.

6. Die geschälten Äpfel vierteln, das Kerngehäuse herausschneiden und die Früchte auf der runden Seite fächerartig einschneiden, so dass die Schnitze jedoch noch zusammenhalten. Die Äpfel kranzförmig auf dem Teig anordnen, dabei leicht in die Masse drücken.

7. Die eingeweichten Rosinen und die Mandelstifte über den Kuchen verteilen.

8. Den Apfelkuchen im 200 Grad heissen Ofen auf der untersten Rille während etwa 50 Minuten backen. Damit die Oberfläche nicht zu stark bräunt, nach etwa 30 Minuten Backzeit abdecken. Den Kuchen sofort nach dem Herausnehmen aus der Form lösen und auf einem Gitter auskühlen lassen.

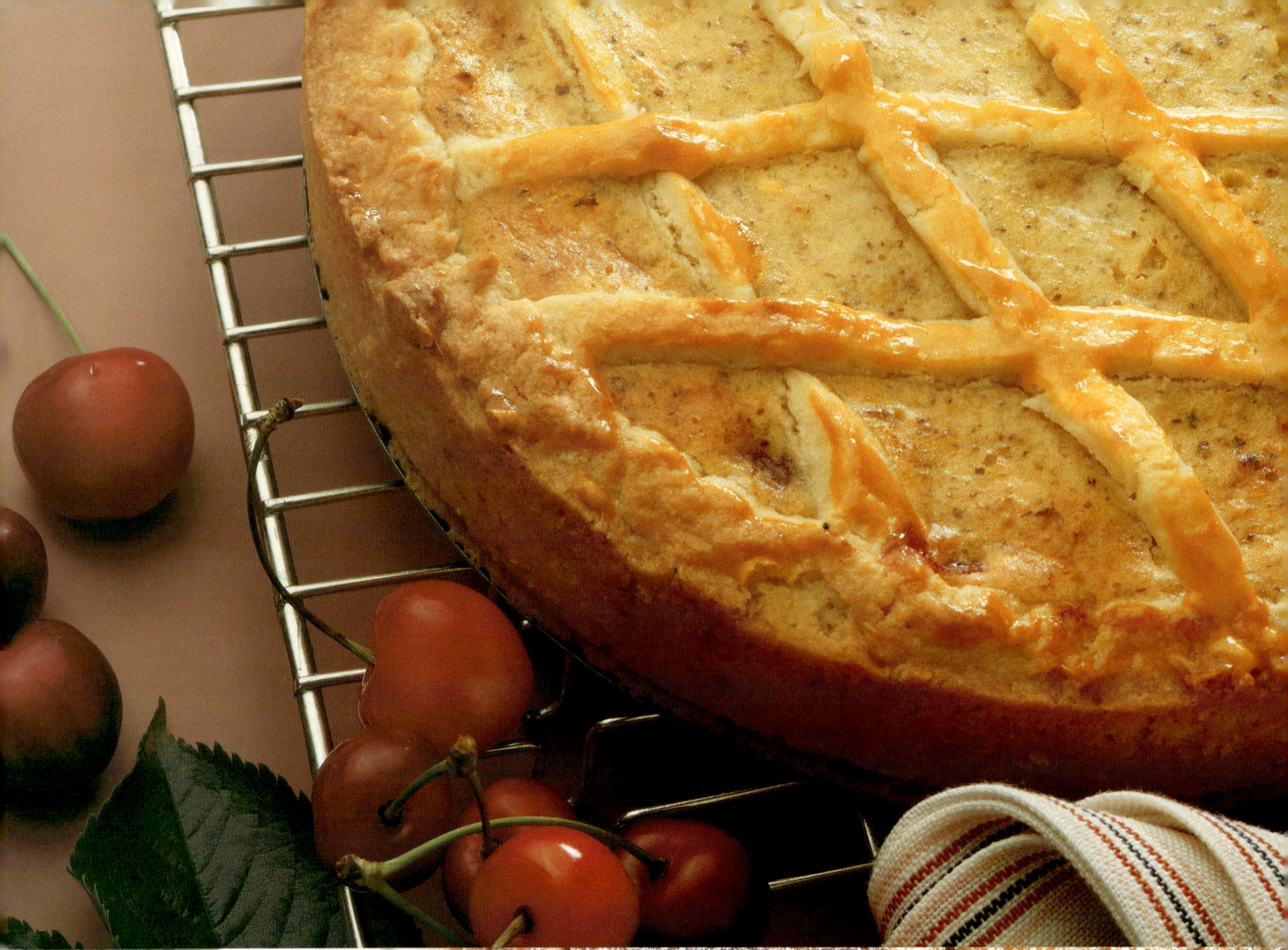
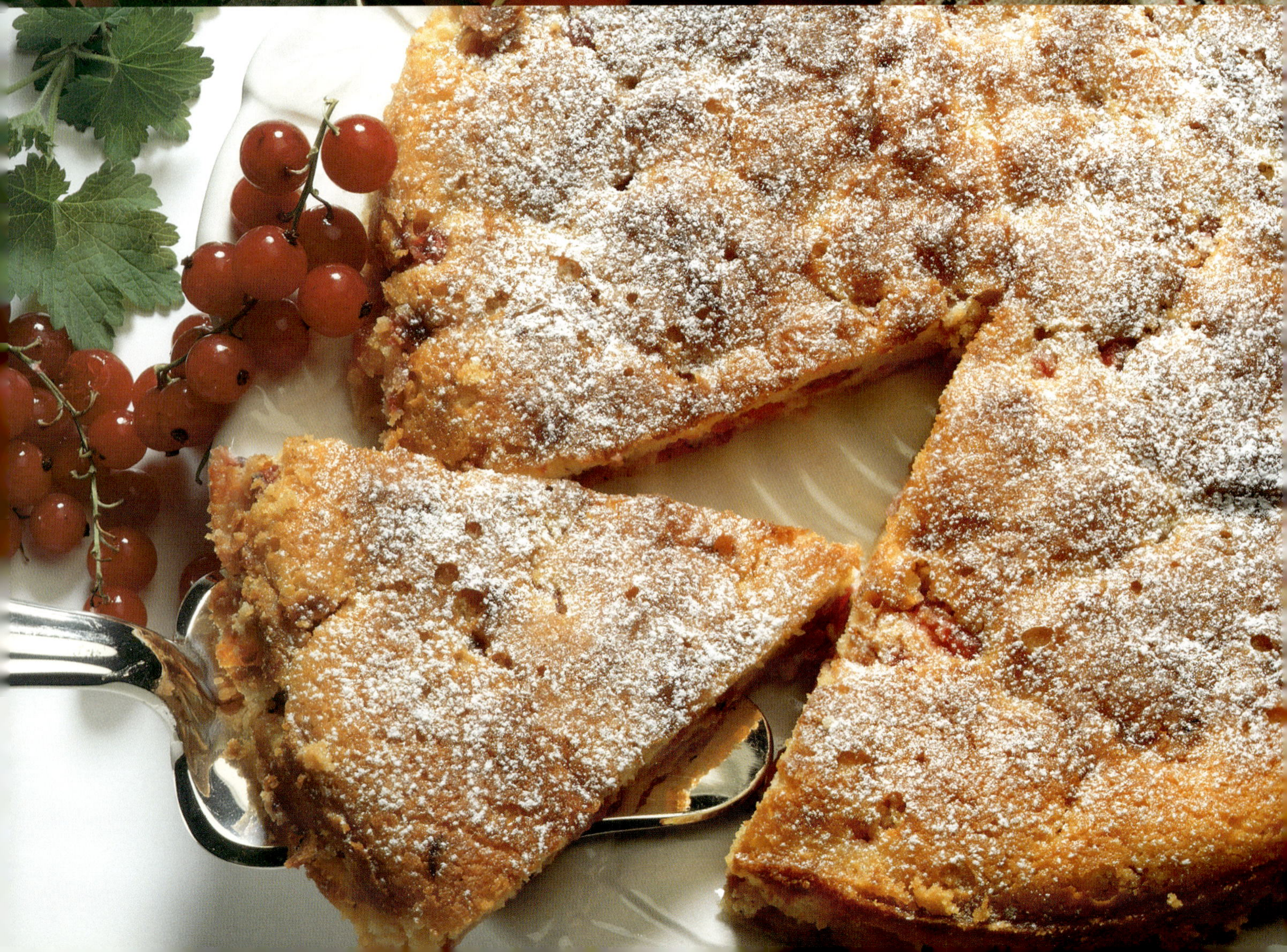

Quarkkuchen mit Kirschen

Ergibt etwa 12 Stück

Eine saftige Quarkmasse mit Weichselkirschen ist die Füllung dieses erfrischenden Kuchens, der auf der Basis eines Quark-Zucker-Teiges zubereitet wird. Dieser Teig kann übrigens auch überall dort verwendet werden, wo ein süsser Butter-Mürbeteig gebraucht wird.

Quarkmürbeteig:

300 g Mehl
100 g kalte Butter
3 Esslöffel Zucker
1 Prise Salz
1 Ei
150 g Rahmquark
abgeriebene Schale von ½ Zitrone

Füllung:

250 g Rahmquark
1 Becher saurer Halbrahm (180 g)
75 g Zucker
1 Ei
1 Eigelb
3 Esslöffel Mehl
1 Dose oder 1 Glas Weichselkirschen
(ca. 300 g Abtropfgewicht)
50 g gemahlene Mandeln oder Haselnüsse

Zum Fertigstellen:

1 Eigelb

Teig: etwa 10 Minuten
Kühl stellen: etwa 30 Minuten
Füllen: etwa 20 Minuten
Backen: etwa 40 Minuten

1. Für den Teig das Mehl in eine Schüssel sieben. Die Butter in kleinen Flocken dazuschneiden. Dann alles zwischen den Fingern bröselig reiben. Den Zucker und das Salz untermischen. Ei, Rahmquark und Zitronenschale verrühren, beigeben und rasch zu einem glatten Teig zusammenkneten. In Klarsichtfolie wickeln und vor Verwendung mindestens 30 Minuten kühl stellen.

2. Eine Pie- oder Springform von etwa 24 cm Durchmesser leicht bebuttern und mit etwas Mehl ausstäuben. Kühl stellen. Den Backofen auf 200 Grad vorheizen.

3. Zwei Drittel des Teiges auf der bemehlten Arbeitsfläche auswallen und die vorbereitete Form damit auslegen. Einen Rand hochziehen. Den Boden mit einer Gabel regelmässig einstechen.

4. Für die Füllung den Quark, den sauren Halbrahm, den Zucker, das Ei und das Eigelb gut miteinander verrühren. Das Mehl darüberstäuben und sorgfältig unterziehen.

5. Die Kirschen gut abtropfen lassen und nach Belieben entsteinen. Zusammen mit den Mandeln oder Haselnüssen auf die Quarkcreme geben und unterheben. Auf den Teigboden geben.

6. Den restlichen Teig 4–5 mm dick auswallen und in etwa 2 cm breite Streifen schneiden. Gitterartig über die Füllung legen.

7. Das Eigelb verrühren und den Teigrand sowie das Teiggitter damit bestreichen.

8. Den Kuchen im 200 Grad heissen Ofen auf der untersten Rille während etwa 40 Minuten backen. Herausnehmen und in der Form auskühlen lassen. Dieser Kuchen hält sich in Folie eingeschlagen im Kühlschrank mehrere Tage frisch.

Johannisbeer-Quark-Kuchen

Ein Mandelteig mit Quark bildet die Grundlage für diesen saftigen Beerenkuchen, den man anstelle von Johannisbeeren sehr gut auch mit Himbeeren oder Brombeeren zubereiten kann.

Ergibt etwa 12 Stück

300 g rote Johannisbeeren
125 g weiche Butter
4 Eigelb
75 g Puderzucker (1)
1 Prise Salz
125 g geschälte, gemahlene Mandeln
abgeriebene Schale von 1 Zitrone
150 g Rahmquark
4 Eiweiss
40 g Puderzucker (2)
etwas Puderzucker zum Bestreuen

Zubereiten: etwa 20 Minuten
Backen: etwa 45 Minuten

1. Eine Springform von 24 cm Durchmesser sehr grosszügig ausbuttern und mit Paniermehl oder ersatzweise Mehl ausstreuen. Den Backofen auf 180 Grad vorheizen.

2. Die Johannisbeeren entstielen.

3. Die Butter so lange durchrühren, bis sich kleine Spitzchen bilden. Dann die Eigelb, den Puderzucker (1) und das Salz beifügen und alles zu einer hellen, luftigen Masse schlagen. Die Mandeln, die Zitronenschale und den Rahmquark dazugeben und alles gut mischen.

4. Die Eiweiss steif schlagen. Dann unter Rühren löffelweise die zweite Portion Puderzucker (2) einstreuen und so lange weiterschlagen, bis eine glänzende, schneeweisse Masse entstanden ist. Unter die Quarkcreme ziehen. Zuletzt die Johannisbeeren sorgfältig untermischen. In die vorbereitete Form füllen.

5. Den Johannisbeer-Quark-Kuchen im 180 Grad heissen Ofen auf der zweituntersten Rille während etwa 45 Minuten backen. Den Kuchen aus dem Ofen nehmen und in der Form leicht abkühlen lassen. Dann auf eine Kuchenplatte geben und mit Puderzucker bestreuen. Lauwarm oder kalt servieren.

Apfel-Galette

Ergibt etwa 6 Stück

Für diese französische Spezialität wird ein hauchdünner Mürbeteigboden mit ebenso dünn geschnittenen Äpfeln belegt und gegen Ende der Backzeit mit Vanillerahm sowie nach Belieben mit Calvados beträufelt. Die Galette schmeckt am besten noch warm serviert. Auf die gleiche Art kann man auch eine Galette mit Aprikosen, Zwetschgen oder Pfirsichen zubereiten; wichtig ist nur, dass man die Früchte für den Belag sehr dünn schneidet.

Teig:
- 100 g Mehl
- 1 Prise Salz
- 1–2 Esslöffel Zucker
- 50 g kalte Butter
- 1 Eigelb
- 1 Esslöffel Rahm
- abgeriebene Schale von ½ Zitrone

Belag:
- 3 säuerliche Äpfel
- 1–2 Esslöffel Zucker
- 1 dl Rahm
- ½ Vanillestengel
- nach Belieben etwas Calvados

Teig: etwa 10 Minuten
Kühl stellen: etwa 30 Minuten
Belegen: etwa 15 Minuten
Backen: 30–35 Minuten

1. Das Mehl in eine Schüssel sieben und mit dem Salz und dem Zucker mischen. Die Butter in kleinen Flocken dazuschneiden. Alles zwischen den Fingern bröselig reiben. Eigelb, Rahm und Zitronenschale verrühren, beifügen und die Zutaten rasch zu einem glatten Teig zusammenkneten. In Klarsichtfolie wickeln und mindestens 30 Minuten kühl stellen.

2. Den Boden und den Rand einer Springform von 24 cm Durchmesser leicht bebuttern und kurz kühl stellen. Dann mit Mehl bestäuben. Den Backofen auf 200 Grad vorheizen.

3. Den Teig auf den vorbereiteten Formenboden geben. Die zum Aufbewahren verwendete Klarsichtfolie darüberlegen und den Teig direkt auf dem Blech dünn auswallen. Die Folie entfernen und den Formenrand aufsetzen.

4. Die Äpfel schälen, vierteln, das Kerngehäuse entfernen und die Früchte in möglichst dünne Schnitzchen schneiden. Auf dem Teigboden kranzförmig anordnen und mit dem Zucker bestreuen.

5. Die Apfel-Galette im 200 Grad heissen Ofen auf der untersten Rille während 30–35 Minuten backen.

6. Inzwischen den Rahm mit dem Vanillestengel und den herausgekratzten Samen in ein Pfännchen geben und aufkochen. Leicht einkochen lassen. Dann vom Feuer nehmen.

7. 10 Minuten vor Ende der Backzeit den Kuchen mit dem Rahm und nach Belieben etwas Calvados beträufeln. Fertig backen. Wenn möglich noch warm servieren.

Der gute Tip

Die Galette kann sehr gut im voraus gebacken werden. In diesem Fall den Vanillerahm erst unmittelbar vor dem Servieren darüberträufeln und den Kuchen unter dem vorgeheizten Grill oder bei grösster Oberhitze kurz überbacken.

Grossmutters Apfelkuchen

Für diesen würzigen Kuchen wird der Mürbeteigboden vorgebacken und erst dann mit einem Rand sowie dem Apfelbelag versehen; dies bewirkt, dass der Boden, der vom Saft der Äpfel durchtränkt wird, dennoch nicht ungebacken schmeckt.

Ergibt etwa 12 Stück

Mürbeteig:
- 200 g Mehl
- 1 Prise Salz
- 50 g Zucker
- 100 g kalte Butter
- 1 Ei

Belag:
- 50 g Rosinen
- 3 Esslöffel Rum
- ca. 1,2 kg säuerliche Äpfel
- Saft von 1 Zitrone
- 75 g Butter
- 50 g Zucker
- 50 g Mandelstifte

Teig: etwa 10 Minuten
Kühl stellen: etwa 30 Minuten
Vorbacken: 15 Minuten
Füllen: etwa 15 Minuten
Fertigbacken: etwa 50 Minuten

1. Für den Teig das Mehl in eine Schüssel sieben und mit dem Salz und dem Zucker mischen. Die Butter in kleinen Flocken dazuschneiden. Dann alles zwischen den Fingern bröselig reiben. Das Ei verquirlen, beifügen und rasch zu einem glatten Teig zusammenkneten. In Folie wickeln und 30 Minuten kühl stellen.

2. Inzwischen die Rosinen mit dem Rum mischen und ziehen lassen.

3. Eine Springform von 26–28 cm Durchmesser oder ein rechteckiges Kuchenblech leicht bebuttern. Den Backofen auf 200 Grad vorheizen.

4. Die Hälfte des Teiges auf der bemehlten Arbeitsfläche in der Grösse des Formenbodens auswallen und diesen damit belegen; Teig, der über den Rand des Bodens hinausragt, wegschneiden. Den Boden mit einer Gabel regelmässig einstechen. Im 200 Grad heissen Ofen auf der zweituntersten Rille während 15 Minuten vorbacken. Herausnehmen und leicht abkühlen lassen.

5. Während der Boden backt, die Äpfel schälen, halbieren und das Kerngehäuse entfernen. Jede Apfelhälfte fächerartig einschneiden; sie soll jedoch noch zusammenhalten. Sofort mit etwas Zitronensaft beträufeln.

6. Den restlichen Teig zu langen Rollen formen und den Formenrand damit belegen. Den Zwischenraum zum Teigboden mit dem Daumen sorgfältig glattstreichen.

7. Den Boden mit den Apfelhälften satt belegen. Die Butter in einem Pfännchen schmelzen und über die Äpfel träufeln. Den Zucker darüberstreuen. Zuletzt die abgetropften Rosinen und die Mandelstifte über die Äpfel verteilen.

8. Den Apfelkuchen weiterhin im 200 Grad heissen Ofen auf der zweituntersten Rille während 50 Minuten fertigbacken. Lauwarm oder kalt servieren. Besonders gut schmeckt dazu geschlagener Vanillerahm.

Zwetschgenwähe mit Mandelcreme

Ergibt 8–12 Stück

Mandelcreme:
3 dl Milch
½ Vanillestengel
20 g Maizena
2 Eigelb
60 g Zucker
nach Belieben 3 Esslöffel Amaretto
3–4 Tropfen Bittermandelaroma
60 g geschälte, gemahlene Mandeln
1½ dl Halbrahm

Zwetschgenwähe:
ca. 300 g Blätterteig
60 g geschälte, gemahlene Mandeln
750 g Zwetschgen
2 Esslöffel Zucker
30 g Mandelsplitter

Creme: etwa 15 Minuten (ohne Kühlstellen)
Wähe: etwa 15 Minuten
Backen: etwa 30 Minuten

Die Mandelcreme, die separat zum Zwetschgenkuchen serviert wird, passt auch zu einer Aprikosen- oder Pfirsichwähe. Und übrigens: Am besten schmeckt das Ganze, wenn der Kuchen noch lauwarm und die Creme schön kühl ist.

1. Für die Creme die Milch mit dem aufgeschlitzten Vanillestengel und den herausgekratzten Samen, dem Maizena, den Eigelb und dem Zucker in eine Pfanne geben und unter Rühren einmal ganz kurz aufkochen. Die Pfanne sofort vom Feuer nehmen. Den Vanillestengel entfernen. Die Creme kühl stellen; gelegentlich umrühren.

2. Dann den Amaretto, das Bittermandelaroma und die Mandeln unterrühren. Den Rahm steif schlagen und unter die Creme ziehen. Bis zum Servieren wieder kühl stellen.

3. Ein Wähenblech von 26 cm Durchmesser leicht ausbuttern. Den Ofen auf 220 Grad vorheizen.

4. Den Teig etwa 3 mm dünn auswallen und das vorbereitete Blech damit auslegen. Den Teigboden einige Male mit einer Gabel einstechen. Die Mandeln darauf verteilen.

5. Die Zwetschgen halbieren, entsteinen, dann die Hälften bis zur Mitte einschneiden. Auf dem Teigboden auslegen. Mit dem Zucker bestreuen.

6. Die Zwetschgenwähe im 220 Grad heissen Ofen auf der untersten Rille während etwa 30 Minuten backen.

7. Die Mandelsplitter in einer trockenen Pfanne ohne Fettzugabe hellbraun rösten. Auf der gebackenen Wähe verteilen. Die Creme separat dazu servieren.

Beerenwähe

Besonders dekorativ sieht dieser Beerenkuchen mit einem rahmigen Quarkbelag aus, wenn man gemischte Beeren verwendet. Für die Zubereitung eignen sich alle Beerensorten, von Erdbeeren bis zu Brombeeren.

Ergibt etwa 12 Stück

- ca. 250 g Kuchenteig
- 3 Esslöffel Mehl
- 1 dl Milch
- 4 Eier
- 125 g Zucker
- 1 Päcklein Vanillezucker
- 300 g Rahmquark

Belag:

- 500 g Beeren, evtl. gemischt
- 50–75 g Zucker, je nach Beerensorte
- 2 gestrichene Esslöffel Maizena
- ½ dl Wasser

Zubereiten: etwa 15 Minuten
Backen: 30–35 Minuten
Belegen: etwa 5 Minuten

1 Ein Wähenblech von etwa 26–28 cm Durchmesser leicht bebuttern und mit etwas Mehl ausstäuben. Den Backofen auf 180 Grad vorheizen.

2 Den Kuchenteig etwa 2–3 mm dünn auswallen und das vorbereitete Blech damit auslegen. Den Teigboden mit einer Gabel regelmässig einstechen.

3 Das Mehl in eine Schüssel geben und mit der Milch zu einer glatten Creme rühren. Dann die Eier, den Zucker, den Vanillezucker und den Quark unterrühren. Die Masse auf den Teigboden geben.

4 Den Kuchen sofort im 180 Grad heissen Ofen auf der untersten Rille 30–35 Minuten backen; der Belag soll noch ganz hell sein. Herausnehmen.

5 Die Beeren mit dem Zucker in ein Pfännchen geben und langsam erhitzen. Nicht umrühren, damit die Beeren nicht platzen. Das Maizena mit dem Wasser anrühren und zu den Beeren geben. Nochmals sorgfältig erhitzen, bis der entstandene Saft bindet. Das heisse Beerenkompott sofort auf dem noch warmen Quarkbelag verteilen. Vor dem Servieren vollständig auskühlen lassen.

Gewusst wie: Schaumig rühren

Immer wieder trifft man in Rezepten im Zusammenhang mit Eigelb und Zucker auf den Begriff «schaumig rühren». Er ist oft der Grund für das Misslingen eines Gebäcks. Denn damit Eigelb und Zucker eine stabile Verbindung eingehen können – vergleichbar mit einem Baugerüst –, genügt es nicht, die beiden Zutaten zu schlagen, bis sich kleine Schaumbläschen bilden. Vielmehr muss die Masse so lange gerührt werden, bis eine sehr helle und wirklich dicke Creme entstanden ist, in der sich der Zucker praktisch vollständig aufgelöst hat. Dies dauert seine Zeit: 5–7 Minuten, wenn man mit der Küchenmaschine oder dem Handrührgerät arbeitet, 10–12 Minuten, wenn man von Hand mit dem Schwingbesen rührt. Nur dann ist gewährleistet, dass die Eicreme auch wirklich jene Konsistenz besitzt, die für die Weiterverarbeitung wichtig ist.

Französischer Zwetschgenkuchen

Dieser zarte und feuchte Kuchen kann im Winter auch mit tiefgekühlten Früchten (noch gefroren verwenden), mit pasteurisierten Kirschen aus dem Alubeutel oder mit Dosen-Aprikosen zubereitet werden.

Ergibt etwa 12 Stück

- 750 g Zwetschgen, evtl. auch tiefgekühlte Früchte
- 3 Eigelb
- 150 g Zucker (1)
- 125 g weiche Butter
- 3 Eiweiss
- 1 Prise Salz
- 150 g Mehl
- 1 Teelöffel Backpulver
- 3 Esslöffel Zucker (2)
- einige Butterflöckchen

Zubereiten: etwa 20 Minuten
Backen: 35–40 Minuten

1. Die Zwetschgen waschen, halbieren und entsteinen.

2. Eine Springform von 24–26 cm Durchmesser oder eine Pieform von 28 cm Durchmesser ausbuttern und leicht bemehlen. Den Backofen auf 200 Grad vorheizen.

3. Die Eigelb mit dem Zucker (1) zu einer hellen, dicklichen Creme aufschlagen. Der Zucker soll sich dabei fast vollständig auflösen. Dann die weiche Butter beifügen und alles kurz weiterschlagen.

4. Die Eiweiss mit dem Salz steif schlagen. Mehl und Backpulver mischen. Abwechselnd mit dem Eischnee sorgfältig unter den Teig heben. In die vorbereitete Form füllen. Mit den Zwetschgen oder anderen Früchten belegen. Den Zucker (2) darüberstreuen und alles mit Butterflöckchen belegen.

5. Den Zwetschgenkuchen im 200 Grad heissen Ofen auf der untersten Rille während 35–40 Minuten backen.

Rhabarberkuchen

Da im Rhabarber enthaltene Säuren gewisse Metalle angreifen, sollte man zum Backen wenn möglich Teflon-, Glas- oder Porzellanformen verwenden. Junge, zarte Rhabarberstengel brauchen für diesen Kuchen nicht geschält zu werden. Anstatt den Kuchen am Schluss mit Gelee zu bestreichen, kann man ihn auch mit Puderzucker bestreuen. Er hält sich übrigens problemlos etwa zwei Tage frisch.

Ergibt etwa 12 Stück

Mürbeteig:
- 180 g Mehl
- 50 g Puderzucker
- 1 Prise Salz
- 100 g kalte Butter
- 1 Ei
- 2 Esslöffel Rahm

Füllung:
- 500–600 g Rhabarber
- 75 g gemahlene Mandeln
- 50 g Puderzucker
- 1 Ei
- 100 g Mascarpone oder Rahmquark
- 2 Esslöffel Zucker

Zum Fertigstellen:
- 2 Esslöffel Himbeergelee

Teig: etwa 10 Minuten
Kühl stellen: etwa 30 Minuten
Vorbacken: 10 Minuten
Füllen: etwa 15 Minuten
Fertigbacken: etwa 30 Minuten

1. Das Mehl in eine Schüssel sieben und mit dem Puderzucker und dem Salz mischen. Die Butter in Flocken dazuschneiden. Dann alles zwischen den Fingern zu einer bröseligen Masse reiben. Ei und Rahm verquirlen, beifügen und rasch zu einem glatten Teig zusammenkneten. In Klarsichtfolie wickeln und 30 Minuten kühl stellen.

2. Den Rhabarber waschen, rüsten und in etwa 2 cm lange Stücke schneiden.

3. Eine Spring- oder Pieform von 26–28 cm Durchmesser ausbuttern und leicht bemehlen. Den Backofen auf 220 Grad vorheizen.

4. Die Hälfte des Teiges in der Grösse der Springform auswallen und den Boden damit belegen. Den restlichen Teig zu einer langen, dünnen Wurst rollen und damit den Rand formen. Ein langes Stück Alufolie zu einem etwa 3 cm breiten Streifen falten und dem Rand entlang andrücken, damit sich der Teig beim Vorbacken nicht zu stark zusammenziehen kann.

5. Den Kuchenteig im 220 Grad heissen Ofen auf der zweituntersten Rille während 10 Minuten vorbacken.

6. In der Zwischenzeit aus den Mandeln, dem Puderzucker, dem Ei und dem Mascarpone oder Rahmquark eine glatte Masse rühren.

7. Die Quarkcreme auf dem vorgebackenen, heissen Teigboden verteilen. Den Rhabarber dekorativ darauf auslegen und mit dem Zucker bestreuen.

8. Die Ofenhitze auf 200 Grad reduzieren und den Kuchen auf der zweituntersten Rille während etwa 30 Minuten fertigbacken.

9. Das Himbeergelee in einem Pfännchen erwärmen. Den noch warmen Rhabarberkuchen damit bestreichen.

Schokoladekuchen mit Birnen

Dieser herrlich feuchte Kuchen ist schnell zubereitet, wenn man Kompottbirnen aus der Dose oder dem Glas verwendet. Frische Birnen hingegen müssen zuerst in einem leichten Zuckersirup vorgekocht werden.

Ergibt etwa 12 Stück

- 4 Eigelb
- 150 g Zucker
- 150 g weiche Butter
- 75 g dunkle Schokolade
- 2 Esslöffel Wasser oder Williams
- 30 g Zwieback
- 150 g Mehl
- 1 Esslöffel Kakaopulver
- 4 Eiweiss
- 1 Messerspitze Backpulver
- ca. 400 g Birnenhälften aus der Dose, abgetropft gewogen

Zubereiten: etwa 15 Minuten
Backen: etwa 40 Minuten

1. Eine Springform von 26 cm Durchmesser grosszügig ausbuttern und kurz kühl stellen. Dann mit Mehl ausstäuben. Den Backofen auf 200 Grad vorheizen.

2. Die Eigelb mit dem Zucker zu einer hellen, dicklichen Creme aufschlagen. Die Butter beifügen und alles kurz weiterschlagen.

3. In einem Pfännchen die Schokolade mit dem Wasser oder Williams bei kleiner Hitze langsam schmelzen. Unter die Ei-Butter-Creme rühren.

4. Den Zwieback in einem Plastikbeutel mit dem Wallholz fein zerbröseln. Mit dem Mehl und dem Kakaopulver mischen.

5. Die Eiweiss mit dem Backpulver steif schlagen. Abwechselnd mit der Mehlmischung unter den Teig heben. In die vorbereitete Form füllen.

6. Die Birnenhälften gut abtropfen lassen und mit der Schnittfläche nach unten leicht in den Teig drücken.

7. Den Kuchen sofort im 200 Grad heissen Ofen auf der untersten Rille während etwa 40 Minuten backen. Herausnehmen und in der Form auskühlen lassen.

Weichsel-Mandel-Kuchen

Wem die säuerlichen Weichselkirschen zu wenig Süsse bringen, kann auch schwarze Kirschen verwenden. Beide Sorten sind im Winter auch pasteurisiert und entsteint in Alubeuteln erhältlich; schwarze Kirschen gibt es zudem auch tiefgekühlt.

Ergibt etwa 12 Stück

- 750 g Weichselkirschen
- 4 Eigelb
- 250 g Zucker
- 1 Päcklein Vanillezucker
- 250 g weiche Butter
- 200 g Mehl
- 75 g gemahlene Mandeln
- 4 Eiweiss
- 4 Esslöffel Mandelblättchen

Zubereiten: etwa 25 Minuten
Backen: etwa 40 Minuten

1. Die Kirschen waschen, entstielen und entsteinen.

2. Eine Springform von 26 cm Durchmesser gut ausbuttern und kurz kühl stellen. Dann mit Mehl ausstäuben. Den Backofen auf 200 Grad vorheizen.

3. Die Eigelb mit der Hälfte des Zuckers und dem Vanillezucker zu einer hellen, dicklichen Creme aufschlagen. Die Butter beifügen und alles kurz weiterschlagen.

4. Das Mehl und die Mandeln mischen.

5. Die Eiweiss sehr schaumig aufschlagen. Dann nach und nach den restlichen Zucker einrieseln lassen und so lange weiterschlagen, bis eine glänzende, schneeweisse Masse entstanden ist. Abwechselnd mit der Mehl-Mandel-Mischung unter den Teig ziehen. In die vorbereitete Form füllen. Die Kirschen darauf verteilen und leicht in den Teig drücken. Mit den Mandelblättchen bestreuen.

6. Den Kuchen sofort im 200 Grad heissen Ofen auf der untersten Rille während etwa 40 Minuten backen.

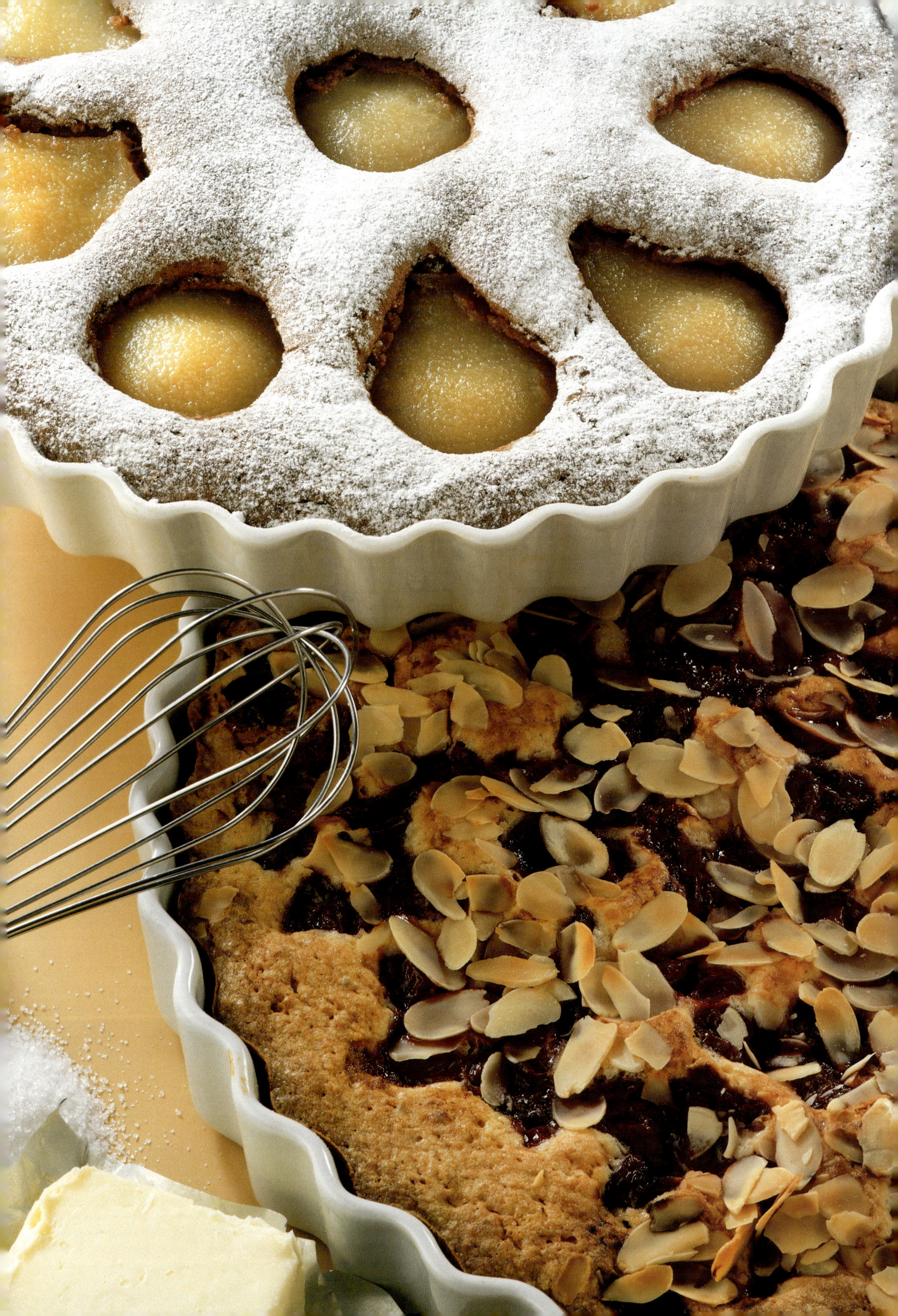

Kirschenkuchen à l'ancienne
» Rezept nebenstehend «

Kirschenkuchen à l'ancienne

» Abbildung nebenstehend «

Ergibt etwa 12 Stück

750 g Kirschen
100 g weiche Butter
100 g Backmarzipan
125 g Zucker
3 grosse Eier
abgeriebene Schale von 1 Zitrone
200 g Mehl
1 Teelöffel Backpulver
Puderzucker zum Bestreuen

Zubereiten: etwa 20 Minuten
Backen: 50–60 Minuten

Backmarzipan, auch Mandelmasse genannt, findet man in Lebensmittelgeschäften, die ein breites Angebot an Backzutaten führen. Wenn alle Stricke reissen: Fragen Sie beim Bäcker nach, er wird Ihnen bestimmt ein Stück Marzipan aus seiner Backstube überlassen.

1. Die Kirschen waschen, entstielen und entsteinen. Gut abtropfen lassen.

2. Eine Springform von 24 cm Durchmesser grosszügig bebuttern und kurz kühl stellen. Dann mit Mehl ausstäuben. Den Backofen auf 180 Grad vorheizen.

3. Die weiche Butter mit dem zerbröckelten Marzipan in der Küchenmaschine oder mit dem Handrührgerät zu einer glatten Masse rühren.

4. Den Zucker, die Eier und die Zitronenschale beifügen und alles zu einer hellen Creme aufschlagen.

5. Das Mehl und das Backpulver mischen, beifügen und alles zu einem glatten Teig rühren. In die vorbereitete Springform füllen und die Kirschen darauf verteilen, dabei leicht in den Teig drücken.

6. Den Kirschenkuchen im 180 Grad heissen Ofen auf der zweituntersten Rille während 50–60 Minuten backen. Sollte die Oberfläche zu stark bräunen, mit Alufolie abdecken. Die Nadelprobe machen (siehe Seite 89, Punkt 4). Herausnehmen, 10 Minuten in der Form stehen lassen. Dann den Rand mit einem Messer sorgfältig lösen und den Formenrand öffnen. Auskühlen lassen. Vor dem Servieren mit Puderzucker bestäuben.

Beerentörtchen

» Abbildung Seite 92 «

Auch aus Vollkornmehl lässt sich ein feiner Mürbeteig zubereiten; wichtig ist die Beigabe von etwas Backpulver, das den Teig mürber werden lässt. Er ist Basis für kleine Fruchttörtchen, die mit einer Vanillecreme sowie Beeren nach Lust und Laune gefüllt werden, findet aber auch überall dort Verwendung, wo normaler Mürbeteig rezeptiert wird.

Ergibt 8 Stück

Teig:
200 g Vollkornmehl
1 Prise Salz
80 g Zucker
1 Teelöffel Backpulver
120 g kalte Butter
1 Ei

Füllung:
2 Eigelb
50 g Zucker
20 g Maizena
2½ dl Milch
½ Vanillestengel
400 g Beeren, eine Sorte oder gemischt

Teig: etwa 10 Minuten
Kühl stellen: etwa 60 Minuten
Füllen: etwa 20 Minuten
Backen: etwa 15 Minuten

1. Das Mehl in eine Schüssel sieben und mit dem Salz, dem Zucker und dem Backpulver mischen. Die Butter in kleinen Flocken dazuschneiden. Alles zwischen den Fingern zu einer bröseligen Masse verreiben. Das Ei verquirlen, beifügen und die Zutaten rasch zu einem glatten Teig zusammenkneten. Wichtig: Der Teig soll nicht zu trocken sein, da er während des Ruhens noch Feuchtigkeit aufnimmt; deshalb wenn nötig 1–3 Esslöffel Wasser beifügen. In Klarsichtfolie wickeln und mindestens 1 Stunde kühl stellen.

2. Für die Füllung die Eigelb mit dem Zucker, dem Maizena sowie 1 dl Milch zu einer glatten Creme verrühren.

3. Die restliche Milch in eine Pfanne geben. Den Vanillestengel der Länge nach aufschlitzen und mit den herausgekratzten Samen aufkochen. Vom Feuer nehmen und 10 Minuten ziehen lassen. Dann den Vanillestengel entfernen.

4. Die Vanillemilch nochmals aufkochen. Die Eicreme langsam unter stetem Rühren mit dem Schwingbesen dazugiessen. Noch so lange kochen lassen, bis die Creme bindet. Sofort vom Feuer nehmen, in eine Schüssel umgiessen und auskühlen lassen.

5. Acht Portionen-Törtchenformen gut ausbuttern und kurz kühl stellen. Dann mit Mehl ausstäuben. Den Backofen auf 180 Grad vorheizen.

6. Den Teig in acht Stücke teilen. Auf der bemehlten Arbeitsfläche auswallen und die vorbereiteten Törtchenformen damit auslegen. Auf jeden Teigboden lose ein Stück Alufolie legen und mit einer Schicht Hülsenfrüchte oder Reis beschweren.

7. Die Törtchenböden im 180 Grad heissen Ofen auf der zweituntersten Rille während 15 Minuten backen. Auskühlen lassen.

8. Die Beeren erlesen und nur wenn nötig waschen.

9. Unmittelbar vor dem Servieren die Hälfte der Beeren unter die Vanillecreme mischen. Auf den Törtchenböden verteilen und mit den restlichen Beeren belegen. Nach Belieben mit etwas Puderzucker bestreuen.

Pfirsich-Himbeer-Kuchen

Wunderschön zum Anschauen und ebenso gut zum Essen: ein Mürbeteigkuchen mit einem saftigen Belag von frischen Pfirsichen, Himbeeren und einer leichten Rahmcreme. Ebenfalls gut geeignet für diese Zubereitung sind Aprikosen und rote Johannisbeeren; besonders fein schmeckt das Ganze, wenn man sich die Mühe nimmt, die Aprikosen ebenfalls zu schälen.

Ergibt 8–12 Stück

Mürbeteig:
- 250 g Mehl
- 1 Prise Salz
- 3 Esslöffel Zucker
- 125 g kalte Butter
- ca. ¾ dl Milch

Belag:
- 4 grosse Pfirsiche
- 250 g Himbeeren
- 1 dl Rahm
- 1 Ei
- 25 g Zucker
- 40 g geschälte, gemahlene Mandeln

Zum Fertigstellen:
- 2 Esslöffel Aprikosenkonfitüre

Teig: etwa 10 Minuten
Füllen: etwa 25 Minuten
Backen: etwa 50 Minuten

1. Das Mehl in eine Schüssel sieben und mit dem Salz sowie dem Zucker mischen. Die Butter in kleinen Flocken dazuschneiden. Alles zwischen den Fingern zu einer bröseligen Masse reiben. Dann die Milch beifügen und die Zutaten schnell zu einem glatten Teig zusammenkneten. In Klarsichtfolie wickeln und mindestens 30 Minuten kühl stellen.

2. Die Pfirsiche kurz in kochendes Wasser geben, dann sofort kalt abschrecken und die Pfirsichhaut abziehen. Die Früchte halbieren und entsteinen. Die Hälften mit der Schnittfläche nach unten auf ein Küchenbrett legen und lamellenartig ein-, aber nicht durchschneiden.

3. Die Himbeeren erlesen und nur wenn nötig waschen.

4. Den Boden und den Rand einer Springform von 26 cm Durchmesser getrennt mit etwas flüssiger Butter bestreichen. Kühl stellen. Den Backofen auf 180 Grad vorheizen.

5. Zwei Drittel des Teiges direkt auf dem Boden der vorbereiteten Form auswallen. Den Formenrand aufsetzen. Aus dem restlichen Teig lange Rollen formen und damit den Rand bilden; leicht festdrücken. Den Teigboden mit einer Gabel regelmässig einstechen.

6. Den Rahm steif schlagen.

7. Das Ei und den Zucker zu einer hellen, dicklichen Creme aufschlagen. Abwechselnd den Rahm sowie die gemahlenen Mandeln sorgfältig unterziehen. Die Masse auf dem Teigboden verteilen.

8. Die Pfirsichhälften mit der Schnittfläche nach unten in die Creme setzen. Die Himbeeren über den Kuchen verteilen.

9. Den Kuchen im 180 Grad heissen Ofen auf der zweituntersten Rille während etwa 50 Minuten backen. Die Oberfläche nur ganz schwach bräunen lassen, wenn nötig mit Alufolie abdecken.

10. Die Aprikosenkonfitüre in einem Pfännchen erwärmen. Durch ein Siebchen passieren und die Früchte des noch warmen Kuchens damit bestreichen.

Pflaumenkuchen

Ergibt 8–12 Stück

Mürbeteig:
200 g Mehl
1 Prise Salz
80 g Zucker
120 g kalte Butter
1 Ei

Belag:
750 g Pflaumen
2 Eier
75 g Puderzucker
1 dl Rahm

Zum Fertigstellen:
50 g Aprikosenkonfitüre

Teig: etwa 10 Minuten
Kühl stellen: etwa 30 Minuten
Füllen: etwa 20 Minuten
Backen: etwa 45 Minuten

Pflaumen sind in der Regel saftiger als Zwetschgen, obwohl der Kuchen sehr gut auch mit diesen zubereitet werden kann. Ebenfalls gut geeignet sind Aprikosen, Mirabellen (nur halbieren) oder Pfirsiche (in Schnitze schneiden).

1. Das Mehl in eine Schüssel sieben und mit dem Salz und dem Zucker mischen. Die Butter in kleinen Flocken dazuschneiden. Dann alles zwischen den Fingern zu einer bröseligen Masse reiben. Das Ei verquirlen, beifügen und die Zutaten schnell zu einem glatten Teig zusammenkneten. In Klarsichtfolie wickeln und mindestens 30 Minuten kühl stellen.

2. Die Pflaumen waschen und gut abtropfen lassen. Die Früchte halbieren, entsteinen, dann die Hälften der Länge nach so einschneiden, dass sie noch zusammenhalten.

3. Den Boden und den Rand einer Springform von 26 cm Durchmesser getrennt mit etwas flüssiger Butter bestreichen und kühl stellen. Den Backofen auf 200 Grad vorheizen.

4. Zwei Drittel des Teiges direkt auf dem Formenboden auswallen. Den Formenrand aufsetzen. Aus dem restlichen Teig lange Rollen formen und damit den Rand bilden; leicht andrücken. Den Teigboden mit einer Gabel regelmässig einstechen.

5. Die Pflaumen kranzförmig auf dem Teigboden anordnen.

6. Die Eier mit dem Puderzucker und dem Rahm verquirlen. Über die Früchte geben.

7. Den Kuchen im 200 Grad heissen Ofen auf der zweituntersten Rille während etwa 45 Minuten backen.

8. Die Aprikosenkonfitüre in einer kleinen Pfanne erwärmen, durch ein Siebchen streichen und den noch warmen Kuchen damit bestreichen.

Frisch vom Blech: Ein Teig - drei Kuchen

Ergibt etwa 20 Stück

Hefeteig:
350 g Mehl
⅔ Würfel Frischhefe (ca. 30 g)
50 g Zucker
50 g Butter
ca. 1¾ dl Milch
1 Prise Salz
1 Ei

Teig: etwa 10 Minuten
Aufgehen lassen: 45–60 Minuten
Füllen: etwa 20 Minuten
Backen: 40–50 Minuten, je nach Kuchen

Basis für diese sogenannten Blechkuchen, die im grossen Blech des Backofens zubereitet werden, ist ein süsser Hefeteig, der mit einer Vielzahl von Füllungen belegt werden kann. Lassen Sie sich von unseren drei Vorschlägen inspirieren und variieren Sie mit den Früchten der Saison wie Aprikosen, Pfirsiche, Äpfel, Quitten, Beeren usw.

1. Das Mehl in eine Schüssel sieben. Die Hefe mit 1 Teelöffel Zucker flüssig rühren und beifügen. Die Butter in einem Pfännchen schmelzen. Vom Feuer nehmen. Die Milch beifügen. Den restlichen Zucker, das Salz und das Ei dazugeben und gut verquirlen. Zum Mehl geben. Alles zu einem glatten, geschmeidigen Teig kneten. Zugedeckt an einem warmen Ort um das Doppelte aufgehen lassen (etwa 45–60 Minuten).

2. Das grosse Blech des Backofens ausbuttern und mit Mehl bestäuben. Den Backofen nach Angabe im entsprechenden Rezept vorheizen.

3. Den Teig nochmals durchkneten, etwas grösser als das vorbereitete Blech auswallen und dieses damit auslegen. Mit einem Belag nach Wahl fertigstellen.

Pflaumen- oder Zwetschgenkuchen mit Streusel

1,5 kg Pflaumen oder Zwetschgen halbieren, entsteinen und auf dem Teigboden anordnen. 150 g Mehl, 100 g weiche Butter, 100 g Zucker, 1 Prise Salz und 1 Messerspitze Zimtpulver mit einer Gabel mischen und kurz mit den Händen zu groben Krümeln verkneten. Über die Früchte verteilen. Den Kuchen im auf 200 Grad vorgeheizten Ofen auf der zweituntersten Rille etwa 40 Minuten backen.

Birnenkuchen

6 reife Birnen schälen, in Schnitze schneiden und mit dem Saft von 1 Zitrone beträufeln. Auf dem Teig ziegelartig anordnen. 1 Becher Crème fraîche (180 g), 2 Eier, 1 Eigelb, 1 Päcklein Bourbon Vanillezucker sowie 50 g Zucker verrühren und über die Birnen geben. Mit 75 g Mandelblättchen sowie 30 g Zucker bestreuen. Den Kuchen im auf 200 Grad vorgeheizten Ofen auf der zweituntersten Rille etwa 40 Minuten backen.

Rosinen-Quark-Kuchen

100 g Rosinen in 4 Esslöffeln Rum einweichen. 2 Beutel Vanille-Puddingpulver mit 7 ½ dl Milch und 75 g Zucker einmal aufkochen. Abkühlen lassen. Auf dem ausgewallten Teig verstreichen. 3 Becher Rahmquark (450 g), 3 dl Crème fraîche, 2 Eigelb, 50 g Zucker und 1 Päcklein Bourbon Vanillezucker verrühren. Eingeweichte, gut abgetropfte Rosinen beifügen. 2 Eiweiss mit 1 Prise Salz steif schlagen und unter die Quarkcreme ziehen. Über die Vanillemasse verteilen. Den Kuchen im auf 180 Grad vorgeheizten Ofen auf der zweituntersten Rille während 45–50 Minuten backen.

Verkehrt gebackener Pfirsichkuchen

Wenn es einmal eilt, kann man für die Zubereitung dieses saftigen Früchtekuchens auch einen Fertig-Blätterteig oder -Kuchenteig verwenden. Er wird über Pfirsichhälften gelegt, die im Caramelzucker liegen und darin beim Backen sanft gegart werden. Übrigens: Zum Caramelisieren des Zuckers auf der Herdplatte nie eine Porzellan- oder Glasform verwenden, da diese unweigerlich beim Erhitzen zerspringt. Gut geeignet ist ein emailliertes oder beschichtetes Wähenblech.

Ergibt etwa 12 Stück

Teig:
250 g Mehl
80 g Zucker
1 Prise Salz
175 g kalte Butter
2 Eigelb

Belag:
7–8 Pfirsiche, je nach Grösse
14–16 geschälte Mandelkerne
30 g Butter
50 g Zucker

Teig: etwa 10 Minuten
Kühl stellen: etwa 30 Minuten
Füllen: etwa 20 Minuten
Backen: 30–35 Minuten

1. Mehl, Zucker und Salz mischen. Die Butter in Flocken dazuschneiden. Zwischen den Fingern zu einer bröseligen Masse reiben. Die Eigelb beifügen und alles rasch zu einem glatten Teig zusammenkneten. In Folie wickeln und etwa 30 Minuten kühl stellen.

2. Die Pfirsiche kurz in kochendes Wasser geben, herausnehmen, kalt abschrecken, die Haut abziehen, halbieren und den Stein entfernen. In jede Pfirsichhälfte einen Mandelkern legen.

3. Den Boden eines emaillierten oder beschichteten Wähenblechs von 28 cm Durchmesser dick mit Butter ausstreichen. Den Zucker darüberstreuen. Die Form auf eine grosse Herdplatte stellen und so lange erhitzen, bis der Zucker zu braunem Caramel zerläuft. Sofort von der Herdplatte nehmen. Den Backofen auf 200 Grad vorheizen.

4. Die Pfirsichhälften mit der Schnittfläche nach unten in die Form legen.

5. Den Teig auf der leicht bemehlten Arbeitsfläche etwas grösser als die Form auswallen. Über die Pfirsiche legen und den Rand nach unten in die Form stossen.

6. Den Pfirsichkuchen im 200 Grad heissen Ofen auf der zweituntersten Rille während 30–35 Minuten backen. Herausnehmen und sofort auf eine Tortenplatte stürzen; wartet man damit zu, so kleben die Pfirsiche am Formenboden fest, weil der Caramel sehr rasch fest wird.

Nektarinenkuchen

Nektarinen sind fester im Fleisch als Pfirsiche und bleiben deshalb beim Backen schön in Form. Zudem harmoniert ihr leicht säuerliches Aroma ausgezeichnet mit dem süssen Vanille-Rührteig, der die Basis dieses feinen Kuchens bildet. Ob man die Nektarinen mit Haut, die feiner ist als jene der Pfirsiche, verwendet, oder ob man sie schält, ist eine Frage der persönlichen Vorliebe.

Ergibt 12–16 Stück

1 kg Nektarinen
Saft von 1 Zitrone
100 g weiche Butter
100 g Zucker
1 Päcklein Vanillezucker
1 Prise Salz
2 Eier
abgeriebene Schale von 1 Zitrone
200 g Mehl
1 Päcklein Backpulver
2–3 Esslöffel Aprikosenkonfitüre
25 g Pistazienkerne

Zubereiten: etwa 25 Minuten
Backen: etwa 50 Minuten

1. Die Nektarinen kurz in kochendes Wasser geben, die Haut abziehen, die Früchte halbieren, entsteinen und in Schnitze schneiden. Sofort mit dem Zitronensaft mischen.

2. Eine Springform von 26 cm Durchmesser leicht ausbuttern und kurz kühl stellen. Dann mit Mehl ausstäuben. Den Backofen auf 180 Grad vorheizen.

3. Butter und Zucker so lange schlagen, bis die Masse hell und luftig ist. Vanillezucker, Salz, Eier und Zitronenschale beifügen und alles kurz weiterschlagen. Dann das Mehl und das Backpulver beifügen und untermischen. Den Teig in die vorbereitete Form füllen. Die Nektarinenschnitze dekorativ in den Teig stecken.

4. Den Kuchen im 180 Grad heissen Ofen auf der untersten Rille während etwa 50 Minuten backen.

5. Die Aprikosenkonfitüre erwärmen und durch ein Sieb streichen. Den noch heissen Kuchen damit bestreichen.

6. Die Pistazienkerne grob hacken und über den Kuchen streuen. Auskühlen lassen.

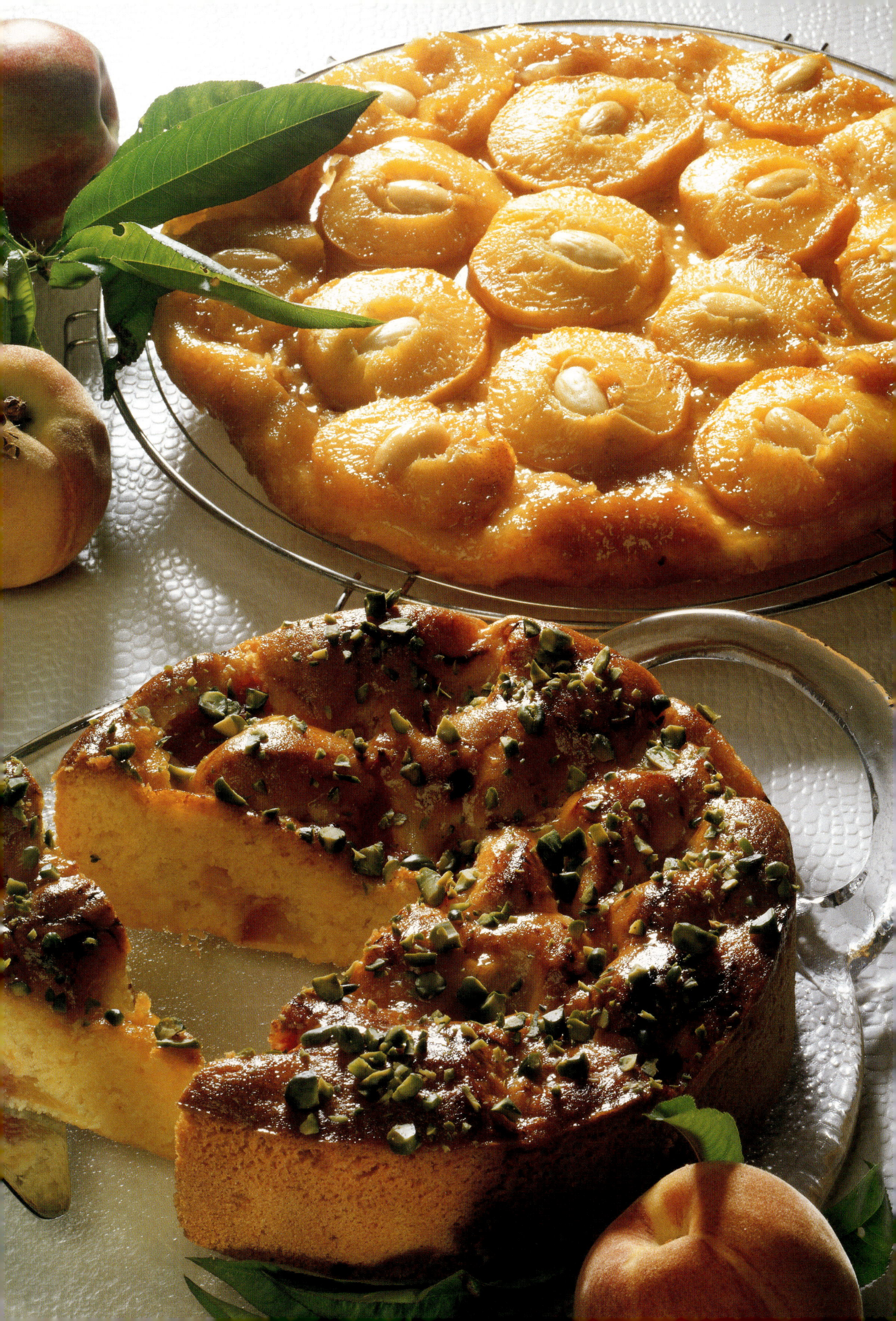

Birnentorte

Diesen Kuchen sollte man nur mit vollreifen, saftigen Birnen zubereiten. Im Notfall lieber auf Kompottbirnen zurückgreifen. Er lässt sich übrigens in Folie verpackt ohne weiteres drei bis vier Tage aufbewahren. Anstelle von Birnen kann man auch eine säuerliche Apfelsorte verwenden.

Ergibt 12–16 Stück

150 g weiche Butter (1)
150 g Zucker
1 Päcklein Vanillezucker
3 Eier
250 g Mehl
½ Teelöffel Backpulver
3 grosse, vollreife Birnen
25 g Butter (2)
etwas Puderzucker

Zubereiten: etwa 20 Minuten
Backen: etwa 45 Minuten

1. Eine Springform von 24–26 cm Durchmesser ausbuttern und kurz kühl stellen. Dann mit Mehl ausstäuben. Den Backofen auf 200 Grad vorheizen.

2. Die Butter (1), den Zucker, den Vanillezucker und die Eier zu einer hellen, luftigen Creme schlagen; der Zucker soll sich fast vollständig auflösen.

3. Das Mehl und das Backpulver dazusieben und unterrühren.

4. Die Birnen schälen, vierteln, das Kerngehäuse entfernen und die Früchte in dünne Schnitzchen schneiden.

5. Die Hälfte des Teiges auf dem Boden der vorbereiteten Form ausstreichen und mit der Hälfte der Birnen belegen. Den restlichen Teig darübergeben und mit den restlichen Birnen belegen.

6. In einem kleinen Pfännchen die Butter schmelzen und die Birnenschnitze damit bestreichen.

7. Den Birnenkuchen im 200 Grad heissen Ofen auf der zweituntersten Rille während etwa 45 Minuten backen. Die Nadelprobe machen (siehe Seite 89, Punkt 4). Den Kuchen herausnehmen und in der Form 5–10 Minuten stehen lassen. Dann den Rand mit einem Messer lösen und den Kuchen auf einem Gitter auskühlen lassen. Er schmeckt auch lauwarm sehr gut. Nach Belieben mit Puderzucker bestreuen.

Gebäck: Wohin im Ofen?

In allen unseren Rezepten ist vermerkt, auf welcher Einschubleiste man ein Gebäck in den Ofen gibt. Aber es gibt immer wieder Fälle, wo diese Angabe fehlt. Als Faustregel gilt in diesem Fall: Die Mitte des Gebäcks sollte ungefähr auch in der Mitte des Backofens sein. Ein Soufflé also, das stark aufgehen soll, aber auch ein Gugelhopf oder ein Auflauf werden auf der untersten Rille gebacken. Flacheres Gebäck wie Cake, Tortenböden, Wähen, Kuchen usw. gehören auf die zweitunterste Rille. Guetzli sind in der Regel auf der mittleren Schiene am besten aufgehoben. Und ganz oben gehört nur hin, was wirklich starke Oberhitze braucht, also nur gerade kurz überbacken werden soll. Wichtig bei Gebäck, das in Formen gebacken wird: Immer auf einen Rost und nie auf ein Backblech stellen, sonst kann die heisse Luft im Ofen nicht zirkulieren, und die Hitze von unten wird zu gross.

Birnen-Schokolade-Tarte

Zwei, die perfekt harmonieren: saftige Birnen und bittersüsse Schokolade. Das Resultat ist in diesem Fall eine aussergewöhnliche Birnenwähe, die hinreissend gut schmeckt. Verwenden Sie ausschliesslich vollreife Birnen, im Notfall sogar lieber Kompottbirnen.

Ergibt 8–12 Stück

Mürbeteig:
175 g Mehl
3 Esslöffel Zucker
¾ Teelöffel Salz
100 g kalte Butter
1 Eigelb
1 Esslöffel kaltes Wasser

Belag:
100 g Edelbitter-Schokolade
3–4 vollreife Birnen
Saft von ½ Zitrone
1 Ei
2 Eigelb
1½ dl Rahm
½ Teelöffel Vanille-Essenz oder
1 Päcklein Vanillezucker
1 Esslöffel Zucker

Teig: etwa 10 Minuten
Kühl stellen: etwa 30 Minuten
Füllen: etwa 20 Minuten
Backen: etwa 30 Minuten

1 Mehl mit Zucker und Salz mischen. Die Butter in Flocken dazuschneiden. Dann alles zwischen den Fingern zu einer bröseligen Masse reiben. Eigelb und Wasser verquirlen und beifügen. Die Zutaten rasch zu einem glatten Teig zusammenkneten. In Folie wickeln und mindestens 30 Minuten kühl stellen.

2 Inzwischen die Schokolade grob hacken.

3 Die Birnen schälen, halbieren und das Kerngehäuse ausstechen. Die Birnenhälften der Länge nach fächerartig so aufschneiden, dass sie oben noch zusammenhalten. Sofort mit Zitronensaft bestreichen, damit sie sich nicht verfärben.

4 Eine Pieform oder ein Wähenblech von etwa 26 cm Durchmesser ausbuttern. Den Backofen auf 200 Grad vorheizen.

5 Den Teig auf der bemehlten Arbeitsfläche etwa 3 mm dünn auswallen. Die vorbereitete Form damit auslegen. Den Teigboden mit einer Gabel regelmässig einstechen. Die gehackte Schokolade darauf verteilen. Die Birnen dekorativ in der Form anordnen.

6 Ei, Eigelb, Rahm, Vanille-Essenz oder Vanillezucker sowie Zucker verquirlen. Sorgfältig zwischen den Birnenhälften verteilen.

7 Den Kuchen im 200 Grad heissen Ofen auf der untersten Rille einschieben und während etwa 30 Minuten hellbraun backen. Lauwarm schmeckt dieser Kuchen besonders gut.

Kürbiskuchen

Ergibt etwa 12 Stück

Über 800 Spezies zählt die Familie der Kürbisse, zu der unter anderen auch Zucchetti, Gurken und Melonen gehören. Bei den eigentlichen Kürbissen ist der Gartenkürbis mit seinem orangefarbenen Fruchtfleisch der bekannteste Vertreter. Aus ihm lassen sich nicht nur Suppen und Eintopfgerichte zubereiten, sondern er eignet sich auch sehr gut für die süsse Verwendung, zum Beispiel für einen Kuchen.

Teig:
- 180 g Mehl
- 50 g Puderzucker
- 1 Prise Salz
- 100 g kalte Butter
- 1 Ei
- 2 Esslöffel Rahm

Füllung:
- 500 g Kürbis, geschält und entkernt gewogen
- 2½ dl Wasser
- 3 Eier
- 100 g brauner Zucker
- 1 Päcklein Vanillezucker
- 1 dl Rahm
- 1 dl Milch
- 1 Teelöffel Zimt
- 2 Messerspitzen Nelkenpulver
- ½ Teelöffel Ingwerpulver

Teig: etwa 10 Minuten
Kühl stellen: etwa 30 Minuten
Füllen: etwa 30 Minuten
Backen: etwa 50 Minuten

1 Für den Teig Mehl, Puderzucker und Salz mischen. Die Butter in Flocken dazuschneiden. Alles zwischen den Fingern bröselig reiben. Ei und Rahm verquirlen, beifügen und rasch zu einem glatten Teig zusammenkneten. In Folie wickeln und etwa 30 Minuten kühl stellen.

2 Inzwischen das Kürbisfleisch würfeln. Mit dem Wasser in eine Pfanne geben und zugedeckt sehr weich kochen. Abschütten, leicht ausdrücken, dann pürieren.

3 Boden und Rand einer Springform von 24 cm Durchmesser getrennt bebuttern. Den Backofen auf 200 Grad vorheizen.

4 Eier, Zucker und Vanillezucker zu einer hellen, dicklichen Creme aufschlagen. Rahm, Milch, alle Gewürze sowie das Kürbispüree untermischen.

5 Die Hälfte des Teiges auf dem vorbereiteten Formenboden auswallen. Den Teigboden mit einer Gabel regelmässig einstechen. Den Formenrand aufsetzen. Aus dem restlichen Teig dünne Rollen formen und dem Rand entlang auslegen. Mit den Fingern aus der Teigrolle einen 3 cm hohen Rand formen. Das Kürbispüree einfüllen.

6 Den Kürbiskuchen im 200 Grad heissen Ofen auf der untersten Rille während etwa 50 Minuten backen. Sollte die Oberfläche zu stark bräunen, mit Alufolie abdecken. Aus dem Ofen nehmen und auskühlen lassen.

«Verkehrter» Rhabarberkuchen

Die erfrischende Säure des Rhabarbers harmoniert ausgezeichnet mit dem süssen Vanille-Rührteig. Auf die gleiche Weise kann auch ein Aprikosenkuchen gebacken werden: Aprikosen in Schnitzchen schneiden, auf dem Boden auslegen und mit dem Teig begiessen.

Ergibt etwa 12 Stück

- 500 g Rhabarber
- 200 g Zucker
- 1 Päcklein Bourbon-Vanillezucker
- 100 g weiche Butter
- abgeriebene Schale von 1 Zitrone
- 2 Eier
- 100 g Mehl
- 125 g Speisestärke (z.B. Epifin oder Maizena)
- 3 Teelöffel Backpulver
- 1½ dl Milch
- Puderzucker zum Bestäuben des Kuchens

Zubereiten: etwa 20 Minuten
Backen: 40–45 Minuten

1. Den Boden einer Springform von 24 cm Durchmesser mit Backpapier belegen. Den Formenrand aufsetzen. Das Backpapier und den Formenrand leicht bebuttern und kurz kühl stellen. Dann mit Mehl ausstäuben. Den Backofen auf 200 Grad vorheizen.

2. Den Rhabarber rüsten und in Stücke schneiden. Auf dem Boden der vorbereiteten Form dekorativ auslegen. Mit der Hälfte des Zuckers bestreuen.

3. Den restlichen Zucker mit dem Vanillezucker, der Butter und der Zitronenschale zu einer hellen, luftigen Masse aufschlagen. Ein Ei nach dem andern dazurühren. Das Mehl mit der Speisestärke und dem Backpulver mischen und abwechselnd mit der Milch zur Buttermasse rühren. Den recht flüssigen Teig über den Rhabarber giessen.

4. Den Rhabarberkuchen im 200 Grad heissen Ofen auf der zweituntersten Rille während 40–45 Minuten backen. Herausnehmen und 10 Minuten in der Form abkühlen lassen. Dann den Rand mit einem Messer lösen, den Formenrand öffnen und den Kuchen auf eine Tortenplatte stürzen. Das Backpapier abziehen.

5. Den Kuchen vor dem Servieren mit Puderzucker bestreuen.

Rhabarber-Quark-Kuchen

Quark, Rahm oder Vanillecreme runden die Säure des Rhabarbers wunderbar ab. Alle diese Zutaten sind auch in diesem Mürbeteigkuchen enthalten. Wie sauer Rhabarber übrigens ist, kann man an der Stengelfärbung erkennen. Am herbesten sind die grünfleischigen Stiele; milder schmeckt der durch und durch dunkelrote Rhabarber, und am lieblichsten schliesslich ist der Himbeerrhabarber, eine Sorte mit hellrotem Fruchtfleisch.

Ergibt ca. 12 Stück

Teig:
- 250 g Mehl
- 2 Esslöffel Zucker
- 1 Prise Salz
- 150 g kalte Butter
- 150 g Rahmquark

Füllung:
- 500 g Rhabarber
- 400 g Magerquark
- 2 Eigelb
- 1 Päcklein Bourbon-Vanillezucker
- 150 g Zucker
- 2 gehäufte Esslöffel Vanillepuddingpulver
- 2 Eiweiss

Zum Bestreichen:
- 1 Eigelb
- 1 Teelöffel Rahm

Teig: etwa 10 Minuten
Kühl stellen: etwa 30 Minuten
Füllen: etwa 25 Minuten
Backen: etwa 50 Minuten

1. Für den Teig Mehl, Zucker und Salz in einer Schüssel mischen. Die Butter in Flocken dazuschneiden. Dann alles zwischen den Fingern zu einer bröseligen Masse reiben. Den Quark beifügen. Rasch zu einem glatten Teig zusammenkneten. In Klarsichtfolie wickeln und mindestens 30 Minuten kühl stellen.

2. Eine Springform von 26 cm Durchmesser leicht bebuttern und kurz kühl stellen. Dann mit Mehl ausstäuben. Den Backofen auf 200 Grad vorheizen.

3. Gut zwei Drittel des Teiges deutlich grösser als die vorbereitete Form auswallen und diese damit auslegen, dabei einen Rand von etwa 3 cm hochziehen.

4. Den Rhabarber rüsten und in Würfel schneiden.

5. Quark, Eigelb, Vanillezucker, Zucker und Puddingpulver zu einer glatten Creme rühren.

6. Die Eiweiss steif schlagen. Den Eischnee unter die Quarkcreme ziehen. Zuletzt die Rhabarberwürfel unterheben. Die Masse in die Form füllen. Den überstehenden Teigrand zur Füllung hin klappen.

7. Den restlichen Teig etwa 3 mm dünn zu einem Rechteck auswallen. Mit einem Kuchenrädchen in Streifen schneiden und diese gitterförmig über die Füllung legen; am Kuchenrand gut andrücken.

8. Eigelb und Rahm verrühren. Das Teiggitter und den Kuchenrand damit bestreichen.

9. Den Rhabarberkuchen im 200 Grad heissen Ofen auf der untersten Rille während etwa 50 Minuten backen. Dunkelt die Oberfläche zu stark, mit Alufolie abdecken.

Der gute Tip

Anstelle von Quark kann man auch eine Mischung von 250 g Philadelphia-Frischkäse und 150 g Crème fraîche verwenden; dadurch wird die Füllung besonders fein.

Aprikosen-Mandel-Kuchen

Ein Rezept aus Grossmutters Backbuch: Ein gehaltvoller Mandelteig wird mit Aprikosenhälften belegt, die nach dem Backen mit einer Aprikosenglasur bestrichen werden. Dies ergibt nicht nur einen schönen Glanz, sondern hält den Kuchen auch frisch. Für süsse Schleckmäuler serviert man geschlagenen Vanillerahm oder Vanilleglace zum Kuchen.

Ergibt 12–16 Stück

Teig:
250 g weiche Butter
250 g Zucker
250 g geschälte, gemahlene Mandeln
1 Teelöffel Backpulver
1 Prise Salz
einige Tropfen Mandelextrakt
350 g Mehl
3 Eier

Belag:
1 kg Aprikosen
150 g Aprikosenkonfitüre
75 g Zucker
¾ dl Wasser
2 Esslöffel geröstete Mandelblättchen

Zubereiten: etwa 30 Minuten
Backen: etwa 30 Minuten

1. Die Butter mit dem Zucker zu einer hellen, luftigen Masse aufschlagen. Mandeln, Backpulver, Salz und Mandelextrakt unterarbeiten. Dann abwechselnd Mehl und Eier dazurühren. Den Teig kurz ruhen lassen.

2. Inzwischen die Aprikosen waschen, halbieren und entsteinen.

3. Ein grosses Wähenblech von etwa 30–32 cm Durchmesser ausbuttern und kurz kühl stellen. Dann mit Mehl ausstäuben. Den Backofen auf 200 Grad vorheizen.

4. Den Teig auf das vorbereitete Blech geben und mit der flachen, bemehlten Hand gleichmässig in die Form drücken. Die Aprikosen mit der gewölbten Seite nach oben auf den Teig legen.

5. Den Aprikosenkuchen im 200 Grad heissen Ofen auf der untersten Rille während etwa 30 Minuten backen.

6. Inzwischen die Aprikosenkonfitüre mit dem Zucker und dem Wasser unter Rühren so lange kochen, bis sie klar und glänzend ist. Die Oberfläche des noch warmen Kuchens mit der Aprikosenglasur bestreichen und mit den Mandelblättchen bestreuen.

Aprikosen-Charlotte

Ergibt 6–8 Portionen

Biskuit:
- 4 Eigelb
- 120 g Zucker
- 4 Eiweiss
- 1 Prise Salz
- 120 g Mehl
- 250 g Aprikosenkonfitüre

Füllung:
- 250 g Aprikosen
- 30 g Zucker (1)
- 4 Esslöffel Aprikosen- oder Orangenlikör
- 2 Eigelb
- 50 g Zucker (2)
- 200 g Rahmquark
- 1 Becher Aprikosenjoghurt (180 g)
- 5 Blatt Gelatine
- 2 Eiweiss
- 1 Prise Salz
- 10 g Zucker (3)

Biskuit: etwa 20 Minuten
Backen: 8–10 Minuten
Füllen: etwa 35 Minuten
Kühl stellen: etwa 4 Stunden

Halb Kuchen, halb Pudding ist diese Dessertspezialität: Eine mit Aprikosenkonfitüre gefüllte Biskuitroulade wird in Stücke geschnitten und dient als Hülle der Charlotte, die mit einer erfrischenden Aprikosencreme gefüllt wird. Ein königliches Dessert für spezielle Gelegenheiten!

1. Das Ofenblech mit Backpapier belegen. Den Backofen auf 180 Grad vorheizen.

2. Für das Biskuit die Eigelb mit der Hälfte des Zuckers zu einer hellen, dicklichen Creme aufschlagen.

3. Die Eiweiss mit dem Salz sehr schaumig aufschlagen. Den restlichen Zucker löffelweise einrieseln lassen und alles noch so lange weiterschlagen, bis eine glänzende, schneeweisse Masse entstanden ist.

4. Das Mehl über die Eigelbcreme sieben. Den Eischnee darübergeben und beides sorgfältig unterziehen. Dann den Teig auf dem vorbereiteten Blech 1 cm dick zu einem langen Rechteck ausstreichen. Im 180 Grad heissen Ofen auf der zweituntersten Rille während 8–10 Minuten backen.

5. Ein Küchentuch mit etwas Zucker bestreuen. Das Biskuit aus dem Ofen nehmen, sofort auf das Küchentuch stürzen und das Backpapier abziehen. Das noch heisse Biskuit mitsamt Tuch aufrollen. Auskühlen lassen.

6. Nach dem Erkalten das Biskuit wieder entrollen und mit der Aprikosenkonfitüre bestreichen. Satt aufrollen und mit einem scharfen Messer in Scheiben schneiden. Eine Schüssel von etwa 1,4 Litern Inhalt mit den Biskuitscheiben auslegen.

7. Für die Füllung die Aprikosen halbieren, entsteinen und in Schnitzchen schneiden. Mit dem Zucker (1) bestreuen und mit dem Likör beträufeln.

8. Eigelb und Zucker (2) zu einer hellen, dicklichen Creme aufschlagen. Rahmquark und Aprikosenjoghurt beigeben und alles gut mischen.

9. Die Gelatine in kaltem Wasser einweichen. Wenn sie zusammengefallen ist, tropfnass in ein Pfännchen geben und bei kleiner Hitze auflösen. Vom Feuer nehmen. Löffelweise ein Drittel der Quarkcreme mit dem Schwingbesen unter die Gelatine rühren. Dann diese Mischung zur restlichen Masse geben und gut verrühren. Kühl stellen.

10. Die Eiweiss mit dem Salz sehr schaumig aufschlagen. Den Zucker (3) einrieseln lassen und alles noch so lange weiterschlagen, bis eine glänzende, schneeweisse Masse entstanden ist.

11. Sobald die Quarkcreme dem Rand entlang zu gelieren beginnt, den Eischnee zusammen mit den abgetropften Aprikosenschnitzen sorgfältig unter die Creme ziehen. Diese in die vorbereitete Form füllen und im Kühlschrank während 4 Stunden fest werden lassen.

12. Zum Servieren die Schüssel kurz in heisses Wasser stellen, den Rand sorgfältig lösen und die Charlotte auf eine Platte stürzen. Nach Belieben mit Aprikosen garnieren.

Rhabarber-Schnitten

Das Gebäck erinnert mit seinem mit Zimt und Nelkenpulver gewürzten Mandel-Mürbeteig und der Rhabarbermus-Füllung an die Linserschnitten. Man kann die Schnitten selbstverständlich auch als Kuchen backen.

Ergibt etwa 8 Stück

Teig:
150 g weiche Butter
1 Ei
150 g Zucker
1 Prise Salz
½ Teelöffel Zimt
1 Messerspitze Nelkenpulver
200 g gemahlene Mandeln
225 g Mehl

Füllung:
250 g Rhabarber
80 g Zucker
½ Zimtstengel

Zum Fertigstellen:
1 Eigelb
1 Teelöffel Rahm

Teig: etwa 10 Minuten
Kühl stellen: etwa 30 Minuten
Füllen: etwa 25 Minuten
Backen: 25–30 Minuten

1. Die Butter rühren, bis sich Spitzchen bilden. Ei, Zucker, Salz, Zimt und Nelkenpulver beifügen und die Masse kräftig schlagen, bis sie hell und luftig geworden ist. Mandeln und Mehl mischen, beifügen und alles zu einem festen Teig zusammenkneten. In Folie wickeln und etwa 30 Minuten kühl stellen.

2. Den Rhabarber rüsten und in kleine Stücke schneiden. Mit dem Zucker und dem Zimtstengel zugedeckt sehr weich kochen. Wenn nötig am Schluss abdecken, damit alle Flüssigkeit einkochen kann. Auskühlen lassen.

3. Ein grosses Blech mit Backpapier belegen. Den Backofen auf 200 Grad vorheizen.

4. Zwei Drittel des Teiges auf der bemehlten Arbeitsfläche etwa 5 mm dick zu einem langen Rechteck von etwa 14 cm Breite auswallen. Auf das vorbereitete Blech geben. Dann die Seiten 1 cm breit einschlagen, damit ein Rand entsteht. Das Teigrechteck mit dem Rhabarbermus füllen.

5. Den restlichen Teig etwa 3 mm dünn auswallen und mit dem Teigrädchen in Streifen schneiden. Gitterartig über die Füllung legen. Eigelb und Rahm verrühren und die Teigstreifen und -ränder damit bestreichen.

6. Das Gebäck im 200 Grad heissen Ofen auf der zweituntersten Rille 25–30 Minuten backen. Noch warm in etwa 5 cm breite Schnitten schneiden. Auskühlen lassen.

Mirabellen-Pie

Pie nennen die Briten ihre gedeckten Kuchen mit süsser oder salziger Füllung. Durch den Teigdeckel behalten die Früchte ihr Aroma optimal und bleiben auch lange schön feucht. Diesen Kuchen kann man übrigens nicht nur mit Mirabellen, sondern auch mit Stachelbeeren, Aprikosen, Pflaumen oder Zwetschgen zubereiten. Stachelbeeren werden ganz kurz in Zuckersirup vorgekocht; Aprikosen, Pflaumen und Zwetschgen schneidet man in Schnitzchen.

Ergibt 12–16 Stück

Teig:
- 300 g Mehl
- ½ Teelöffel Salz
- 150 g kalte Butter
- ca. 4 Esslöffel eiskaltes Wasser

Füllung:
- 500 g Mirabellen
- 150 g Baumnusskerne
- 2 Esslöffel Mehl
- 1 Päcklein Bourbon Vanillezucker
- 2–3 Esslöffel Zucker
- 25 g Butter

Zum Fertigstellen:
- 1 Eigelb
- 1 Teelöffel Rahm

Teig: etwa 10 Minuten
Kühl stellen: etwa 30 Minuten
Füllen: etwa 20 Minuten
Backen: 35–40 Minuten

1. Mehl und Salz mischen. Die Butter in Flocken dazuschneiden. Dann alles zwischen den Fingern zu einer bröseligen Masse reiben. Das Wasser beifügen. Die Zutaten rasch zu einem glatten Teig zusammenkneten. In Klarsichtfolie wickeln und mindestens 30 Minuten kühl stellen.

2. Inzwischen die Mirabellen halbieren und entsteinen.

3. Die Baumnusskerne mit dem Wiegemesser oder einem grossen Messer fein hacken. Mit dem Mehl, dem Vanillezucker und dem Zucker mischen.

4. Eine Pieform oder eine Springform von 26 cm Durchmesser ausbuttern und kurz kühl stellen. Dann mit Mehl ausstäuben. Den Backofen auf 200 Grad vorheizen.

5. Knapp zwei Drittel des Teiges etwas grösser als die vorbereitete Form auswallen und diese damit auslegen; dabei einen Rand hochziehen. Den Teigboden mit einer Gabel regelmässig einstechen.

6. Die Hälfte der Nussmischung auf dem Teigboden verteilen. Die Mirabellen darübergeben und mit der restlichen Nussmischung bestreuen. Die Butter in kleinen Flocken darauf verteilen.

7. Den restlichen Teig 1 cm grösser als die Form auswallen und mit einer Gabel regelmässig einstechen. Als Deckel über die Füllung legen. Den Rand gut andrücken.

8. Das Eigelb und den Rahm verrühren und den Pie damit bestreichen.

9. Den Mirabellen-Pie im 200 Grad heissen Ofen auf der untersten Rille während 35–40 Minuten backen. Lauwarm oder kalt servieren.

Apfelstrudel mit Dörraprikosen

Kein «gewöhnlicher» Apfelstrudel: Seine Füllung wird nämlich durch eingeweichte Dörraprikosen bereichert, die geschmacklich und farblich ausgezeichnet mit den Äpfeln harmonieren.

Ergibt 12–16 Stück

Teig:
- 250 g Mehl
- knapp 1½ dl lauwarmes Wasser
- 2 Esslöffel Öl
- ½ Teelöffel Salz

Füllung:
- 200 g gedörrte Aprikosen
- 5 mittlere Äpfel (ca. 800 g)
- Saft von 1 Zitrone
- 1–2 Esslöffel Zucker
- 3 Esslöffel Sultaninen
- 75 g Löffelbiskuits
- 75 g Butter

Teig: etwa 10 Minuten
Ruhen lassen: etwa 30 Minuten
Füllen: etwa 25 Minuten
Backen: 30–35 Minuten

1. Mehl in eine Schüssel sieben. Wasser, Öl und Salz dazugeben. Alles zu einem geschmeidigen Teig kneten. In der mit einem feuchten Tuch bedeckten Schüssel bei Zimmertemperatur etwa 30 Minuten ruhen lassen.

2. Die Dörraprikosen etwa 30 Minuten in heissem Wasser einweichen. Abschütten, mit einem Küchentuch leicht trocken tupfen, dann in Streifen schneiden.

3. Die Äpfel schälen, vierteln, das Kerngehäuse entfernen und die Schnitze in feine Scheibchen schneiden. Sofort mit dem Zitronensaft mischen. Mit dem Zucker bestreuen. Aprikosen und Sultaninen beifügen.

4. Die Löffelbiskuits fein zerbröckeln.

5. Ein grosses Blech mit Backpapier belegen. Den Backofen auf 200 Grad vorheizen.

6. Den Strudelteig auf der leicht bemehlten Arbeitsfläche zu einem dünnen Rechteck auswallen. Ein Küchentuch darunterlegen. Nun die Handrücken unter den Teig schieben und damit den Teig Abschnitt für Abschnitt gleichmässig auseinanderziehen, bis er durchscheinend dünn ist. Die etwas dickeren Randpartien wegschneiden. Die Teigfläche mit der Butter bestreichen. Die Löffelbiskuits auf der unteren Hälfte des Teiges verteilen, dabei seitlich einen gut 3 cm breiten Rand frei lassen. Die Apfelfüllung darübergeben. Die Seitenränder über die Füllung schlagen. Den Strudel durch Anheben des Tuches aufrollen und auf das vorbereitete Blech gleiten lassen. Nochmals mit Butter bestreichen.

7. Den Strudel im 200 Grad heissen Ofen auf der zweituntersten Rille während 30–35 Minuten backen, dabei noch ein- bis zweimal mit Butter bestreichen. Lauwarm oder ausgekühlt und nach Belieben mit Puderzucker bestreut servieren.

Zitronenstrudel

Ergibt 12–16 Stück

Eine erfrischende Frischkäse-Quarkmasse mit Zitronenschale und -saft ist die Füllung dieses Dessertgebäcks. Strudelteig gibt es übrigens auch tiefgekühlt und bereits fertig ausgewallt zu kaufen; man legt zwei Strudelblätter, die man zuvor mit Butter eingepinselt hat, aufeinander und füllt sie je nach Grösse mit der Hälfte oder der ganzen Portion Frischkäsemasse wie im Rezept beschrieben. Anstelle von Strudelteig kann man auch fertigen Fillo- oder Yufka-Teig (in orientalischen Spezialgeschäften erhältlich) verwenden.

Strudelteig:
- 250 g Mehl
- knapp 1½ dl lauwarmes Wasser
- 2 Esslöffel Öl
- ½ Teelöffel Salz

Füllung:
- 2 Eigelb
- 1 Ei
- 80 g Zucker
- abgeriebene Schale von 1 Zitrone
- ½ dl Zitronensaft
- 250 g Doppelrahm-Frischkäse (z.B. Petit Suisse)
- 250 g Magerquark
- 30 g Mandelblättchen
- 75 g Butter

Teig: etwa 10 Minuten
Ruhen lassen: etwa 30 Minuten
Füllen: etwa 15 Minuten
Backen: 30–35 Minuten

1. Mehl in eine Schüssel sieben. Wasser, Öl und Salz dazugeben. Alles zu einem geschmeidigen Teig kneten. In der mit einem feuchten Tuch bedeckten Schüssel bei Zimmertemperatur etwa 30 Minuten ruhen lassen.

2. Eigelb, Ei und Zucker zu einer hellen, dicklichen Creme aufschlagen. Zitronenschale und Zitronensaft beifügen und kurz weiterschlagen. Dann den Doppelrahm-Frischkäse und den Magerquark unterrühren. Zuletzt die Mandelblättchen beifügen.

3. Die Butter in einem Pfännchen schmelzen.

4. Ein grosses Ofenblech mit Backpapier belegen. Den Backofen auf 200 Grad vorheizen.

5. Den Strudelteig auf der leicht bemehlten Arbeitsfläche zu einem dünnen Rechteck auswallen. Ein Küchentuch darunterlegen. Nun die Handrücken unter den Teig schieben und damit den Teig Abschnitt für Abschnitt gleichmässig auseinanderziehen, bis er durchscheinend dünn ist. Die etwas dickeren Randpartien wegschneiden. Die Teigfläche mit der Butter bestreichen. Die Füllung auf der unteren Hälfte ausstreichen, dabei seitlich einen gut 3 cm breiten Rand frei lassen. Die Seitenränder über die Füllung schlagen. Den Strudel durch Anheben des Tuches aufrollen und auf das vorbereitete Blech gleiten lassen. Nochmals mit Butter bestreichen.

6. Den Strudel im 200 Grad heissen Ofen auf der zweituntersten Rille während 30–35 Minuten backen; dabei noch ein- bis zweimal mit Butter bestreichen. Lauwarm oder ausgekühlt servieren. Nach Belieben mit Puderzucker bestreuen.

Strudelteig – Schritt für Schritt

In Österreich, der Heimat der Strudel, ist es eine Ehrensache, dass der Strudelteig so dünn ausgezogen wird, dass man eine darunterliegende Zeitung lesen kann. Das tönt nach Meisterwerk der Backkunst, ist aber in Wirklichkeit viel einfacher und schneller zubereitet, als man denkt.

Grundrezept:

250 g Mehl
knapp 1½ dl lauwarmes Wasser
2 Esslöffel Öl
½ Teelöffel Salz

Zum Bestreichen:

ca. 75 g flüssige Butter

1. Das Mehl, das Wasser, das Öl und das Salz mischen und zu einem glatten, geschmeidigen Teig kneten. Zu einer Kugel formen und in einer Schüssel unter einem feuchten Tuch 30 Minuten bei Zimmertemperatur ruhen lassen.

2. Den Strudelteig auf der bemehlten Arbeitsfläche zuerst mit dem Wallholz zu einem dünnen Rechteck auswallen. Ein sauberes Küchentuch darunterlegen. Die Hände mit Mehl einreiben und mit den Handrücken nach oben unter den Teig schieben. Den Teig Abschnitt für Abschnitt mit den Handrücken hochheben und gleichmässig auseinanderziehen, bis er ganz dünn ist.

3. Die etwas dickeren Randpartien wegschneiden. Das Teigrechteck mit flüssiger Butter bestreichen und je nach Strudelart mit gemahlenen Nüssen oder Paniermehl bestreuen. Die Füllung je nach Konsistenz auf dem oberen Teigdrittel oder der oberen Teighälfte verteilen, dabei der Länge nach und seitlich einen Rand von 2 cm frei lassen. Den Teig seitlich und oben über die Füllung schlagen, dann den Strudel mit Hilfe des Tuches aufrollen.

4. Den Strudel mit der Nahtseite nach unten auf den Rücken eines mit Backpapier belegten Blechs gleiten lassen. Wiederum mit flüssiger Butter bestreichen.

5. Den Strudel im auf 200 Grad vorgeheizten Ofen auf der zweituntersten Rille während 30–40 Minuten backen; dabei mehrmals mit Butter bestreichen.

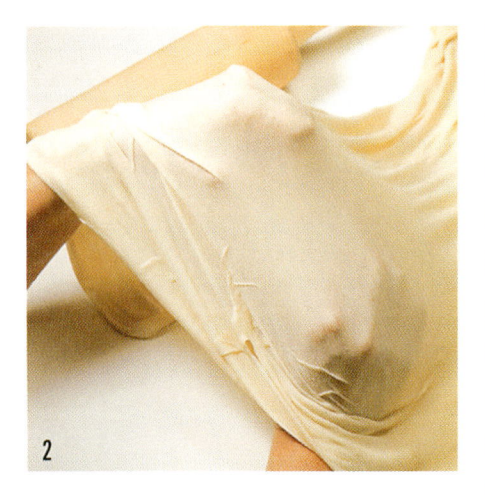

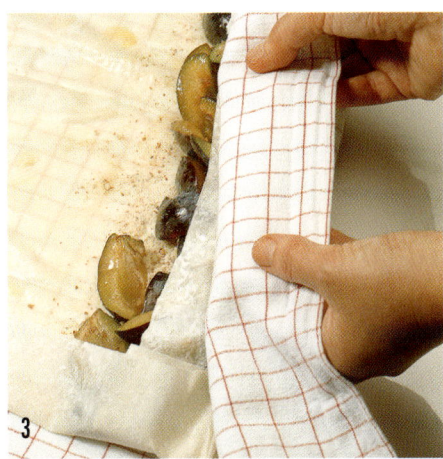

Beerenstrudel

Dieser mit gemischten Beeren gefüllte Strudel ist ein sommerliches Dessert, das auch mit Aprikosen oder Pfirsichen, die man in Schnitzchen schneidet, zubereitet werden kann.

Ergibt 12–16 Stück

Strudelteig:
- 250 g Mehl
- knapp 1½ dl lauwarmes Wasser
- 2 Esslöffel Öl
- ½ Teelöffel Salz

Füllung:
- 800 g gemischte Beeren (z.B. Himbeeren, Johannisbeeren, Brombeeren, Heidelbeeren)
- 50 g Zucker
- 1 Esslöffel Zitronensaft
- 250 g Vollkornbiskuits
- 75 g Butter

Zum Servieren:
- 1 dl Vollrahm
- 1 Päcklein Bourbon Vanillezucker
- 1 dl Crème fraîche

Teig: etwa 10 Minuten
Ruhen lassen: etwa 30 Minuten
Füllen: etwa 15 Minuten
Backen: 30–35 Minuten

1. Mehl in eine Schüssel sieben. Wasser, Öl und Salz dazugeben. Zu einem geschmeidigen Teig kneten. In der mit einem feuchten Tuch bedeckten Schüssel bei Zimmertemperatur 30 Minuten ruhen lassen.

2. Die Beeren mit dem Zucker und dem Zitronensaft mischen.

3. Die Vollkornbiskuits im Cutter fein mahlen oder in einen Plastikbeutel geben und mit einem Wallholz fein zerbröseln.

4. Die Butter in einem Pfännchen schmelzen.

5. Ein grosses Blech mit Backpapier belegen. Den Backofen auf 200 Grad vorheizen.

6. Den Strudelteig auf der leicht bemehlten Arbeitsfläche zu einem dünnen Rechteck auswallen. Ein Küchentuch darunterlegen. Nun die Handrücken unter den Teig schieben und damit den Teig Abschnitt für Abschnitt gleichmässig auseinanderziehen, bis er durchscheinend dünn ist. Dickere Randpartien wegschneiden. Teigfläche mit Butter bestreichen. Die Hälfte der Biskuitbrösel auf der unteren Teighälfte verteilen, dabei seitlich einen gut 3 cm breiten Rand frei lassen. Die Beeren auf die Brösel geben und mit den restlichen Biskuitbröseln bestreuen. Seitenränder über die Füllung schlagen. Den Strudel durch Anheben des Tuches aufrollen und auf das vorbereitete Blech gleiten lassen. Nochmals mit Butter bestreichen.

7. Den Strudel im 200 Grad heissen Ofen auf der zweituntersten Rille während etwa 30–35 Minuten backen; dabei noch ein- bis zweimal mit Butter bestreichen.

8. Vollrahm mit Vanillezucker halbsteif schlagen. Crème fraîche sorgfältig untermischen. Den Vanillerahm separat zum lauwarmen oder ausgekühlten Strudel servieren.

Kirschenstrudel mit Weinsauce

Wer es nicht allzu süss mag, bereitet diesen Strudel mit Weichselkirschen zu. Die aus Cassislikör, Rotwein und Portwein zubereitete warme Sauce kann auch durch Vanillerahm (siehe Rezept «Beerenstrudel», oben) oder eine Vanillesauce ersetzt werden

Ergibt 12–16 Stück

Strudelteig:
- 250 g Mehl
- knapp 1½ dl lauwarmes Wasser
- 2 Esslöffel Öl
- ½ Teelöffel Salz

Füllung:
- 750 g Kirschen
- 40 g Zucker
- 200 g Amaretti
- 50 g geschälte, fein gemahlene Mandeln
- 75 g Butter

Weinsauce:
- ½ dl Cassislikör
- 1 dl Rotwein
- ½ dl roter Portwein
- 50 g Zucker
- ½ Zimtstengel
- abgeriebene Schale von ½ Orange

Teig: etwa 10 Minuten
Ruhen lassen: etwa 30 Minuten
Füllen: etwa 25 Minuten
Backen: 30–35 Minuten

1. Mehl in eine Schüssel sieben. Wasser, Öl und Salz dazugeben. Zu einem geschmeidigen Teig kneten. In der mit einem feuchten Tuch bedeckten Schüssel bei Zimmertemperatur 30 Minuten ruhen lassen.

2. Die Kirschen entsteinen und mit dem Zucker mischen. Die Amaretti fein zerbröseln. Mit den Mandeln mischen.

3. Die Butter in einem Pfännchen schmelzen.

4. Ein grosses Blech mit Backpapier belegen. Den Backofen auf 200 Grad vorheizen.

5. Den Strudelteig auf der leicht bemehlten Arbeitsfläche zu einem dünnen Rechteck auswallen. Ein Küchentuch darunterlegen. Nun die Handrücken unter den Teig schieben und damit den Teig Abschnitt für Abschnitt gleichmässig auseinanderziehen, bis er durchscheinend dünn ist. Dickere Randpartien wegschneiden. Teigfläche mit der Butter bestreichen. Die Hälfte der Amaretti-Mandelmischung auf der unteren Teighälfte verteilen, dabei seitlich einen gut 3 cm breiten Rand frei lassen. Die Kirschen auf die Brösel geben und mit der restlichen Amarettimischung bestreuen. Seitenränder über die Füllung schlagen. Den Strudel durch Anheben des Tuches aufrollen und auf das vorbereitete Blech gleiten lassen. Nochmals mit Butter bestreichen.

6. Den Strudel im 200 Grad heissen Ofen auf der zweituntersten Rille während 30–35 Minuten backen; dabei noch ein- bis zweimal mit Butter bestreichen.

7. Inzwischen für die Sauce alle Zutaten in eine Pfanne geben und auf mittlerem Feuer leicht sirupartig einkochen lassen. Den Zimtstengel entfernen. Die Sauce noch warm zum lauwarmen oder ausgekühlten Kirschenstrudel servieren.

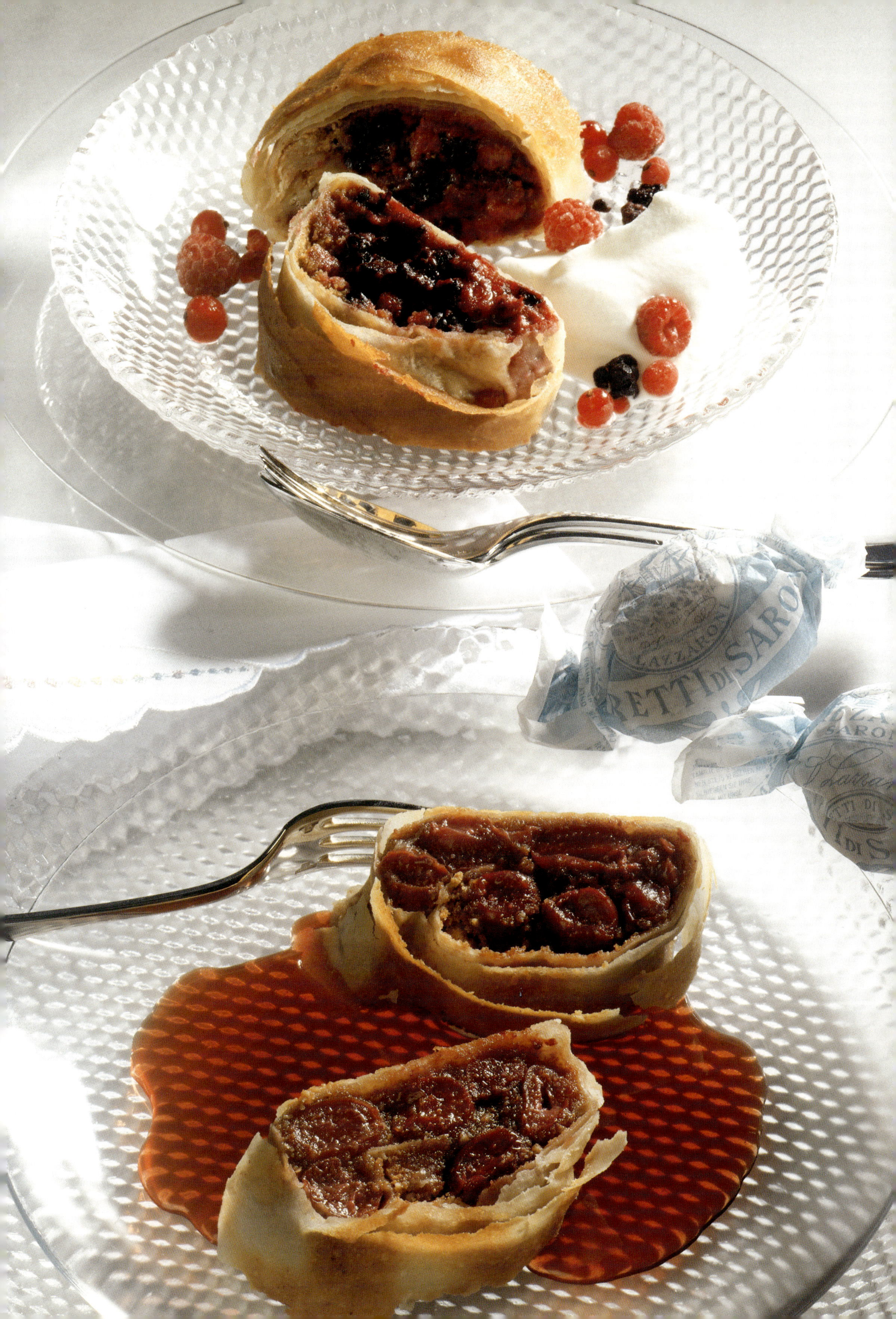
LAZZARONI
RETTI DI SARO

Grünkern-Brötchen
》Rezept Seite 155《

Früchtebrot
》Rezept Seite 158《

Hausgemachte Brotspezialitäten

Brot aus dem eigenen Ofen

Auch wenn man dem Bäcker keine Konkurrenz machen will: Ein selbstgebackenes Brot, Brötchen oder Gipfeli schmeckt unvergleichlich gut – vor allem frisch aus dem Ofen. Allein schon des Duftes wegen, der beim Brotbacken durch die Wohnung zieht, lohnt es sich, etwas Zeit und Geduld zu investieren und eine der vielen Brotspezialitäten auszuprobieren.

Croissants (Pariser Gipfeli)

Wenn man einem Blätterteig Hefe zusetzt, so wird er fülliger und noch zarter in der Konsistenz. Aus einem solchen Teig sind die berühmten Pariser Gipfeli zubereitet, die man in Frankreich auf jedem Frühstückstisch findet. Frisch aus dem Ofen schmeckt dieses buttrige Gebäck am allerbesten. Weil man sowohl die fertig geformten, aber noch ungebackenen wie auch die gebackenen Gipfeli ohne Qualitätsverlust tiefkühlen kann, lohnt es sich, dieses relativ arbeitsintensive Gebäck gleich in einer grossen Menge zuzubereiten.

Ergibt etwa 40 Stück

1 kg Mehl
1 Würfel Frischhefe (42 g)
ca. 6 dl lauwarme Milch
2 gestrichene Esslöffel Salz
100 g Zucker
500 g Butter

Zum Bestreichen:

2 Eigelb
1 Esslöffel Rahm

Teig: insgesamt etwa 1½ Stunden
Aufgehen lassen und kühl stellen:
insgesamt etwa 3½ Stunden
Formen: etwa 30 Minuten
Backen: etwa 15 Minuten

1. Das Mehl in eine grosse Schüssel sieben und in der Mitte eine Vertiefung anbringen. Die Hefe mit einigen Löffeln lauwarmer Milch verrühren und in die Mehlmulde giessen. Mit etwas Mehl überstäuben. Die restliche Milch, das Salz und den Zucker beifügen. Alles gut mischen, dann den Teig von Hand etwa 10 Minuten kneten. In die Schüssel zurückgeben und diese mit einem feuchten Tuch zudecken. Den Teig 1 Stunde bei Zimmertemperatur aufgehen lassen.

2. Den Teig nochmals kurz durchkneten, in Klarsichtfolie wickeln oder in einen Plastikbeutel geben und mindestens 1 Stunde im Kühlschrank ruhen lassen.

3. ¼ Stunde vor der Teigbearbeitung die Butter aus dem Kühlschrank nehmen.

4. Den Teig zu einem grossen, etwa 6 mm dicken Quadrat auswallen. Die Butter in möglichst grossen Stücken auf die eine Teighälfte legen, dabei an den drei Randseiten einen Streifen von etwa 2 cm leer lassen. Die leere Teighälfte über die Butter klappen und die Teigränder gut zusammendrücken. Den Teig zu einem nicht zu breiten Rechteck auswallen.

5. Dem Teig vier «einfache Touren» geben (siehe auch Grundrezept Quarkblätterteig, Seite 61): Den Teig zu einem länglichen Rechteck auswallen. Die eine Teigseite zur Mitte hin falten, dann die andere darüberklappen und mit dem Wallholz andrücken. Den Teig wiederum zu einem Rechteck auswallen und den Vorgang des Faltens wiederholen. Nun den Teig etwa 15 Minuten kühl stellen. Dann noch zweimal auf die gleiche Weise bearbeiten, dazwischen den Teig jedesmal wieder etwa 15 Minuten kühl stellen.

6. Dann den Teig zu einem grossen, etwa 3 mm dünnen Rechteck auswallen. In Streifen von 15 cm Breite schneiden. Jeden Streifen mit einem scharfen Messer in Dreiecke schneiden und von der Breitseite her zum Spitz hin aufrollen. Zu einem Gipfeli formen und in genügend Abstand auf ein leicht bebuttertes oder mit Backpapier belegtes Blech geben. Mit einem Tuch decken und nochmals gut 20 Minuten aufgehen lassen.

7. Den Backofen auf 220 Grad vorheizen.

8. Eigelb und Rahm verrühren und die Gipfeli damit bestreichen.

9. Die Gipfeli im 220 Grad heissen Ofen auf der mittleren Rille während etwa 15 Minuten goldbraun backen.

Schokoladebrötchen

Eine ebenfalls beliebte französische Frühstücksspezialität sind gipfeliähnliche Brötchen, die mit einem Stück schwarzer Schokolade gefüllt sind. Auch sie schmecken ganz frisch am besten und lassen sich gut tiefkühlen.

Ergibt etwa 20 Stück

½ Portion Croissant-Teig
100 g Edelbitter-Schokolade
1 Eigelb
1 Esslöffel Rahm

Zubereiten: etwa 15 Minuten
Aufgehen lassen: etwa 20 Minuten
Backen: 17–20 Minuten

1. Den Teig etwa 3 mm dünn auswallen und in Streifen von etwa 10–12 cm Breite und 8 cm Länge schneiden. Jeweils mit einem Stück Schokolade belegen. Den Teigstreifen aufrollen. Die Schokoladebrötchen auf ein mit Backpapier belegtes Blech geben und mit einem Tuch decken. Etwa 20 Minuten aufgehen lassen.

2. Den Backofen auf 220 Grad vorheizen.

3. Eigelb und Rahm verrühren. Die Schokoladebrötchen damit bestreichen.

4. Die Schokoladebrötchen im 220 Grad heissen Ofen auf der zweituntersten Rille 17–20 Minuten backen.

Croissants
》Rezept nebenstehend《

Schokoladebrötchen
》Rezept nebenstehend《

Brioches

Es gibt kaum etwas Feineres als frischgebackene kleine Brioches auf dem Frühstückstisch. Zwar braucht ihre Zubereitung etwas Zeit, doch kann man den Teig bereits am Vorabend bis und mit Punkt 5 vorbereiten und dann bis zum nächsten Morgen im Kühlschrank lagern (siehe auch «Der gute Tip» zum Rezept «Sonntags-Zopf», Seite 153).

Ergibt 20 Stück

500 g Mehl
1 Würfel Frischhefe (42 g)
60 g Zucker
ca. 1 dl lauwarme Milch
3 Eier
½ Teelöffel Salz
200 g weiche Butter
1 Eigelb
1 Esslöffel Milch

Vorbereiten: etwa 30 Minuten
Aufgehen lassen: insgesamt etwa 90 Minuten
Backen: etwa 20 Minuten

1. Das Mehl in eine Schüssel sieben und in der Mitte eine Vertiefung anbringen.

2. Die Hefe in einem Gefäss zerbröckeln und mit einem Esslöffel der Zuckermenge flüssig rühren. Die Milch beifügen und diese Mischung in die Mehlmulde giessen. Mit etwas Mehl verrühren und wenig Mehl darüberstreuen. Die Schüssel mit einem Tuch zudecken und den Vorteig an einem warmen Ort 20 Minuten gehen lassen.

3. Den restlichen Zucker, die Eier und das Salz zum Vorteig geben und alles mit den Knethaken des Handrührgerätes oder mit der Küchenmaschine gut durcharbeiten.

4. Die Butter in nussgrossen Stücken zum Teig schneiden. Diesen wieder so lange schlagen, bis er Blasen wirft und seidig glänzt. Er soll elastisch und dehnbar sein, ohne zu reissen. Die Schüssel mit einem Küchentuch zudecken und den Teig an einem warmen Ort etwa 40 Minuten gehen lassen.

5. 20 kleine gezackte Förmchen oder Portionen-Alu-Backförmchen mit Butter bestreichen und mit wenig Mehl ausstäuben.

6. Die Arbeitsfläche bemehlen und den Teig darauf zu einer langen Rolle formen. Diese in 20 gleich grosse Stücke schneiden. Von jedem dieser Stücke ein Viertel Teig abtrennen. Aus dem kleinen und dem grossen Teigstück mit bemehlten Händen je eine Kugel formen. Die grosse Teigkugel in ein vorbereitetes Förmchen setzen und in der Mitte eine Vertiefung eindrücken. Das kleine Teigstück daraufsetzen. Die Brioches nochmals an einem warmen Ort 30 Minuten aufgehen lassen.

7. Den Backofen auf 200 Grad vorheizen.

8. Das Eigelb mit der Milch verrühren und die Brioches damit bestreichen.

9. Die Brioches auf der zweituntersten Rille des 200 Grad heissen Ofens während etwa 20 Minuten backen.

» Abbildung Seite 144 «

Maisbrötchen

Nach Belieben können diesem wunderschönen, gelben Teig in Streifchen geschnittene Oliven oder klein gewürfelte Peperoni beigefügt werden. Am besten schmecken die Maisbrötchen lauwarm. Man kann sie vor dem Servieren auch nochmals kurz aufbacken; in diesem Fall die Brötchen 5 Minuten vor Ende der Backzeit aus dem Ofen nehmen.

Ergibt 10 Stück

250 g Weissmehl
250 g Maismehl
1 Würfel Frischhefe (42 g)
ca. 2 dl lauwarmes Wasser
1½ Teelöffel Salz
1 dl Olivenöl
etwas Olivenöl zum Bestreichen

Vorbereiten: etwa 20 Minuten
Aufgehen lassen: etwa 45–50 Minuten
Backen: etwa 30 Minuten

1 Die beiden Mehlsorten in einer Schüssel mischen. Die Hefe zerbröckeln und mit ½ dl der rezeptierten Wassermenge verrühren. Zum Mehl geben. Im restlichen Wasser das Salz auflösen. Zusammen mit dem Olivenöl zum Mehl geben. Alles von der Mitte aus mischen, dann aus der Schüssel nehmen und von Hand während etwa 10 Minuten zu einem glatten, elastischen Teig kneten. In die Schüssel zurückgeben und zugedeckt an einem warmen Ort 45–50 Minuten aufgehen lassen.

2 Ein Blech mit Backpapier belegen. Den Backofen auf 220 Grad vorheizen.

3 Den Teig nochmals durchkneten. Auf der bemehlten Arbeitsfläche zu einer Rolle formen und diese in zehn gleichmässig grosse Stücke schneiden. Zu Kugeln formen und auf das vorbereitete Blech setzen. Mit etwas Olivenöl bestreichen und mit einer Schere auf jedem Brötchen zwei bis drei tiefe Einschnitte anbringen.

4 Die Maisbrötchen im 220 Grad heissen Ofen auf der zweituntersten Rille während etwa 30 Minuten backen.

Parisettes

» Abbildung Seite 144 «

Aus den Parisettes werden «Ficelles» (Schnüre), die ganz langen, dünnen französischen Weissbrote, wenn man den Teig 60–70 cm lang formt.

Ergibt 3 Stück

500 g Weissmehl
1 Würfel Frischhefe (42 g)
1 Teelöffel Zucker
ca. 3 dl lauwarmes Wasser
1 gestrichener Esslöffel Salz
2 Esslöffel Öl

Zum Bestreichen:
1 Eigelb
1 Esslöffel Milch

Vorbereiten: etwa 20 Minuten
Aufgehen lassen:
insgesamt 75–90 Minuten
Backen: etwa 30 Minuten

1 Das Mehl in eine Schüssel sieben und in der Mitte eine Vertiefung anbringen. Den Hefewürfel zerbröckeln, mit dem Zucker in ein Schüsselchen geben und so lange rühren, bis die Hefe flüssig ist. In die Mehlmulde geben und mit Mehl mischen.

2 Das Wasser und das Salz mischen und gut rühren, damit sich das Salz vollständig auflöst. Mit dem Öl zum Mehl geben. Alles von der Mitte aus mischen, dann aus der Schüssel nehmen und während etwa 10 Minuten zu einem glatten, elastischen Teig kneten. In die Schüssel zurückgeben und zugedeckt an einem warmen Ort um das Doppelte aufgehen lassen (45–60 Minuten).

3 Den Teig nochmals gut durchkneten, dann in drei gleich grosse Stücke teilen. Diese wiederum zu etwa 40 cm langen Rollen formen. Auf ein mit Backpapier belegtes Blech legen und nochmals 30 Minuten aufgehen lassen.

4 Den Backofen auf 220 Grad vorheizen.

5 Eigelb und Milch verrühren und die Brote damit bestreichen. Die Parisettes mit einem scharfen Messer vier- bis fünfmal schräg einschneiden.

6 Die Brote im 220 Grad heissen Ofen auf der zweituntersten Rille während etwa 30 Minuten goldbraun backen.

Maisbrötchen
》Rezept Seite 143 《

Parisettes
》Rezept Seite 143 《

Engadiner Fladen
》Rezept Seite 146 《

Rüeblibrot
》 Rezept Seite 146 《

Kartoffelbrot mit Nüssen
》 Rezept Seite 147 《

Engadiner Fladen

> Abbildung Seite 145

Sauerteig kann man selber ansetzen oder als Granulat im Beutel kaufen. Und so macht man Sauerteig selber: 10 g Hefe in 3 dl lauwarmem Wasser auflösen. 300 g Mehl mit 1 Teelöffel Salz und 3 Teelöffeln Zucker mischen. Das Hefewasser beifügen und alles gut verrühren. Zugedeckt an einem warmen Ort drei Tage stehen lassen. Zweimal täglich umrühren. Der Sauerteig ist zur Verwendung bereit, wenn er dick und weiss ist und ein blasiges Aussehen angenommen hat. Er kann im Kühlschrank bis zu einer Woche aufbewahrt oder auch tiefgekühlt werden (Haltbarkeit: 2 Monate).

Ergibt etwa 12 Stück

2¼ dl lauwarmes Wasser (1)
1 Beutel Sauerteigansatz (im Reformhaus erhältlich) oder 75 g fertiger Sauerteig
200 g dunkles Roggenmehl
600 g Ruchmehl
1 Würfel Frischhefe (42 g)
ca. 2½ dl lauwarmes Wasser (2)
1 gestrichener Esslöffel Salz
etwas Roggenmehl zum Wenden

Vorbereiten: etwa 20 Minuten
Ruhen lassen: etwa 4 Stunden
Aufgehen lassen: insgesamt etwa 100 Minuten
Backen: 25–30 Minuten

1 Das Wasser (1), den Sauerteigansatz und das Roggenmehl in eine Schüssel geben und zu einem Teig rühren. Zugedeckt etwa 4 Stunden ruhen lassen. Verwendet man fertigen Sauerteig, so sollte dieser Vorteig nur mit etwa 1½ dl Wasser angesetzt werden, da der Sauerteig bereits Flüssigkeit enthält.

2 Das Ruchmehl in eine Schüssel sieben. Die Hefe in einem Gefäss zerbröckeln und mit dem lauwarmen Wasser (2) verrühren. Zum Mehl giessen. Den Vorteig und das Salz beifügen. Alles von der Mitte aus mischen, dann aus der Schüssel nehmen und von Hand während etwa 10 Minuten zu einem glatten, eher weichen Teig kneten. Den Teig in die Schüssel zurückgeben und zugedeckt an einem warmen Ort 30 Minuten aufgehen lassen.

3 Den Teig nochmals gut durchkneten und wieder 30 Minuten aufgehen lassen.

4 Nun den Teig zu kleinen Fladen formen und diese 10 Minuten ruhen lassen. Dann beidseitig gut in dunklem Roggenmehl wenden. Auf ein mit Backpapier belegtes Blech legen und zugedeckt nochmals etwa 30 Minuten gehen lassen.

5 Den Ofen auf 250 Grad vorheizen. Ein mit heissem Wasser gefülltes feuerfestes Gefäss in den Ofen stellen, um die beim Backen nötige Feuchtigkeit zu erhalten.

6 Die Fladen auf der zweituntersten Rille einschieben. Die Ofentemperatur auf 220 Grad reduzieren und die Fladen während 25–30 Minuten backen.

Rüeblibrot

> Abbildung Seite 145

Dieses attraktive Brot kann anstatt als Laib auch in einer Cakeform als Kastenbrot gebacken werden. Es passt besonders gut zu kaltem Fleisch, einem Wurstsalat oder zu grillierten oder gebratenen Würsten.

Ergibt 1 Brot

500 g Halbweissmehl
ca. 2½ dl Milch
gut ½ Würfel Frischhefe (ca. 25 g)
1 gestrichener Esslöffel Salz
250 g Rüebli
50 g Butter

Vorbereiten: etwa 20 Minuten
Aufgehen lassen: insgesamt 60–65 Minuten
Backen: 30–35 Minuten

1 Das Mehl in eine Schüssel sieben und in der Mitte eine Vertiefung anbringen. Die Milch auf etwa 30 Grad erwärmen. Die Hefe mit einem Drittel der Milch flüssig rühren. In die Mehlmulde giessen und mit etwas Mehl verrühren.

2 Das Salz in der restlichen Milch vollständig auflösen. Beiseite stellen.

3 Die Rüebli schälen und an der Bircherraffel fein reiben.

4 In einem Pfännchen auf kleinem Feuer die Butter schmelzen. Leicht abkühlen lassen. Dann zusammen mit der Milch und den Rüebli zum Mehl geben. Alles von der Mitte aus mischen, dann aus der Schüssel nehmen und von Hand während etwa 10 Minuten zu einem elastischen, eher weichen Teig kneten. Den Teig in die Schüssel zurückgeben und zugedeckt an einem warmen Ort während etwa 45 Minuten aufgehen lassen.

5 Den Teig nochmals gut durchkneten und zu einem runden Laib formen. Auf ein mit Backpapier belegtes Blech geben. Mit einem Tuch bedeckt nochmals 15–20 Minuten aufgehen lassen.

6 Den Backofen auf 250 Grad vorheizen.

7 Das Rüeblibrot auf der zweituntersten Rille einschieben. Die Ofentemperatur auf 220 Grad reduzieren und das Brot 30–35 Minuten backen.

Kartoffelbrot mit Nüssen

Wieviel Flüssigkeit man genau einem Brotteig zugeben muss, hängt von der Mehlsorte, dem Ausmahlungsgrad und der Mehlqualität ab. Generell gilt, dass dunkle, d.h. Vollkornteige feuchter sein sollten, sonst gehen sie nicht schön auf und sind nach dem Backen gerne trocken.

» Abbildung Seite 145 «

Ergibt 1 Brot

200 g mehlig kochende Kartoffeln (z.B. Désirée, Bintje, Urgenta)
250 g Weissmehl
250 g Ruchmehl
1 Würfel Frischhefe (42 g)
ca. 1½ dl lauwarmes Wasser
ca. 1½ dl lauwarme Milch
1 gestrichener Esslöffel Salz
2 Esslöffel Öl
100 g Baumnusskerne

Vorbereiten: etwa 20 Minuten
Aufgehen lassen: insgesamt 75–80 Minuten
Backen: etwa 40 Minuten

1. Die Kartoffeln in der Schale in nicht zuviel Wasser weich kochen. Noch heiss schälen und an der Bircherraffel fein reiben.

2. Die beiden Mehlsorten in eine Schüssel sieben. Die Kartoffeln untermischen. Die Hefe im lauwarmen Wasser auflösen und beifügen. Die Milch mit dem Salz verrühren; dieses soll sich vollständig auflösen. Zusammen mit dem Öl zum Mehl geben. Alles von der Mitte aus mischen, dann aus der Schüssel nehmen und von Hand während etwa 10 Minuten zu einem glatten, eher feuchten Teig kneten. Den Teig in die Schüssel zurückgeben und zugedeckt an einem warmen Ort während 45–50 Minuten aufgehen lassen.

3. Den Teig nochmals gut durchkneten, dabei die Baumnusskerne einarbeiten. Dann den Teig zu einer Kugel formen und in der Mitte ein Loch so erweitern, dass ein Ring entsteht. Das Kartoffelbrot auf ein mit Backpapier belegtes Blech geben und mit einem Tuch gedeckt nochmals etwa 30 Minuten aufgehen lassen.

4. Den Backofen auf 250 Grad vorheizen.

5. Das Brot mit etwas Weissmehl bestäuben und mit einem scharfen Messer dem äusseren Rand entlang strahlenförmig einschneiden.

6. Das Kartoffelbrot auf der untersten Rille einschieben. Die Ofentemperatur auf 220 Grad reduzieren. Das Brot etwa 40 Minuten backen.

Brot – Schritt für Schritt

Grundrezept:

500 g Mehl
2 Teelöffel Salz
20 g Hefe
3 dl lauwarmes Wasser

1. Das Mehl in eine Schüssel geben und mit dem Salz mischen. In der Mitte eine Vertiefung eindrücken.

2. Die Hefe zerbröckeln und im lauwarmen Wasser auflösen. Unter Rühren in die Mehlmulde giessen. Alles von der Mitte aus mischen, dann aus der Schüssel nehmen und von Hand während etwa 10 Minuten zu einem glatten, geschmeidigen Teig kneten. In die Schüssel zurückgeben und diese mit einem Tuch decken. Den Teig an einem warmen Ort um das Doppelte aufgehen lassen. Dies dauert in der Regel je nach Mehlsorte, Teigbeschaffenheit und Raumtemperatur zwischen 45 und 90 Minuten.

3. Den Teig nochmals kurz durchkneten, dann zu einem Brotlaib formen. Auf ein mit Backpapier belegtes Blech geben. Nach Belieben mit einem scharfen Messer ein Muster auf der Oberfläche des Brotes einschneiden. Mit einem Tuch zugedeckt je nach Brotsorte nochmals 15–30 Minuten aufgehen lassen

4. Den Backofen auf 250 Grad vorheizen.

5. Den Brotlaib mit Wasser bestreichen und mit wenig Mehl bestäuben. Auf der untersten Rille des vorgeheizten Ofens einschieben und die Temperatur auf 200 Grad reduzieren. Das Brot während 35–40 Minuten backen.

Marmor-Zopf

Ergibt 1 Brot

Teig 1:
250 g Weissmehl
knapp 1 Teelöffel Salz
¼ Würfel Frischhefe (ca. 10 g)
1 Teelöffel Zucker
30 g Butter
1½ dl Milch

Teig 2:
150 g Weissmehl
100 g Vollkornmehl, Kleie ausgesiebt
knapp 1 Teelöffel Salz
¼ Würfel Frischhefe (ca. 10 g)
1 Teelöffel Zucker
30 g Butter
1½ dl Milch

Zum Fertigstellen:
1 Eigelb
1 Esslöffel Rahm

Vorbereiten: etwa 35 Minuten
Aufgehen lassen:
insgesamt etwa 60–80 Minuten
Backen: 35–40 Minuten

Ein Zopf, der halb aus Weissmehl, halb aus einer Vollkornmehlmischung zubereitet wird: Indem die beiden verschiedenfarbigen Teige miteinander geflochten werden, entsteht ein marmorierter Zopf. Mit etwas Experimentierlust bei der Teigzubereitung kann man diesen Zopf nach Lust und Laune variieren (siehe auch «Brot – Schritt für Schritt», Seite 147 und «Brot-Varianten», Seite 159).

1. Für Teig 1 das Mehl in eine Schüssel geben und mit dem Salz mischen. In der Mitte eine Vertiefung eindrücken. Die Hefe zerbröckeln und mit dem Zucker flüssig rühren. In die Mehlmulde geben.

2. In einem Pfännchen bei kleiner Hitze die Butter schmelzen. Vom Feuer nehmen und die Milch dazugiessen. Zum Mehl geben. Alles von der Mitte aus mischen, aus der Schüssel nehmen und von Hand während etwa 10 Minuten zu einem glatten, geschmeidigen Teig kneten. Zugedeckt in der Schüssel an einem warmen Ort um das Doppelte aufgehen lassen (45–60 Minuten).

3. Teig 2 ebenfalls auf die oben beschriebene Art zubereiten.

4. Beide Teige nach dem Aufgehen nochmals kurz kneten. Jeden Teig zu einem Strang formen und daraus einen Zopf flechten. Auf ein mit Backpapier belegtes Blech geben und nochmals 15–20 Minuten aufgehen lassen.

5. Den Backofen auf 250 Grad vorheizen.

6. Eigelb und Rahm verrühren. Den Zopf damit bestreichen.

7. Den Zopf auf der untersten Rille des vorgeheizten Ofens einschieben. Die Temperatur auf 200 Grad reduzieren. Den Zopf während 35–40 Minuten backen.

Ringbrot

Durch die Beigabe von fein geraffelten Rüebli bleibt dieses Brot gut feucht und frisch. Anstelle von Ruchmehl kann man auch Halbweiss- oder Weissmehl verwenden; in diesem Fall jedoch Rahm und Olivenöl durch 1 dl Wasser und 50 g weiche Butter ersetzen.

Ergibt 1 Brot

250 g Rüebli
500 g Ruchmehl
1 Esslöffel Salz
schwarzer Pfeffer aus der Mühle
⅔ Würfel Frischhefe (ca. 30 g)
1 Esslöffel Zucker
1 dl Milch
1½ dl Rahm
1 Esslöffel Olivenöl

Vorbereiten: etwa 25 Minuten
Aufgehen lassen:
insgesamt 60–95 Minuten
Backen: 35–40 Minuten

1. Die Rüebli schälen und fein reiben. Mit dem Mehl, dem Salz und reichlich frisch gemahlenem Pfeffer in eine Schüssel geben. In der Mitte eine Vertiefung eindrücken.

2. Die Hefe mit dem Zucker flüssig rühren und in die Vertiefung geben.

3. Milch, Rahm und Öl zum Mehl geben. Von der Mitte aus alles gut mischen, aus der Schüssel nehmen und von Hand während etwa 10 Minuten zu einem glatten Teig kneten. Zugedeckt in der Schüssel an einem warmen Ort um das Doppelte aufgehen lassen (45–75 Minuten, je nach Raumtemperatur).

4. Mit der Hand in der Mitte des aufgegangenen Teiges ein Loch formen, so dass ein Ring entsteht. Auf ein mit Backpapier belegtes Blech geben. Damit sich das Loch beim Backen nicht schliesst, mit einem mehrfach gefalteten Alustreifen einen Ring in der Grösse des Loches formen und dieses damit fixieren. Das Brot mit einem scharfen Messer mehrmals einschneiden. Mit einem Küchentuch zugedeckt nochmals 15–20 Minuten aufgehen lassen.

5. Den Backofen auf 250 Grad vorheizen.

6. Das Ringbrot auf der untersten Rille einschieben. Die Ofentemperatur auf 200 Grad reduzieren. Das Brot während 35–40 Minuten backen.

Marmor-Zopf
» Rezept nebenstehend «

Ringbrot
» Rezept nebenstehend «

Gewürzbrot
» Rezept Seite 150 «

Brotteig: Wie lange soll er aufgehen?

Wie lange ein Teig aufgehen muss, bis er bereit zum Backen ist, hängt von der Raumtemperatur ab. Bei unseren Angaben in den Rezepten sind wir von einer Zimmertemperatur von 21 bis 22 Grad Celsius ausgegangen. Ist der Ort, an dem der Hefeteig gelagert wird, kälter, braucht der Teig entsprechend länger, bis er richtig aufgegangen ist. Als Faustregel gilt: Der Teig soll sein Volumen fast verdoppelt haben, bevor man ihn weiterverarbeitet. Man kann ihn auch über Nacht langsam im Kühlschrank aufgehen lassen; vor dem Backen sollte man ihn dann aber wieder Zimmertemperatur annehmen lassen, sonst bleibt das Gebäck gerne flach.

Mit Ausnahme von Figurengebäck wie Kränzchen, Tauben, Hasen, Grittibänzen usw. muss Hefeteig nach dem Formen oder Einfüllen in eine Form nochmals aufgehen gelassen werden, sonst läuft man Gefahr, dass das Gebäck zu wenig luftig wird. Hefebakterien sterben nämlich nach dem Anbacken in der grossen Ofenhitze relativ schnell ab, so dass der Teig nicht mehr allzu stark aufgeht.

Gewürzbrot

» Abbildung Seite 149 «

Kräuter, etwas Knoblauch und Schalotten, Anis- und Fenchelsamen sowie eine Prise Muskat machen das würzige Aroma dieses Brotes aus. Es passt gut zu kalten Platten und Käse.

Ergibt 1 Brot

- 300 g Ruchmehl
- 200 g feines Vollkornmehl
- 1 Würfel Frischhefe (42 g)
- 1 Prise Zucker
- 1¼ dl lauwarme Milch
- 2 Schalotten
- 1 Knoblauchzehe
- 4 Rosmarinzweige
- 1 Bund Dill
- 50 g Butter
- 2 Eier
- ½ Teelöffel Salz
- 1 Teelöffel Anissamen
- ½ Teelöffel Fenchelsamen
- 1 Prise Muskat
- Anissamen zum Bestreuen

Vorbereiten: etwa 30 Minuten
Aufgehen lassen: insgesamt 90–115 Minuten
Backen: 35–40 Minuten

1. Die beiden Mehlsorten in eine Schüssel geben und in der Mitte eine Vertiefung eindrücken. Die Hefe zerbröckeln und mit dem Zucker und der Milch in die Vertiefung geben. Mit wenig Mehl zu einem Teiglein verrühren. Etwas Mehl darüberstäuben. Diesen Vorteig an einem warmen Ort 15–20 Minuten aufgehen lassen.

2. Schalotten und Knoblauch schälen und fein hacken. Die Rosmarinnadeln von den Zweigen streifen und mit dem Dill fein hacken. In einem Pfännchen die Butter schmelzen. Die Eier mit dem Salz, den Anis- und Fenchelsamen sowie dem Muskat in einem Schüsselchen verquirlen.

3. Schalotten, Knoblauch, Rosmarin, Dill, Butter und Eimischung zum Vorteig geben. Von der Mitte aus alles gut mischen, dann aus der Schüssel nehmen und von Hand während etwa 10 Minuten zu einem geschmeidigen Teig kneten. Zugedeckt in der Schüssel an einem warmen Ort um das Doppelte aufgehen lassen (60–75 Minuten).

4. Einen grossen Ton-Blumentopf mit Backpapier auskleiden. Den aufgegangenen Teig hineingeben, die Oberfläche mit Wasser bestreichen und mit Anissamen bestreuen. Nochmals 15–20 Minuten aufgehen lassen.

5. Den Backofen auf 250 Grad vorheizen.

6. Das Brot auf der untersten Rille einschieben. Die Ofentemperatur auf 200 Grad reduzieren. Das Brot während 35–40 Minuten backen. Herausnehmen und 10 Minuten zuerst in der Form, dann auf einem Kuchengitter auskühlen lassen.

Blumentopfbrot

Diese originelle Brotspezialität, die in Ton-Blumentöpfen gebacken wird, eignet sich für viele Gelegenheiten und sieht dekorativ aus. Wie grosse Blumentöpfe man zum Backen verwendet, hängt vom Verwendungszweck ab. Kleine Töpfchen eignen sich zum Beispiel als Tischkärtchen.

Ergibt 8 kleine oder 2–3 grosse Brote

500 g Weiss- oder Halbweissmehl
1 Würfel Frischhefe (42 g)
1 Teelöffel Zucker
ca. 1½ dl lauwarme Milch
ca. 1½ dl lauwarmes Wasser
1 gehäufter Teelöffel Salz

Formen einbrennen: etwa 30 Minuten
Vorbereiten: etwa 20 Minuten
Aufgehen lassen: insgesamt etwa 60 Minuten
Backen: 30–40 Minuten

1. Werden die Blumentöpfe erstmals zum Backen verwendet, müssen sie unter kaltem Wasser gebürstet und anschliessend gut getrocknet werden. Dann mit Öl ausstreichen und etwa 30 Minuten im auf 250 Grad vorgeheizten Ofen «einbrennen». Bereits zum Backen verwendete Blumentöpfe nur trocken ausbürsten, nie waschen, sonst müssen sie wieder frisch eingebrannt werden.

2. Das Mehl in eine Schüssel sieben und in der Mitte eine Vertiefung anbringen. Die Hefe zerbröckeln und mit dem Zucker flüssig rühren. In die Mehlmulde geben und mit etwas Mehl vermischen. Milch und Wasser mit dem Salz mischen, bis sich dieses aufgelöst hat. Zum Mehl giessen. Alles von der Mitte aus mischen, dann aus der Schüssel nehmen und von Hand während etwa 10 Minuten zu einem glatten Teig kneten. In die Schüssel zurückgeben und zugedeckt 30 Minuten aufgehen lassen.

3. Den Teig nochmals gut durchkneten. Blumentöpfe in beliebiger Grösse gut mit Öl einstreichen. Den Boden der Töpfe mit einer Rondelle aus Backpapier belegen. Die Töpfe etwa zu zwei Dritteln mit Teig füllen. Nochmals zugedeckt mit einem Tuch 30 Minuten aufgehen lassen.

4. Den Backofen auf 250 Grad vorheizen.

5. Die Teigoberfläche mit etwas Wasser bestreichen und mit wenig Mehl bestäuben.

6. Die Brote auf der untersten Rille einschieben. Die Ofentemperatur auf 220 Grad reduzieren. Die Backzeit hängt von der Grösse der Töpfe ab: Kleine Brote brauchen etwa 30 Minuten, grosse etwa 40 Minuten.

7. Unmittelbar nach dem Backen die Brote dem Rand entlang mit einem Messer lösen und aus der Form stürzen. Auf einem Kuchengitter auskühlen lassen. Erst dann nach Belieben wieder in die Form zurückgeben.

Sonntags-Zopf

Aus diesem, aber auch aus dem süssen Zopfteig (siehe Rezept S. 154) lässt sich Gebäck in den verschiedensten Formen zubereiten. Die einfachste Art, einen Zopf zu formen, ist die Flechtart, die von den Haarzöpfen her bekannt ist: Man formt drei gleich grosse Stränge, die abwechselnd übereinandergeschlagen werden. Was immer man jedoch für eine Form wählt, wichtig ist, dass man den Teig nach dem Formen noch einmal 20–30 Minuten aufgehen lässt. Der Teig eignet sich aber auch sehr gut für andere Gebäckformen wie Kränzchen, Tauben, Hasen usw. Je nach Grösse reduziert sich dabei die Backzeit um 5–10 Minuten.

Ergibt 1 Riesenzopf oder zwei mittlere Zöpfe

1 kg Mehl
1 Würfel Frischhefe (42 g)
1 Esslöffel Zucker
100 g Butter
5 dl Milch
1 dl Rahm
1 Ei
1 Esslöffel Salz

Zum Bestreichen:

1 Eigelb
1 Teelöffel Rahm

Vorbereiten: etwa 25 Minuten
Aufgehen lassen: insgesamt 75–95 Minuten
Backen: 35–45 Minuten

1 Das Mehl in eine Schüssel sieben und in der Mitte eine Vertiefung bilden. Den Hefewürfel mit dem Zucker flüssig rühren und in die Mehlmulde giessen. Mit etwas Mehl in der Schüssel zu einem dicken Teiglein rühren und dieses mit Mehl überstäuben. 10–15 Minuten aufgehen lassen.

2 In einem Pfännchen die Butter schmelzen. Von der Herdplatte ziehen, die Milch, den Rahm und das Ei dazurühren. Zum Mehl geben. Das Salz darüberstreuen. Alles mit einer Kelle gut mischen, dann von Hand während 10 Minuten zu einem weichen, geschmeidigen Teig kneten. In der Schüssel zugedeckt an einem warmen Ort während 45–50 Minuten aufgehen lassen.

3 Den Teig nochmals kurz durchkneten. Zu gleichmässigen Strängen formen – je nach Zopfart zwei, drei oder vier Stränge – und zu einem grossen Zopf oder zwei mittleren Zöpfen flechten. Auf ein mit Backpapier belegtes Blech geben. Mit einem Tuch zugedeckt nochmals 20–30 Minuten aufgehen lassen.

4 Den Backofen auf 200 Grad vorheizen.

5 Eigelb und Rahm verrühren. Das Gebäck damit bestreichen. Im 200 Grad heissen Ofen auf der zweituntersten Rille während 35–45 Minuten backen.

Der gute Tip

Möchte man Zöpfe und anderes Hefegebäck vorbereiten, jedoch erst am andern Tag backen, so kann man den Teig sehr gut nach dem ersten Aufgehen formen und anschliessend bis kurz vor dem Backen im Kühlschrank ruhen lassen. Die tiefe Temperatur bewirkt, dass die Hefepilze kaum mehr arbeiten; der Teig schläft. Am nächsten Tag den Teig gut ½ bis ¾-Stunde vor dem Backen aus dem Kühlschrank nehmen, damit er wieder Zimmertemperatur erreicht. Anschliessend mit Eigelb bestreichen, in den kalten Ofen geben und diesen auf die im Rezept vermerkte Temperatur schalten. Etwa 10 Minuten länger backen, als im Rezept vermerkt.

Zopftaube

Ergibt etwa 12 Stück

1. Aus dem Teig 12 lange Stränge formen. Diese zu einem Knoten schlingen; dabei wird das eine Ende zum Kopf, das andere zum Schwanz.

2. Mit einem scharfen Messer den Schwanz einschneiden und schön ausformen. Mit halbierten Rosinen, die man leicht in den Teig drückt, die Augen markieren.

Zopfhase

Ergibt 8 Stück

1. Den Teig in neun Portionen teilen. Aus acht Teigstücken eine ovale Wurst formen. Auf der einen Seite den Kopf, auf der anderen Seite den Schwanz markieren. Mit einem Messer die Vorderpfoten schräg einschneiden.

2. Aus dem Kopf die Ohren, aus dem unteren Teil die Pfoten herausmodellieren. Aus dem neunten Teigstück 8 dünne Teigstränge formen und damit den Hasen ein Band um den Hals knüpfen.

Zopfkränzchen

Ergibt 8 Stück

1. Den Zopfteig in neun Portionen teilen. Aus acht dieser Teigstücke je nach Flechttechnik je zwei oder drei gleichmässige, dünne Stränge formen und diese zu Zweier- oder Dreier-Zöpfchen formen.

2. Jeden Zopfstrang zu einem Kreis formen. Die Enden gut zusammendrücken. Aus dem restlichen Teigstück acht weitere schmale Teigstränge formen und damit die Verschlussstelle verdecken, z.B. in Form einer Schlaufe.

Süsser Hefezopf

Dieser leicht süssliche Hefeteig geht dank dem Zucker besonders schön auf und eignet sich deshalb sehr gut für kunstvoll geflochtenes Gebäck. Einen Zopf aus acht Teigsträngen nennt man auch Mozartzopf.

Ergibt 1 mittleren Zopf

- 500 g Weissmehl
- ½ Teelöffel Salz
- 40 g Zucker
- abgeriebene Schale von ½ Zitrone
- 75 g Butter
- gut 2½ dl Milch
- ½ Würfel Frischhefe (ca. 20 g)

Zum Bestreichen:
- 1 Eigelb
- 1 Esslöffel Rahm

Vorbereiten: etwa 15 Minuten
Aufgehen lassen: insgesamt 90 Minuten
Formen: etwa 10 Minuten
Backen: 45–50 Minuten

1. Das Mehl in eine Schüssel sieben und mit dem Salz, dem Zucker sowie der abgeriebenen Zitronenschale mischen. In der Mitte eine Vertiefung eindrücken. Die Butter auf kleinem Feuer schmelzen. Vom Herd nehmen und die Milch dazugiessen. Wenn die Mischung nur noch handwarm ist, die Hefe darin auflösen. In die Mehlmulde geben. Von der Mitte aus alles mischen, dann aus der Schüssel nehmen und von Hand während etwa 10 Minuten zu einem glatten Teig kneten. Zugedeckt in der Schüssel an einem warmen Ort 1 Stunde aufgehen lassen.

2. Den aufgegangenen Teig in 8 gleichmässige Stücke teilen und zu langen Strängen formen. Dann auf der Arbeitsfläche zu 2 Gruppen mit je 4 Strängen auslegen. Am oberen Ende zusammennehmen.

3. Den äussersten linken Teigstrang quer auf die rechte Seite legen. Gleichzeitig den äussersten rechten Strang auf die gleiche Weise nach links legen.

4. Nun den nach rechts gelegten Strang nach unten links von der Mitte legen und gleichzeitig den zweiten Teigstrang von links quer nach rechts legen.

5. Nun wird das Ganze umgekehrt: Den nach links gelegten Strang nach unten rechts von der Mitte legen und gleichzeitig den zweiten Teigstrang von rechts quer nach links legen.

6. Auf die unter den Punkten 3–5 beschriebene Weise den Zopf fertig flechten. Am Schluss die Strangenden zusammenfassen und nach unten einschlagen. Den Zopf auf ein mit Backpapier belegtes Blech geben und zugedeckt nochmals 30 Minuten aufgehen lassen.

7. Den Backofen auf 200 Grad vorheizen.

8. Das Eigelb mit dem Rahm verrühren und den Zopf damit bestreichen.

9. Den Zopf im 200 Grad heissen Ofen auf der zweituntersten Rille 45–50 Minuten backen.

Dinkelbrot

» Abbildung Seite 157 «

Dinkel ist die alte Kulturform des Weizens. Er ist sehr robust, wächst daher auch in höheren Lagen und eignet sich gut für den biologischen Anbau. Zu seinen besonderen Merkmalen gehören sein nussiges Aroma und seine Backeigenschaften, die jene des Weizens überbieten.

Ergibt 1 grosses Brot

750 g Dinkelmehl
250 g Roggenmehl
1 Esslöffel Salz
1 Würfel Frischhefe (42 g)
1 Teelöffel Zucker
5 dl Sauermilch
150 g Haselnüsse
150 g Rahmquark
2 Teelöffel Korianderpulver
ca. 1 dl lauwarmes Wasser
Haferflocken zum Bestreuen

Vorbereiten: etwa 30 Minuten
Aufgehen lassen: insgesamt 110 Minuten
Backen: etwa 50 Minuten

1. Das Dinkelmehl, das Roggenmehl und das Salz in einer Schüssel mischen. In der Mitte eine Vertiefung eindrücken. Die Hefe zerbröckeln und mit dem Zucker flüssig rühren. In die Mehlmulde geben.

2. Die Sauermilch leicht erwärmen und etwa 1 dl davon zur Hefe geben. Alles zusammen mit wenig Mehl zu einem Vorteig rühren. Mit Mehl überstäuben und zugedeckt an einem warmen Ort etwa 20 Minuten aufgehen lassen, bis der Vorteig auf der Oberfläche feine Risse zeigt.

3. In der Zwischenzeit die Haselnüsse grob hacken.

4. Die restliche Sauermilch, die Haselnüsse, den Rahmquark, das Korianderpulver und das Wasser zum Vorteig geben. Alles von der Mitte aus mischen, dann aus der Schüssel nehmen und von Hand während etwa 10 Minuten zu einem glatten, eher feuchten Teig kneten. Zugedeckt in der Schüssel an einem warmen Ort während 1 Stunde aufgehen lassen.

5. Den Teig noch einmal kurz durchkneten. Zu einem Laib formen und auf ein mit Backpapier belegtes Blech geben. Zugedeckt weitere 30 Minuten aufgehen lassen.

6. Den Backofen auf 250 Grad vorheizen.

7. Den Brotlaib mit kaltem Wasser bestreichen und mit Haferflocken bestreuen. Die Hitze auf 180 Grad reduzieren. Das Dinkelbrot auf der zweituntersten Rille einschieben und während etwa 50 Minuten backen.

Grünkern-Brötchen

» Abbildung Seite 156 «

Grünkern ist der milchreif beziehungsweise «grün» geerntete Dinkel, der geröstet wird. Weil er im Gegensatz zum Dinkel eher schlechte Backeigenschaften hat, muss er für Gebäck immer mit Weizenmehl gemischt werden.

Ergibt 8 Brötchen

100 g Grünkernkörner
100 g Grünkernmehl
250 g Weizenmehl
1 Teelöffel Salz
1 Würfel Frischhefe (42 g)
1 Teelöffel Honig
2½ dl lauwarmes Wasser
100 g Rüebli

Einweichen: 8–10 Stunden
Vorbereiten: etwa 20 Minuten
Aufgehen lassen: insgesamt 75–80 Minuten
Backen: etwa 20 Minuten

1. Die Grünkernkörner über Nacht in kaltem Wasser einweichen.

2. Das Grünkernmehl und das Weizenmehl mit dem Salz in einer Schüssel mischen und in der Mitte eine Vertiefung eindrücken. Die Hefe mit dem Honig flüssig rühren und zusammen mit dem Wasser sowie den abgetropften Grünkernkörnern in die Mehlmulde geben.

3. Die Rüebli schälen und an der Bircherraffel zum Mehl reiben.

4. Alle Zutaten mischen, aus der Schüssel nehmen und von Hand während etwa 10 Minuten zu einem glatten Teig kneten. Zugedeckt in der Schüssel an einem warmen Ort während 1 Stunde aufgehen lassen.

5. Den Teig nochmals kurz durchkneten und in 8 Stücke teilen. Zu Brötchen formen. Auf ein mit Backpapier belegtes Blech geben. Mit einem Tuch gedeckt weitere 15–20 Minuten aufgehen lassen.

6. Den Backofen auf 220 Grad vorheizen.

7. Die Brötchen mit kaltem Wasser bestreichen und mit etwas Mehl bestäuben. Nach Belieben mit einem Messer einschneiden.

8. Die Brötchen im 220 Grad heissen Ofen auf der zweituntersten Rille während etwa 20 Minuten backen.

Grünkern-Brötchen
》 Rezept Seite 155 《

Früchtebrot
》 Rezept Seite 158 《

Dinkelbrot
❱❱ Rezept Seite 155 ❰❰

Kräuter-Hefeschnecken
❱❱ Rezept Seite 159 ❰❰

Knoblauch-Fladenbrötchen
❱❱ Rezept Seite 158 ❰❰

Früchtebrot

» Abbildung Seite 156 «

Dieses gehaltvolle, süssliche Brot aus verschiedenen Vollkornsorten, Dörrfrüchten und Nüssen schmeckt einfach so mit etwas Butter genossen, aber auch zu einer Käseplatte. Es hält sich in Alufolie verpackt mindestens zwei Wochen frisch.

Ergibt 1 Brot

200 g Kruskmamehl
(im Reformhaus erhältlich)
200 g Ruchmehl
100 g Hafermehl
2 Teelöffel Salz
½ Würfel Frischhefe (ca. 20 g)
1 Esslöffel Honig
2 dl lauwarme Milch
250 g gedörrte Aprikosen
250 g gedörrte Feigen
150 g weiche Butter
1 dl Wasser
½ Teelöffel Zimt
2 Prisen Muskatnuss
100 g Haselnüsse
100 g Sultaninen

Vorbereiten: etwa 30 Minuten
Aufgehen lassen:
insgesamt etwa 3½ Stunden
Backen: 50–60 Minuten

1. Das Kruskamehl, das Ruchmehl und das Hafermehl mit Salz in einer Schüssel mischen und in der Mitte eine Vertiefung eindrücken.

2. Die Hefe mit dem Honig flüssig rühren. Mit der Hälfte der lauwarmen Milch mischen und in die Mehlmulde geben. Mit etwas Mehl zu einem Vorteig mischen, diesen mit Mehl überstäuben und zugedeckt an einem warmen Ort 15–20 Minuten aufgehen lassen.

3. In der Zwischenzeit die Aprikosen und Feigen in Streifen schneiden.

4. Die Butter in kleinen Stücken zum aufgegangenen Vorteig schneiden. Die restliche Milch, Wasser, Zimt und Muskatnuss beifügen. Alles gut mischen, aus der Schüssel nehmen und während etwa 10 Minuten zu einem geschmeidigen Teig kneten. Aprikosen, Feigen, Haselnüsse und Sultaninen beifügen und gut unterarbeiten. Den Teig zugedeckt in der Schüssel an einem warmen Ort während 2½ bis 3 Stunden aufgehen lassen.

5. Eine beliebige Form (z.B. Cakeform, kleine Springform, Panettoneform) gut ausbuttern und leicht mehlen. Den Teig hineingeben. Nochmals zugedeckt 30 Minuten aufgehen lassen.

6. Den Backofen auf 250 Grad vorheizen.

7. Die Ofenhitze auf 200 Grad zurückschalten und das Früchtebrot auf der untersten Rille einschieben. Je nach Grösse und Art der Form das Brot während 50–60 Minuten backen. Herausnehmen, dem Rand entlang mit einem Messer lösen und auf ein Kuchengitter stürzen. Auskühlen lassen. Das Früchtebrot sollte 1–2 Tage durchziehen, bevor man es geniesst.

Knoblauch-Fladenbrötchen

» Abbildung Seite 157 «

Diese würzigen kleinen Brötchen passen gut zu einer kalten Fleischplatte oder zu Käse, schmecken aber auch einfach so genossen zu einem Glas Wein. Und das Besondere daran: Man backt sie nicht im Ofen, sondern in der Pfanne.

Ergibt 16 Stück

350 g Weissmehl
150 g Buchweizenmehl
2 Teelöffel Salz
4 Knoblauchzehen
½ Teelöffel frisch gemahlener schwarzer Pfeffer
1 Teelöffel gemahlener Kreuzkümmel
½ Teelöffel Kardamom
2 dl lauwarme Buttermilch
knapp 2 dl lauwarmes Wasser

Vorbereiten: etwa 15 Minuten
Ruhen lassen: etwa 8 Stunden
Backen: etwa 10 Minuten

1. Beide Mehlsorten mit dem Salz in einer Schüssel mischen und in der Mitte eine Vertiefung eindrücken.

2. Die Knoblauchzehen schälen und in die Mehlmulde pressen. Den Pfeffer, den Kreuzkümmel, das Kardamom, die Buttermilch und das Wasser beifügen. Alles von der Mitte aus mischen, dann aus der Schüssel nehmen und von Hand zu einem glatten Teig kneten. In Klarsichtfolie wickeln und bei Zimmertemperatur 8 Stunden ruhen lassen.

3. Den Teig nochmals kurz durchkneten. In 16 Stücke teilen und diese zu Kugeln formen. Auf der bemehlten Arbeitsfläche zu etwa 1 cm dicken Fladen auswallen.

4. Die Fladen in einer beschichteten Pfanne ohne Fettzugabe bei mittlerer Hitze beidseitig hellbraun backen. Die Fladen schmecken sowohl lauwarm wie kalt, sollten aber am Zubereitungstag gegessen werden.

>> Abbildung Seite 157 <<

Kräuter-Hefeschnecken

Die würzigen Brötchen sehen aus wie die süssen Hefeschnecken, sind jedoch pikant gefüllt mit vielen Kräutern, Pinienkernen und etwas Knoblauch. Sie passen ausgezeichnet zu einer kalten Fleischplatte oder auf ein kaltes Buffet.

Ergibt 7–8 Stück

150 g Vollkornmehl
100 g Ruchmehl
¾ Teelöffel Salz
40 g Butter
ca. 1½ dl Milch
½ Würfel Frischhefe (ca. 20 g)

Füllung:
1 Bund Petersilie
1 Bund Schnittlauch
1 Bund Basilikum
2 Zweige Rosmarin
2 Knoblauchzehen
50 g Pinienkerne
½ dl Olivenöl
Salz, Pfeffer

Zum Fertigstellen:
etwas Milch zum Bestreichen

Vorbereiten: etwa 25 Minuten
Aufgehen lassen: insgesamt etwa 90 Minuten
Backen: 30–35 Minuten

1 Die beiden Mehlsorten mit dem Salz in einer Schüssel mischen und in der Mitte eine Vertiefung eindrücken.

2 Die Butter in einem Pfännchen auf kleinem Feuer schmelzen. Von der Herdplatte nehmen und die Milch dazugiessen. Wenn die Mischung nur noch handwarm ist, die Hefe darin auflösen. In die Mehlmulde geben. Alles von der Mitte aus mischen, aus der Schüssel nehmen und von Hand während 8–10 Minuten zu einem glatten Teig kneten. Zugedeckt in der Schüssel an einem warmen Ort während 1 Stunde aufgehen lassen.

3 In der Zwischenzeit die Füllung zubereiten: Alle Kräuter grob hacken. Die Knoblauchzehen schälen und scheibeln. Kräuter und Knoblauch mit den Pinienkernen im Mörser zerstossen oder im Cutter mixen. Mit dem Olivenöl zu einer streichfähigen Paste rühren und diese leicht salzen und pfeffern.

4 Den aufgegangenen Teig zu einem gut ½ cm dicken Quadrat auswallen. Mit der Kräuterfüllung bestreichen und nicht zu satt aufrollen. Mit einem scharfen Messer in 7–8 Stücke schneiden.

5 Eine Springform von 20–22 cm Durchmesser ausbuttern und mit Mehl bestäuben. Die Hefeschnecken mit der Schnittfläche nach oben in die Form setzen, dabei zwischen den einzelnen Stücken einen Zwischenraum lassen. Zugedeckt nochmals 30 Minuten aufgehen lassen.

6 Den Backofen auf 250 Grad vorheizen.

7 Die Kräuter-Hefeschnecken mit Milch bestreichen.

8 Den Ofen auf 200 Grad zurückschalten. Die Kräuter-Hefeschnecken auf der zweituntersten Rille während 30–35 Minuten backen. Herausnehmen und auf einem Kuchengitter auskühlen lassen.

Brot-Varianten

Das **Weissmehl** ganz oder teilweise ersetzen durch: Ruch-, Vollkorn-, Roggen- oder Maismehl; Hafer-, Hirse-, Fünfkorn- oder andere Flocken.

Das **Wasser** ganz oder teilweise ersetzen durch: Milch, Rahm, Joghurt, Quark, Butter usw.

Als weitere **Geschmackskomponenten** beifügen: Baum- oder Haselnüsse, Gewürze wie Sesam, Mohn, Anis, Fenchelsamen usw., Kräuter, Speck, Oliven, getrocknete Tomaten, Dörrfrüchte.

Wieviel Flüssigkeit?

Die Flüssigkeitsmenge bei Hefegebäck ist oft mit «etwa» umschrieben. Das liegt daran, dass sie je nach Mehlqualität, Eiergrösse usw. leicht variieren kann. Ist der Teig sehr feucht, gibt man noch etwas Mehl bei; ist er zu trocken, fügt man etwas Flüssigkeit zu.

Birnen-Schokolade-Torte
》Rezept Seite 169《

Die schönsten Torten

Prunkstücke

Anschneiden sollte man diese Prachttorten am besten in grösserem Kreise, da kann man auch gleich ein bisschen aufschneiden damit. Schliesslich sehen sie schon sehr meisterlich aus! Doch keine Angst: Man muss kein Fachmann sein, damit sie gelingen. Das einzige, was man braucht, ist etwas Zeit, Geduld und sorgfältiges Arbeiten – dann gelingt die Zubereitung dieser Prunkstücke problemlos.

Schokolademousse-Torte

Boden, Rand und Garnitur dieser Torte sind aus selbstgebackenen Schokolademeringues, die Füllung ist eine gehaltvolle Schokolademousse. Die Meringues können einige Zeit im voraus gebacken werden und halten sich gut verschlossen in einer Blechdose etwa zwei Wochen frisch.

Ergibt 12 Stück

Meringuemasse:
- 7 Eiweiss
- 150 g Kristallzucker
- 200 g Puderzucker
- 40 g Kakaopulver
- 2 Esslöffel Maizena

Füllung:
- 250 g dunkle Schokolade
- 2 Esslöffel Kirsch oder Wasser
- 150 g Butter
- 4 Eigelb
- 6 Eiweiss
- 2 Esslöffel Zucker
- 1 dl Rahm

Zum Servieren:
- etwas Puderzucker

Vorbereiten: etwa 30 Minuten
Backen: etwa 2 Stunden
Füllen: etwa 30 Minuten
Kühl stellen: etwa 3 Stunden

1. Den Backofen auf 130 Grad vorheizen. Auf Backpapier drei Rondellen von 24 cm Durchmesser aufzeichnen. Auf ein Blech legen.

2. Für die Meringues die Eiweiss schaumig schlagen. Den Kristallzucker löffelweise beifügen. So lange weiterschlagen, bis eine sehr steife Masse entstanden ist.

3. Den Puderzucker mit dem Kakao und dem Maizena sieben und mit einem Gummispachtel unter den Eischnee ziehen.

4. Die Eischnee-Masse in einen Spritzsack mit runder Tülle füllen und spiralenförmig auf die vorgezeichneten Rondellen spritzen. Die restliche Masse als lange Streifen auf das Backpapier spritzen.

5. Die Meringues im 130 Grad heissen Ofen auf der zweituntersten Rille 2 Stunden trocknen lassen. Wichtig: Die Ofentüre einen 10 cm breiten Spalt offen lassen, damit die Feuchtigkeit entweichen kann. Die Meringues nach dem Backen auskühlen lassen.

6. Für die Mousse die Schokolade zerbröckeln. Mit dem Kirsch oder Wasser auf allerkleinstem Feuer schmelzen lassen. Von der Herdplatte nehmen und glatt rühren. Zuerst die Butter, dann die Eigelb unterschlagen. Etwas abkühlen lassen.

7. Die Eiweiss mit dem Zucker steif schlagen. Den Eischnee sorgfältig unter die Schokoladecreme ziehen.

8. Den Rahm steif schlagen. Ebenfalls unter die Creme ziehen.

9. Einen Meringueboden auf eine Tortenplatte legen. Mit einem Drittel der Creme bestreichen. Einen weiteren Boden auflegen, den zweiten Drittel Creme daraufgeben. Mit der dritten Rondelle decken. Diese und den Tortenrand mit der restlichen Creme bestreichen.

10. Die Meringuestreifen in gleichmässige Stücke brechen und die Torte damit garnieren. Mindestens 3 Stunden kühl stellen.

11. Die Torte vor dem Servieren mit Puderzucker besieben.

Gewusst wie: Schokolademousse-Torte

Auf Backpapier drei Rondellen von 24 cm Durchmesser zeichnen. Die Meringuemasse spiralförmig daraufspritzen.

Die restliche Masse als lange Streifen auf das Backpapier spritzen.

Für die Tortengarnitur die Meringuestreifen in kleine Stücke brechen.

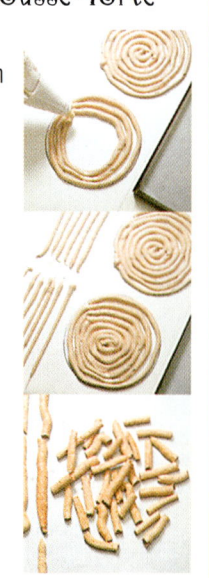

Mandarinen-Quark-Torte

Zwischen zwei knusprig gebackenen Mürbeteigböden kommen Mandarinenschnitze sowie eine erfrischende Rahmquarkfüllung zu liegen. Die Mürbeteigböden lassen sich im voraus backen und halten sich gut verschlossen – zum Beispiel in Alufolie gewickelt – rund eine Woche frisch. Anstelle von Mandarinen kann man die Torte auch mit Erdbeeren, Himbeeren, Johannisbeeren, Aprikosen- oder Pfirsichschnitzchen zubereiten.

Ergibt 12 Stück

Mürbeteig:
- 200 g Mehl
- 50 g Zucker
- 1 Prise Salz
- 120 g Butter
- 3–4 Esslöffel Wasser

Füllung:
- 600 g Rahmquark
- 125 g Zucker
- abgeriebene Schale und Saft von ½ Zitrone
- 3 dl Rahm
- 5 Blatt Gelatine
- 3 Dosen Mandarinenschnitze (abgetropft insgesamt ca. 700 g)
- Puderzucker zum Bestreuen

Vorbereiten: etwa 20 Minuten
Backen: 12–15 Minuten
Füllen: etwa 20 Minuten
Kühl stellen: insgesamt etwa 4½ Stunden

1 Für den Teig in einer Schüssel Mehl, Zucker und Salz mischen. Die Butter in Flocken dazuschneiden. Alles zwischen den Fingern zu einer bröseligen Masse reiben. Das Wasser beifügen und die Zutaten rasch zu einem glatten Teig zusammenkneten. In Folie gewickelt 30 Minuten kühl stellen.

2 Den Teig halbieren. Jede Teigportion dünn auswallen und daraus mit Hilfe eines Springformenbodens je eine Rondelle von 26 cm Durchmesser ausschneiden. Auf ein mit Backpapier belegtes Blech legen und mit einem zweiten Blech beschweren.

3 Die Tortenböden im auf 220 Grad vorgeheizten Ofen auf der zweituntersten Rille 12–15 Minuten backen.

4 Den Quark mit dem Zucker, der Zitronenschale und dem Zitronensaft verrühren. Den Rahm steif schlagen und unterziehen.

5 Die Gelatine in reichlich kaltem Wasser einweichen. Wenn sie zusammengefallen ist, tropfnass in ein kleines Pfännchen geben und bei milder Hitze unter Rühren auflösen. Vom Feuer nehmen. Einige Löffel Quarkmasse dazurühren, dann diese Mischung unter die restliche Quarkcreme rühren.

6 Den ersten Mürbeteigboden auf eine Tortenplatte legen und einen Springformenrand von 26 cm Durchmesser aufsetzen. Den Tortenboden mit zwei Dritteln der Mandarinenschnitze belegen. Die Quarkcreme darauf ausstreichen und mit dem zweiten Teigboden decken. Im Kühlschrank während mindestens 4 Stunden fest werden lassen.

7 Den Rand der Torte mit einem scharfen Messer sorgfältig lösen, dann die Form öffnen. Den Tortendeckel dick mit Puderzucker besieben. Mit den restlichen Mandarinenschnitzchen garnieren.

Florentiner Torte

Ergibt 12 Stück

Mürbeteig:
325 g Mehl
75 g Puderzucker
150 g Butter
1 Ei
1 Eigelb

Füllung:
100 g weiche Butter
1 Vanillestengel
50 g Eiweiss
50 g Puderzucker
ca. 150 g Aprikosenkonfitüre

Glasur:
100 g Puderzucker
2 Esslöffel Zitronensaft
1–2 Esslöffel Wasser

Vorbereiten: etwa 20 Minuten
Backen: 10–12 Minuten
Füllen: etwa 40 Minuten
Kühl stellen: insgesamt etwa 3½ Stunden

Aprikosenkonfitüre und eine feine Vanille-Buttercreme sind die Füllung dieser Torte, die sich in den verschiedensten Formen – rund, quadratisch oder in beliebigen Phantasieformen – backen lässt. Auch den Verzierungsmöglichkeiten sind keine Grenzen gesetzt. Sie eignet sich deshalb auch sehr gut als Torte für verschiedene Festlichkeiten wie Geburtstag, Hochzeitstag, Weihnachten oder Ostern. In Folie gewickelt und kühl aufbewahrt hält sie sich fast eine Woche frisch.

1. Das Mehl in eine Schüssel sieben und mit dem Puderzucker mischen. Die Butter in Flocken dazuschneiden. Alles zwischen den Fingern zu einer bröseligen Masse reiben. Ei und Eigelb verquirlen, beifügen und die Zutaten rasch zu einem glatten Teig zusammenfügen. In Folie wickeln und mindestens 30 Minuten kühl stellen.

2. Den Teig in vier Portionen teilen. Auf wenig Mehl dünn auswallen und mit Hilfe eines Springformenbodens von 20 cm Durchmesser vier Rondellen ausschneiden. Auf ein mit Backpapier belegtes Blech geben und mit einer Gabel regelmässig einstechen.

3. Die Tortenböden im auf 200 Grad vorgeheizten Ofen auf der zweituntersten Rille während 10–12 Minuten hellbraun backen. Auskühlen lassen.

4. Für die Füllung die Butter in eine Schüssel geben. Den Vanillestengel der Länge nach halbieren, die Samen herauskratzen und diese zur Butter geben. Die Vanillebutter mit der Küchenmaschine oder mit dem Handrührgerät 15 (!) Minuten zu einer weissen und sehr luftigen Masse aufschlagen.

5. Die Eiweiss und den Puderzucker in eine Schüssel geben. Mit dem Schwingbesen über einem heissen Wasserbad lauwarm aufschlagen. Dann die Masse in der Küchenmaschine oder mit dem Handrührgerät kalt schlagen. Den Eischnee sorgfältig mit der Buttermasse mischen.

6. Die Aprikosenkonfitüre in ein Pfännchen geben und leicht erwärmen. Durch ein feines Sieb streichen.

7. Den ersten Mürbeteigboden mit Buttercreme bestreichen. Den zweiten Boden auflegen und mit Aprikosenkonfitüre bestreichen. Mit dem dritten Boden decken und diesen mit Buttercreme bestreichen.

8. Die vierte Rondelle sehr dünn mit Aprikosenkonfitüre bestreichen und beiseite stellen. Die Konfitüre etwas antrocknen lassen.

9. Für die Glasur den Puderzucker in eine Schüssel sieben und mit dem Zitronensaft und dem Wasser glatt und dickflüssig rühren. Die beiseite gelegte Rondelle damit überziehen und als Deckel auf den Kuchen legen. Nach Belieben mit kandierten Früchten, Zuckerkügelchen usw. verzieren. Vor dem Servieren die Torte mindestens 3 Stunden kühl stellen.

Florentiner Torte
» Variante «

Florentiner Torte
》Rezept nebenstehend《

Mascarpone-Torte

》Abbildung Seite 166《

Eine Art Tirami-su-Creme, jedoch ohne Eier, dafür mit Quark zubereitet, umhüllt dieses Biskuitherz, das aber selbstverständlich auch als runde Torte gebacken werden kann. Wichtig ist, dass man die Torte vor dem Servieren gut durchziehen lässt.

Ergibt 12 Stück

Biskuit:
3 Eigelb
90 g Zucker
3 Eiweiss
1 Prise Salz
90 g Mehl

Zum Tränken:
1 dl Espresso-Kaffee
1 Esslöffel Zucker
1 dl Cognac

Füllung:
250 g Magerquark
500 g Mascarpone
60 g Puderzucker
1 dl Rahm
etwas Kakaopulver zum Bestreuen der Torte

Biskuit: etwa 15 Minuten
Backen: etwa 30 Minuten
Füllen: etwa 15 Minuten
Kühl stellen: etwa 6 Stunden

1. Eine grosse Herzform oder eine Springform von etwa 24 cm Durchmesser ausbuttern und kurz kühl stellen. Dann mit Mehl ausstäuben. Den Backofen auf 180 Grad vorheizen.

2. Die Eigelb mit dem Zucker zu einer hellen, dicklichen Creme aufschlagen. Die Eiweiss mit dem Salz steif schlagen. Den Eischnee abwechselnd mit dem gesiebten Mehl unter die Eicreme ziehen. Die Masse in die vorbereitete Form füllen.

3. Das Biskuit sofort im 180 Grad heissen Ofen auf der zweituntersten Rille während etwa 30 Minuten backen. Auskühlen lassen.

4. Den Kaffee, den Zucker und den Cognac mischen.

5. Den Biskuitboden auf eine Tortenplatte geben. Mit der Kaffeemischung beträufeln.

6. Den Magerquark mit dem Mascarpone und dem Puderzucker verrühren. Dabei nicht zu stark schlagen, weil sonst der Mascarpone gerne buttrig ausflockt. Den Rahm steif schlagen und unterziehen.

7. Die Creme auf das Biskuit geben und dieses damit vollständig einhüllen, auch den Tortenrand. Mit einer Gabel, die man immer wieder in Wasser taucht, Muster in die Creme ziehen. Dann die Torte im Kühlschrank etwa 6 Stunden durchziehen lassen.

8. Vor dem Servieren die Torte dick mit Kakaopulver bestäuben.

Mascarpone-Torte
》 Rezept Seite 165 《

Zuger Kirschtorte
》 Rezept nebenstehend 《

Zuger Kirschtorte

Dieser berühmte Kuchen aus der Innerschweiz ist inzwischen so etwas wie eine Schweizer Nationaltorte geworden. Über die Menge des Kirsches, mit dem die Torte aromatisiert wird, gehen die Meinungen sehr auseinander. Wir meinen, mit 1 dl Kirsch und 1 dl Zuckerwasser eine ausgewogene Mischung gefunden zu haben.

Ergibt 12 Stück

Biskuit:
3 Eigelb
90 g Zucker
3 Eiweiss
1 Prise Salz
90 g Mehl

Japonaisböden:
3 Eiweiss
1 Prise Salz
90 g Zucker
60 g gemahlene Mandeln
1 Esslöffel Mehl

Sirup:
1 dl Wasser
2 Esslöffel Zucker
1 dl Kirsch

Buttercreme:
200 g weiche Butter
170 g Puderzucker
3 Esslöffel Kirsch
wenig Randensaft oder rote Lebensmittelfarbe

Zum Fertigstellen:
50 g Mandelblättchen
etwas Puderzucker
nach Belieben 50 g rosa Marzipan
für die Garnitur

Biskuit: etwa 15 Minuten
Backen: etwa 30 Minuten
Böden: etwa 15 Minuten
Backen: etwa 1½ Stunden
Füllen: etwa 30 Minuten

1. Eine Springform von 24 cm ausbuttern und kurz kühl stellen. Dann mit Mehl ausstäuben. Den Backofen auf 180 Grad vorheizen.

2. Für das Biskuit die Eigelb mit dem Zucker zu einer hellen, dicklichen Creme aufschlagen. Die Eiweiss mit dem Salz steif schlagen. Abwechselnd mit dem gesiebten Mehl unter die Eicreme ziehen. Die Masse in die vorbereitete Form füllen.

3. Das Biskuit im 180 Grad heissen Ofen auf der zweituntersten Rille während etwa 30 Minuten backen. Vollständig auskühlen lassen.

4. Auf einem Backpapier zwei Kreise von 24 cm Durchmesser aufzeichnen. Das Papier auf ein Blech legen. Den Backofen auf 120 Grad vorheizen.

5. Für die Japonaisböden die Eiweiss mit dem Salz sehr schaumig schlagen. Dann löffelweise unter Weiterrühren den Zucker einrieseln lassen und noch so lange schlagen, bis eine glänzende, schneeweisse Masse entstanden ist. Abwechselnd mit einem Gummispachtel Mandeln und Mehl unterziehen.

6. Die Japonaismasse auf den Kreisen des vorbereiteten Backpapiers ausstreichen. Sofort im 120 Grad heissen Ofen auf der untersten Rille während etwa 1½ Stunden trocknen lassen; dabei die Ofentüre einen Spalt offen lassen, damit die Feuchtigkeit entweichen kann.

7. Für den Sirup das Wasser mit dem Zucker aufkochen und auskühlen lassen. Mit dem Kirsch parfümieren.

8. Für die Buttercreme die Butter sehr hell rühren. Den Puderzucker, den Kirsch und den Randensaft oder die Lebensmittelfarbe beifügen und alles so lange weiterschlagen, bis sich der Zucker aufgelöst hat.

9. Die Mandelblättchen in einer trockenen Pfanne ohne Fettzugabe leicht rösten. Auskühlen lassen.

10. Den ersten Japonaisboden mit etwa einem Drittel der Buttercreme bestreichen. Das Biskuit daraufsetzen. Mit dem Kirschsirup tränken und mit dem zweiten Drittel Buttercreme bestreichen. Den zweiten Japonaisboden darauf legen. Die Torte rundum mit der restlichen Buttercreme bestreichen. Den Tortenrand mit den Mandelblättchen belegen. Die Torte dick mit Puderzucker bestäuben. Mit einem scharfen Messer Rhombenmuster einzeichnen.

11. Nach Belieben aus dem Marzipan Rosetten formen und die Torte damit verzieren. Bis zum Servieren kühl stellen.

Holländer Torte

Eine luftige Rahm-Kirschen-Füllung zwischen knusprigen Blätterteigböden – so präsentiert sich die Holländer Torte, wenn sie angeschnitten wird. Anstelle von Kirschen kann man sie in der Saison auch mit Himbeeren oder Erdbeeren füllen; in diesem Fall für den Belag die entsprechende Konfitüre wählen.

Ergibt 8 Stück

- ca. 300 g Blätterteig
- 2 Esslöffel Johannisbeergelee
- 75 g Puderzucker
- 1 Esslöffel Kirschensaft oder Johannisbeer- oder Himbeersirup

Füllung:

- 100 g Johannisbeergelee
- 1 Dose Weichsel- oder Herzkirschen, abgetropft ca. 200 g
- 3 Blatt Gelatine
- 5 dl Rahm
- 50 g Zucker
- 2 Päcklein Bourbon Vanillezucker

Vorbereiten: etwa 15 Minuten
Backen: etwa 15 Minuten
Füllen: 30 Minuten
Kühl stellen: etwa 3 Stunden

1. Den Blätterteig mit einem scharfen Messer halbieren. Jede Portion auf der leicht bemehlten Arbeitsfläche rund auswallen. Mit Hilfe eines Springformbodens von 24 cm Durchmesser aus jedem Teigstück eine Rondelle ausschneiden. Auf ein mit Backpapier belegtes Blech geben. In die eine Rondelle mit einem scharfen Messer 8 gleichmässige Kuchenstücke einritzen. Die andere Rondelle mit einer Gabel regelmässig einstechen. Die Rondellen mit einem Blech beschweren, damit der Teig beim Backen nicht zu stark aufgeht.

2. Die Blätterteigrondellen im auf 220 Grad vorgeheizten Ofen auf der zweituntersten Rille etwa 15 Minuten backen. Herausnehmen.

3. Die eingeritzte Rondelle noch heiss mit dem Gelee bestreichen.

4. Puderzucker und Kirschensaft oder Sirup zu einer zähflüssigen Glasur verrühren. Auf der Gelee-Rondelle ausstreichen. Nach Belieben mit Zuckerperlen usw. dekorieren.

5. Zum Füllen der Torte den zweiten Teigboden auf eine Tortenplatte legen und mit einem Springformenrand umlegen. Den Boden dick mit dem Johannisbeergelee bestreichen. 8 Kirschen für das Fertigstellen der Torte beiseite legen. Die restlichen Kirschen auf den Teigboden geben.

6. Die Gelatine in kaltem Wasser einweichen. Wenn sie zusammengefallen ist, tropfnass in ein Pfännchen geben und auf kleinem Feuer erwärmen, bis sie geschmolzen ist. Beiseite stellen.

7. Rahm, Zucker und Vanillezucker steif schlagen. Einige Löffel Rahm unter die aufgelöste Gelatine rühren, dann diese Mischung unter den restlichen Rahm schlagen. Den Rahm auf den Teigboden im Springformenrand geben und glatt streichen. 2–3 Stunden kühl stellen.

8. Vor dem Servieren den Glasur-Teigdeckel den eingeritzten Markierungen entlang in Stücke schneiden und die Dreiecke schräggestellt auf die Torte legen; mit Hilfe der beiseite gelegten Kirschen abstützen.

Birnen-Schokolade-Torte

» Abbildung Seite 160 «

Ein Schokoladebiskuit wird gefüllt mit einer würzigen Schokolademousse sowie gekochten Birnen – eine Torte, die nicht nur festlich aussieht, sondern auch himmlisch gut schmeckt. Und das Überraschende: Sie gibt nur halb so viel Arbeit, wie man denken würde.

Ergibt 8 Stück

Biskuit:
- 4 Eigelb
- 100 g Zucker (1)
- 4 Eiweiss
- 1 Prise Salz
- 20 g Zucker (2)
- 80 g Mehl
- 40 g Schokoladepulver

Füllung:
- 3 Birnen
- Saft von 1 Zitrone
- 5 dl Birnen- oder Süssmost
- 200 g Edelbitterschokolade
- 50 g Kokosfett
- 2 dl Rahm

Zum Fertigstellen:
- 50 g Edelbitterschokolade

Biskuit: etwa 15 Minuten
Backen: etwa 40 Minuten
Füllen: etwa 40 Minuten

1. Eine Springform von 18 cm Durchmesser ausbuttern und kurz kühl stellen. Dann mit Mehl ausstäuben. Den Backofen auf 180 Grad vorheizen.

2. Für das Biskuit die Eigelb mit dem Zucker (1) zu einer hellen, dicklichen Creme aufschlagen.

3. Die Eiweiss mit dem Salz sehr schaumig schlagen. Dann langsam unter Rühren den Zucker (2) einrieseln lassen und alles noch so lange weiterschlagen, bis eine glänzende, schneeweisse Masse entstanden ist.

4. Mehl und Schokoladepulver mischen. Abwechselnd mit dem Eischnee unter die Eicreme ziehen. Die Masse in die vorbereitete Form füllen.

5. Das Biskuit im 180 Grad heissen Ofen auf der zweituntersten Rille während etwa 40 Minuten backen. Herausnehmen und auskühlen lassen.

6. Die Birnen schälen, halbieren und das Kerngehäuse entfernen. Eine Birne in dünne Schnitze schneiden.

7. Die Birnenhälften mit dem Zitronensaft und Birnen- oder Süssmost in eine Pfanne geben. Die Birnen zugedeckt auf kleinem Feuer knapp weich kochen. Aus dem Sud nehmen.

8. Die Birnenschnitze in den Sud geben und ebenfalls knapp weich kochen. Mitsamt Sud zu den Birnenhälften geben und auskühlen lassen.

9. Die Schokolade in Stücke brechen und mit dem Kokosfett in ein Pfännchen geben. Auf kleinem Feuer langsam schmelzen lassen. Leicht abkühlen lassen.

10. Den Rahm steif schlagen. Unter die Schokolademasse ziehen. 3–4 Esslöffel Mousse in einen Spritzsack mit gezackter Tülle geben. Beide Schokolademassen kurz kühl stellen.

11. Das Schokoladebiskuit waagrecht halbieren. Am besten geht dies, wenn man den Rand zuerst mit einem scharfen Messer rundum einschneidet, dann einen Küchenfaden in die Kerbe legt und die beiden Enden übers Kreuz zusammenzieht. Die eine Biskuithälfte auf eine Tortenplatte legen. Mit etwas Birnensud beträufeln. Die Birnenhälften darauf anordnen und diese mit 1/3 der Schokolademousse decken. Die zweite Biskuithälfte auf der Seite mit der Schnittfläche ebenfalls mit etwas Birnensud befeuchten und aufsetzen. Die Oberfläche dick, den Rand dünn mit der restlichen Schokolademousse bestreichen. Mit den Birnenschnitzen belegen und mit der Mousse im Spritzsack garnieren.

12. Die Schokolade mit einem Sparschäler in Späne hobeln. Den Tortenrand damit belegen. Die Torte bis zum Servieren kühl stellen.

Der gute Tip
Nach Belieben kann man dem Birnensud zum Tränken des Biskuits etwas Williams beifügen.

Saint-Honoré-Torte

Ergibt 12 Stück

Ob traditionell rund oder in Sternenform gebacken, diese mit einer Vanillecreme gefüllte französische Spezialität gehört zu den internationalen Berühmtheiten unter den Torten. Ihren Namen verdankt sie übrigens dem Schutzheiligen der französischen Bäcker.

ca. 250 g Blätterteig

Brandteig:
- ¼ dl Milch
- 4 Esslöffel Wasser
- 1 Prise Salz
- 2 Esslöffel Zucker
- 100 g Butter
- 150 g Mehl
- 3–4 Eier

Füllung:
- 2 Blatt Gelatine
- 4 Eigelb
- 65 g Zucker (1)
- 1 Päcklein Bourbon Vanillezucker
- 1 Esslöffel Maizena
- 4 Eiweiss
- 2 Esslöffel Zucker (2)
- 2 dl Rahm
- 2 Esslöffel Rum

Caramel:
- 50 g Zucker
- 1 Esslöffel Wasser
- 1 Teelöffel Zitronensaft

Vorbereiten: etwa 25 Minuten
Backen: 20–30 Minuten
Füllen: etwa 30 Minuten
Kühl stellen: insgesamt etwa 2¼ Stunden

1. Den Blätterteig 3 mm dünn auswallen und den Boden einer Springform von 24 cm Durchmesser damit belegen, ohne einen Rand zu formen. Den Boden mit einer Gabel regelmässig einstechen. Kühl stellen. Wird die Torte als Stern gebacken, eine Sternschablone auf den ausgewallten Teig legen und diesen mit einem scharfen Messer ausschneiden.

2. Für den Brandteig Milch, Wasser, Salz, Zucker und Butter aufkochen. Vom Feuer nehmen und das Mehl «im Sturz», das heisst auf einmal zugeben. Die Pfanne auf die Herdplatte zurückstellen und die Masse so lange kräftig rühren, bis sich der Teig als Kloss von der Pfanne löst. In eine Schüssel geben.

3. 2 Eier unter den warmen Teig arbeiten. Das dritte und vierte Ei zuerst verquirlen und nur nach Bedarf zugeben; der Teig soll mittelfest sein. 15 Minuten kühl stellen.

4. Ein kleineres Blech, das neben der Springform im Ofen Platz hat, mit Backpapier belegen. Den Backofen auf 220 Grad vorheizen.

5. Den Teig in einen Spritzsack mit grosser runder Tülle füllen. Auf den vorbereiteten Blätterteigboden einen Rand aufspritzen. Mit dem restlichen Teig auf das vorbereitete Blech mit genügend Abstand voneinander kleine Kugeln spritzen.

6. Den Boden und die Kugeln im 220 Grad heissen Ofen auf der zweituntersten Rille 20–30 Minuten backen; die Kugeln etwas früher herausnehmen, da sie schneller gebacken sind. Auskühlen lassen.

7. Für die Creme die Gelatine in reichlich kaltem Wasser einweichen.

8. Eigelb, Zucker (1), Vanillezucker und Maizena in eine Schüssel geben und über einem heissen Wasserbad zu einer dicken Creme aufschlagen. Vom Feuer nehmen.

9. Die eingeweichte Gelatine ausdrücken, in die heisse Vanillecreme geben und unter Rühren auflösen. Die Creme in einem Eiswasserbad kalt rühren.

10. Die Eiweiss leicht schaumig aufschlagen. Dann den Zucker (2) beifügen und die Masse so lange weiterschlagen, bis eine glänzende, schneeweisse Masse entstanden ist.

11. Den Rahm ebenfalls steif schlagen und mit Rum parfümieren. Abwechselnd Eischnee und Rahm unter die Vanillecreme ziehen. Kühl stellen.

12. Für den Caramel Zucker, Wasser und Zitronensaft in ein Pfännchen geben. Zu hellbrauner Caramel schmelzen lassen.

13. Die Brandteigkugeln sofort in den heissen Caramel tauchen und auf den Rand des Teigbodens setzen. Vorsicht, dass man sich bei diesem Vorgang nicht die Finger an der feurig heissen Caramel verbrennt!

14. Die Torte mit der Vanillecreme füllen. Vor dem Servieren mindestens 2 Stunden kühl stellen.

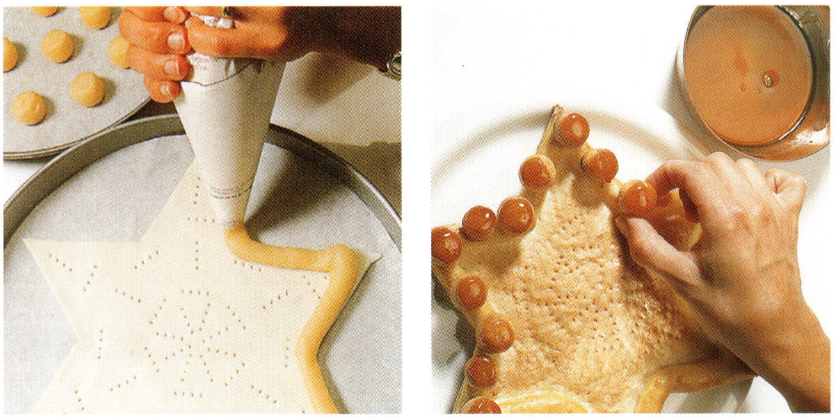

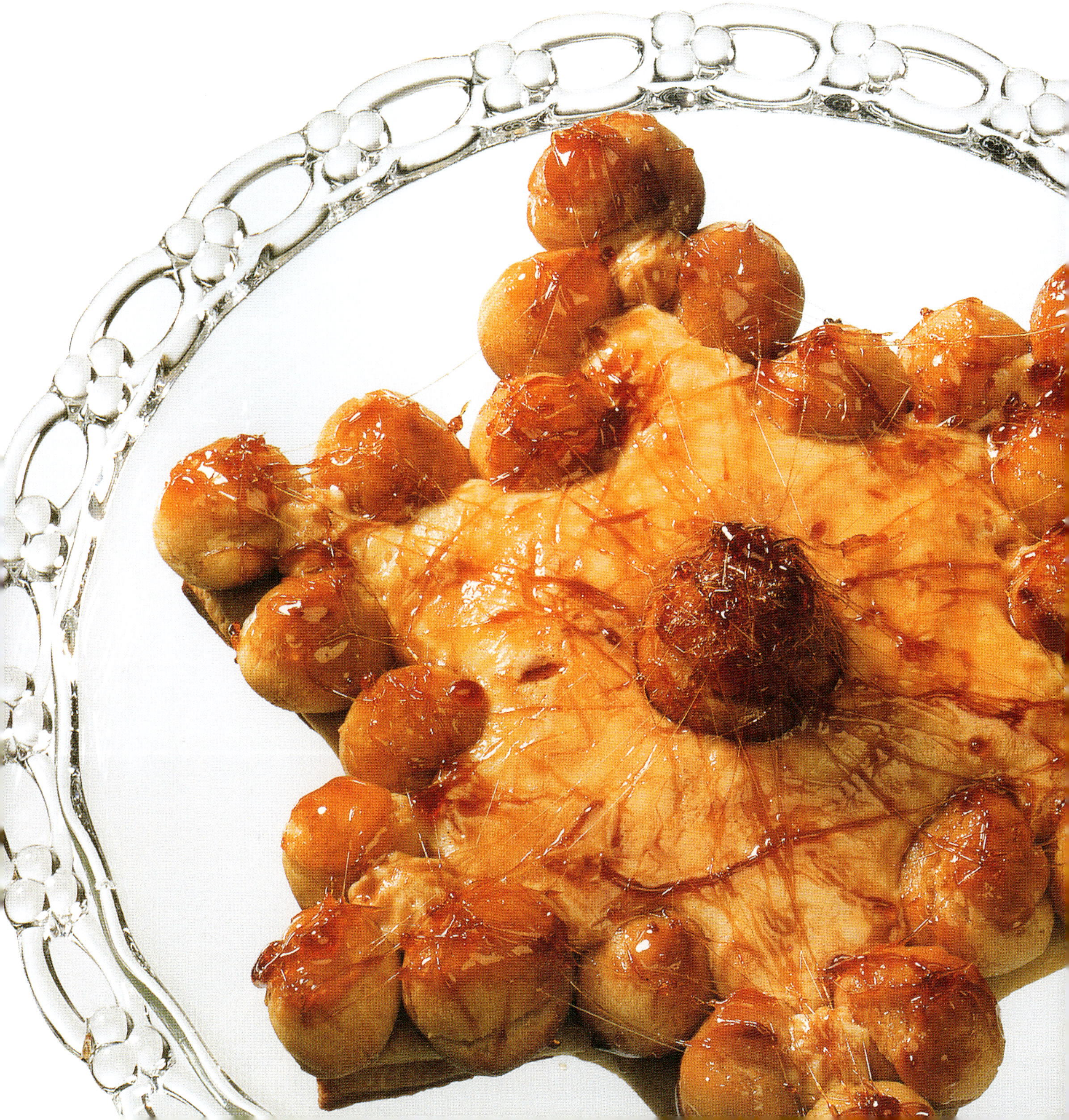

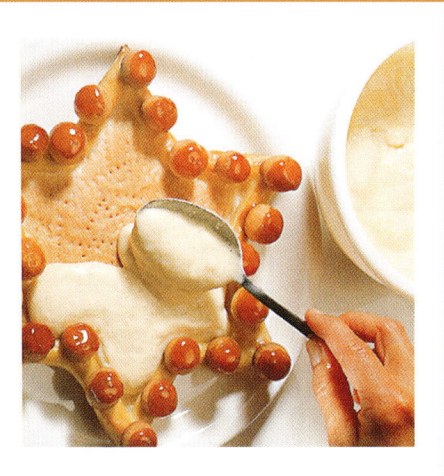

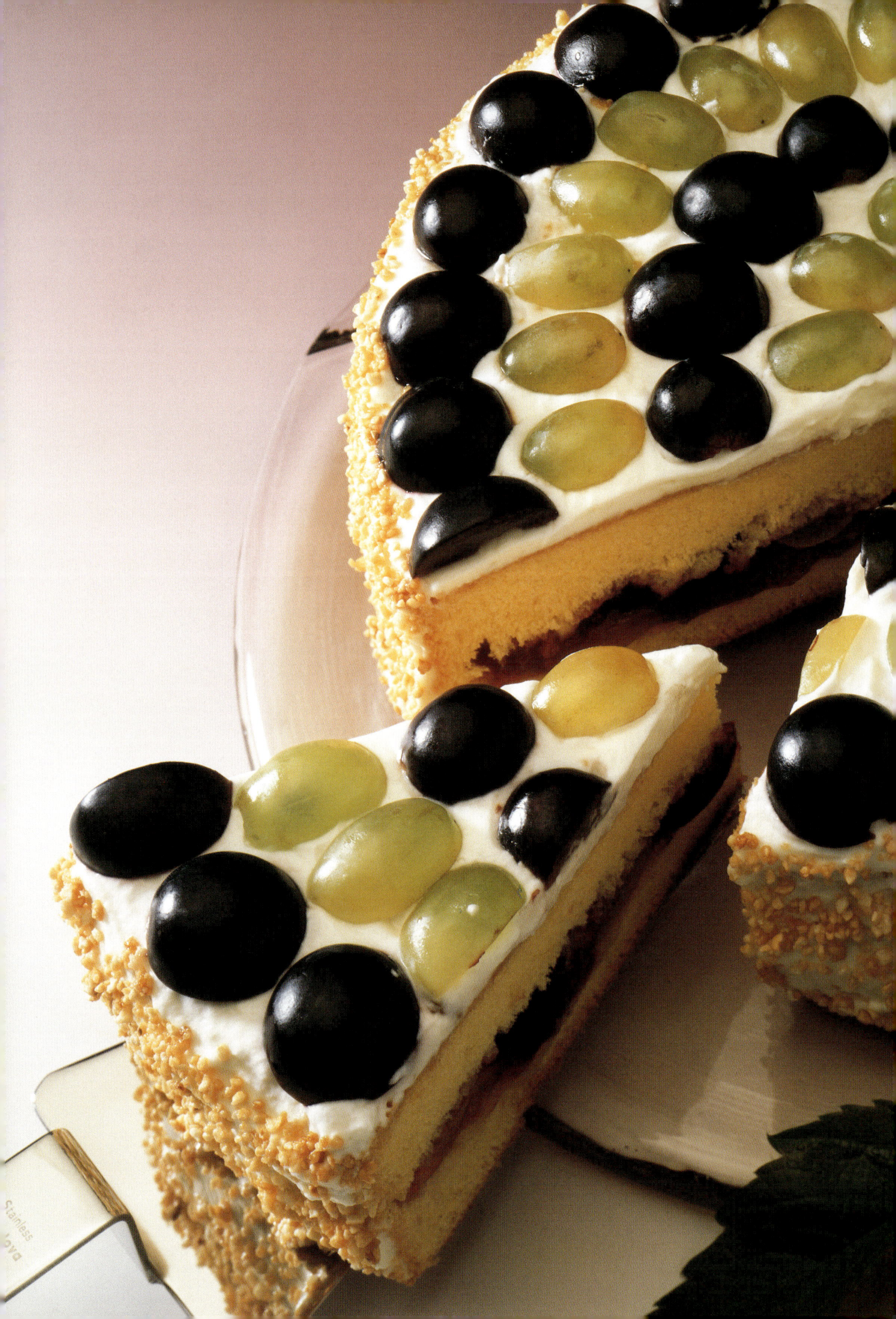
Stainless

Traubentorte

Eine Torte, die auch weniger geübten Bäckerinnen gelingt: Ein Traubenkompott ist die Füllung des luftigen Biskuitteiges, der mit einem Vanillerahm-Mantel umhüllt ist. Wenn man genügend Zeit hat, sollte man das Biskuit für diesen Kuchen bereits am Vorabend zubereiten, denn dann lässt es sich zum Füllen wesentlich besser schneiden.

Ergibt 12 Stück

Biskuit:
5 Eigelb
150 g Zucker
1 Päcklein Vanillezucker
2 Esslöffel warmes Wasser
75 g Butter
5 Eiweiss
1 Messerspitze Backpulver
150 g Mehl

Füllung:
600 g weisse und blaue Trauben, gemischt
1½ dl Rotwein
4 Esslöffel Zucker
1 Esslöffel Zitronensaft
2 Teelöffel Maizena

Zum Fertigstellen:
2 dl Rahm
einige weisse und blaue Traubenbeeren für die Garnitur
1 Päckli Knusperstreusel

Biskuit: etwa 15 Minuten
Backen: etwa 30 Minuten
Füllen: etwa 40 Minuten
Kühl stellen: etwa 60 Minuten

1. Eine Springform von 26 cm Durchmesser ausbuttern und kurz kühl stellen. Dann mit Mehl ausstäuben. Den Backofen auf 200 Grad vorheizen.

2. Für das Biskuit die Eigelb, den Zucker, den Vanillezucker und das warme Wasser zu einer hellen, dicklichen Creme aufschlagen.

3. In einem Pfännchen die Butter schmelzen und leicht abkühlen lassen.

4. Inzwischen die Eiweiss mit dem Backpulver steif schlagen. Abwechselnd Eischnee und gesiebtes Mehl mit einem Gummischaber sorgfältig unter die Eicreme heben. Zuletzt die Butter untermischen. Die Teigmasse sofort in die vorbereitete Form füllen.

5. Das Biskuit im 200 Grad heissen Ofen auf der untersten Rille etwa 30 Minuten backen. Herausnehmen und vollständig auskühlen lassen.

6. Für die Füllung die Traubenbeeren waschen, halbieren und mit einem spitzen Küchenmesserchen die Kerne herauslösen.

7. Rotwein, Zucker und Zitronensaft in eine Pfanne geben, aufkochen und 2–3 Minuten kochen lassen. Dann die Trauben hineingeben. Das Maizena mit wenig kaltem Wasser verrühren, beifügen und alles noch so lange leise kochen lassen, bis die Flüssigkeit sämig bindet. Das Kompott auskühlen lassen.

8. Das Biskuit quer halbieren. Am besten geht dies, wenn man den Rand zuerst mit einem scharfen Messer rundum einschneidet, dann einen Küchenfaden in die Kerbe legt und die beiden Enden übers Kreuz zusammenzieht.

9. Den unteren Biskuitboden auf eine Tortenplatte legen. Mit dem Traubenkompott bestreichen und mit der anderen Biskuithälfte decken.

10. Den Rahm steif schlagen. Die Torte mit Hilfe eines Spachtels oder Teigschabers mit dem Rahm vollständig einhüllen. Dann den Tortenrand mit Knusperstreuseln belegen.

11. Die Trauben für die Garnitur halbieren und die Kerne herauslösen. Die Torte mit den Traubenhälften dekorieren. Vor dem Servieren mindestens 1 Stunde kühl stellen.

Der gute Tip
Anstelle von Knusperstreuseln kann man grob gehackte geschälte und leicht geröstete Mandeln oder Haselnüsse verwenden.

Marronitorte

Dieser herrlich feuchte Kuchen wird mit Vermicelles-Püree zubereitet, das es fertig tiefgekühlt, pasteurisiert und in Dosen zu kaufen gibt. Ohne Rahmgarnitur kann die Torte übrigens in Folie gewickelt bis zu fünf Tage im Kühlschrank aufbewahrt werden. Sie schmeckt nach ein bis zwei Tagen Lagerung sogar noch besser als ganz frisch!

Ergibt 12 Stück

- 100 g weiche Butter
- 150 g Zucker
- 1 Päcklein Vanillezucker
- 3 Eigelb
- 400 g Marronipüree (Vermicelles)
- 2 Esslöffel Kirsch
- 100 g gemahlene Mandeln
- 3 Eiweiss
- 1 Prise Salz

Füllung:
- 2½ dl Rahm
- 25 g Puderzucker
- 2–3 Esslöffel Kirsch

Zum Fertigstellen:
- 100 g gemahlene Mandeln
- 8 Marrons glacés

Vorbereiten: etwa 15 Minuten
Backen: 50–60 Minuten

1. Eine Springform von 26 cm Durchmesser ausbuttern und kurz kühl stellen. Dann mit Mehl ausstäuben. Den Backofen auf 180 Grad vorheizen.

2. Die Butter rühren, bis sie sehr hell und luftig ist. Zucker und Vanillezucker unterrühren. Nacheinander Eigelb, Marronipüree, Kirsch sowie Mandeln beifügen und alles gut mischen.

3. Die Eiweiss mit dem Salz steif schlagen. Den Eischnee sorgfältig unter die Marronimasse ziehen. Diese in die vorbereitete Form füllen.

4. Den Kuchen im 180 Grad heissen Ofen auf der zweituntersten Rille während 50–60 Minuten backen. Die Nadelprobe machen (siehe Seite 89, Punkt 4). Den Kuchen in der Form auskühlen lassen.

5. Für die Füllung den Rahm steif schlagen. Puderzucker und Kirsch beigeben und kurz weiterschlagen. 3–4 Esslöffel Rahm in einen Spritzsack mit gezackter Tülle geben und diesen kühl stellen.

6. Die Torte waagrecht durchschneiden, so dass zwei Böden entstehen. Am besten geht dies, wenn man den Rand des Kuchens zuerst mit einem scharfen Messer rundum einschneidet, dann einen Küchenfaden in die Kerbe legt und die beiden Enden übers Kreuz zusammenzieht.

7. Den unteren Boden auf eine Tortenplatte legen. Mit ⅓ der Rahmmasse bestreichen. Mit dem zweiten Boden decken. Die Torte mit dem restlichen Rahm einstreichen. Mit den gemahlenen Mandeln bestreuen. Mit dem beiseite gelegten Spritzsack 8 Rahmrosetten auf die Torte spritzen und jeweils ein Marron glacé daraufsetzen. Die Torte bis zum Servieren kühl stellen.

Himbeertorte

Ergibt 12 Stück

Diese attraktive Beerentorte besteht aus einem getränkten Biskuit, das mit einer Ricotta-Rahmcreme und Himbeeren gefüllt ist. Auf die gleiche Weise kann man auch eine Erdbeertorte zubereiten.

Biskuit:
- 6 Eigelb
- 120 g Zucker
- 50 g geschälte, gemahlene Mandeln
- 150 g Mehl
- 6 Eiweiss
- 1 Messerspitze Backpulver

Füllung:
- 1½ dl Wasser
- 4 Esslöffel Zucker
- 2–3 Esslöffel Himbeergeist
- 250 g Ricotta
- 50 g Puderzucker
- Saft von ½ Zitrone
- 3 dl Rahm
- 250 g Himbeeren

Zum Fertigstellen:
- 150 g Mandelblättchen
- 20 g Pistazienkerne
- 100 g Himbeeren
- 2 Esslöffel Himbeergelee
- 1½ dl Rahm

Biskuit: etwa 15 Minuten
Backen: etwa 40 Minuten
Füllen: etwa 40 Minuten

1. Eine Springform von 24 cm Durchmesser ausbuttern und kurz kühl stellen. Dann mit Mehl ausstäuben. Den Backofen auf 180 Grad vorheizen.

2. Für das Biskuit Eigelb und Zucker zu einer hellen, dicklichen Creme aufschlagen. Mandeln und Mehl mischen und unterziehen. Die Eiweiss mit dem Backpulver steif schlagen. Den Eischnee ebenfalls unterziehen. Den Teig in die vorbereitete Form füllen.

3. Das Biskuit sofort im 180 Grad heissen Ofen auf der zweituntersten Rille während etwa 40 Minuten backen. Herausnehmen und vollständig auskühlen lassen.

4. Wasser und Zucker einmal aufkochen. Erkalten lassen. Mit dem Himbeergeist parfümieren.

5. Ricotta, Puderzucker und Zitronensaft glatt rühren. Den Rahm steif schlagen und unterziehen.

6. Das Biskuit waagrecht halbieren. Am besten geht dies, wenn man den Rand zuerst mit einem scharfen Messer rundum einschneidet, dann einen Küchenfaden in die Kerbe legt und die beiden Enden übers Kreuz zusammenzieht.

7. Den unteren Biskuitboden auf eine Tortenplatte geben und mit der Hälfte des Zuckersirups beträufeln. Die Himbeeren mit der Hälfte der Ricotta-Rahm-Creme mischen und auf dem Tortenboden ausstreichen. Mit dem zweiten Boden decken und diesen mit dem restlichen Zuckersirup beträufeln. Kurz kühl stellen.

8. Zum Fertigstellen der Torte die Mandelblättchen in einer trockenen Pfanne ohne Fettzugabe leicht rösten. Die Pistazien im Cutter fein mahlen.

9. Die Torte auf der Oberfläche und am Rand mit der restlichen Ricottacreme bestreichen. Den Rand mit den Mandelblättchen belegen.

10. In der Mitte der Torte ein rundes Ausstechförmchen von etwa 8 cm Durchmesser plazieren. Mit einigen Himbeeren füllen. Den Himbeergelee erwärmen und die Himbeeren damit überziehen. Fest werden lassen, dann das Förmchen entfernen.

11. Den Rahm steif schlagen und einen Spritzsack mit gezackter Tülle füllen. Die Torte mit Rahmtupfern, den restlichen Himbeeren und den gemahlenen Pistazien garnieren. Bis zum Servieren kühl stellen.

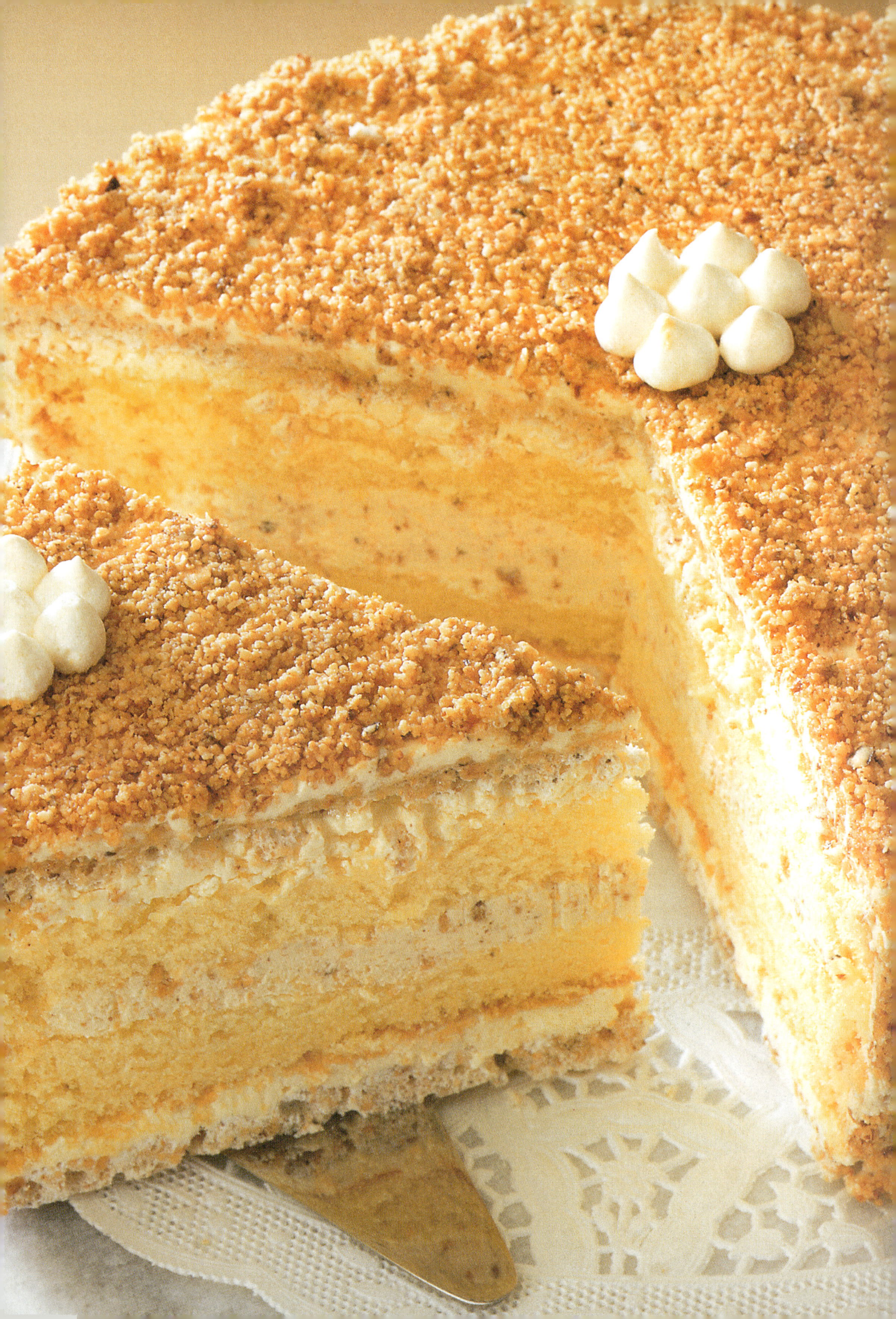

Japonais-Torte

Eine Torte, wie sie vom Konditor nicht besser gemacht sein kann: Die Japonais-Torte besteht aus Meringueböden, Buttercreme und Biskuitmasse, eingehüllt wird sie in geröstete und grob gemahlene Haselnüsse. Kompliziert ist die Zubereitung nicht, allerdings etwas zeitaufwendig – aber die Mühe lohnt sich.

Ergibt 10–12 Stück

Japonaisböden:
- 75 g gemahlene Haselnüsse
- 3 Eiweiss
- 90 g Zucker
- 30 g Puderzucker
- 15 g Speisestärke (z.B. Maizena)

Biskuit:
- 30 g Butter
- 3 Eier
- 90 g Zucker
- 90 g Mehl

Buttercreme:
- 3 Eier
- 3 Eigelb
- 125 g Puderzucker
- 3 Esslöffel gemahlene Haselnüsse
- 300 g Butter

Überzug:
- 200 g Haselnusskerne

Böden: etwa 15 Minuten
Backen: etwa 3 Stunden
Biskuit: etwa 25 Minuten
Backen: 20–25 Minuten
Füllen: etwa 40 Minuten

1. Zwei Kreise von 22 cm Durchmesser auf Backpapier aufzeichnen. Auf ein Backblech legen. Den Ofen auf 100 Grad vorheizen.

2. Für die Japonaisböden die gemahlenen Haselnüsse in einer trockenen Pfanne ohne Fettzugabe leicht rösten. Auskühlen lassen.

3. Die Eiweiss sehr schaumig schlagen. Dann nach und nach unter Weiterrühren den Zucker einrieseln lassen und so lange weiterschlagen, bis eine glänzende, schneeweisse Masse entstanden ist.

4. Die gerösteten Haselnüsse, den Puderzucker sowie die Speisestärke mischen und mit dem Gummispachtel unter die Eischneemasse ziehen. Mit einem Spachtel gleichmässig auf den beiden vorgezeichneten Kreisen ausstreichen.

5. Die Böden sofort in der Mitte des 100 Grad heissen Ofens während 3 Stunden trocknen lassen. Die Ofentüre einen Spalt offen lassen, damit die Feuchtigkeit entweichen kann.

6. Für das Biskuit eine Springform von 22 cm Durchmesser leicht ausbuttern und kurz kühl stellen. Dann mit Mehl ausstäuben. Den Backofen auf 200 Grad vorheizen.

7. Die Butter in einem kleinen Pfännchen schmelzen. Etwas abkühlen lassen.

8. Inzwischen die Eier mit dem Zucker über einem heissen Wasserbad zu einer hellen, dicklichen Creme aufschlagen. Dann vom Wasserbad nehmen und die Creme so lange weiterschlagen, bis sie wieder kalt ist. Das Mehl dazusieben und sorgfältig unterziehen. Zuletzt die flüssige Butter untermischen. In die vorbereitete Form füllen.

9. Das Biskuit im 200 Grad heissen Ofen auf der untersten Rille während 20–25 Minuten backen. Vollständig auskühlen lassen.

10. Für die Buttercreme die Eier, die Eigelb und den Puderzucker über einem heissen Wasserbad zu einer hellen, dicklichen Creme aufschlagen. Dann vom Wasserbad nehmen und die Creme so lange weiterschlagen, bis sie wieder kalt ist.

11. Die gemahlenen Haselnüsse in einer trockenen Pfanne ohne Fettzugabe leicht rösten.

12. Die Butter sehr hell und luftig schlagen. Mit den gerösteten Haselnüssen mischen. Die Eicreme portionenweise langsam mit der Butter mischen.

13. Das Biskuit waagrecht halbieren. Am besten geht dies, wenn man den Rand zuerst mit einem scharfen Messer rundum einschneidet, dann einen Küchenfaden in die Kerbe legt und die beiden Enden übers Kreuz zusammenzieht. Den einen Boden mit etwa einem Viertel der Buttercreme bestreichen und mit dem zweiten Boden decken.

14. Einen Japonaisboden ebenfalls mit Buttercreme bestreichen. Das gefüllte Biskuit daraufsetzen. Den zweiten Japonaisboden mit Buttercreme bestreichen und mit der Cremeseite nach unten auf das Biskuit legen. Sorgfältig andrücken. Die Oberseite sowie den Rand der Torte mit der restlichen Buttercreme bestreichen.

15. Die Haselnusskerne in einer trockenen Pfanne hellbraun rösten, dabei die Pfanne hin und wieder durchrütteln. Dann auf ein grobes Tuch geben, das Tuch zusammennehmen und die Nüsse darin kräftig aneinanderreiben, damit sich die äusseren Häutchen lösen. Die Haselnusskerne grob mahlen oder hacken. Die Oberseite und den Rand der Torte damit bestreuen. Mit einem Spachtel leicht andrücken. Die Japonaistorte bis zum Servieren kühl stellen.

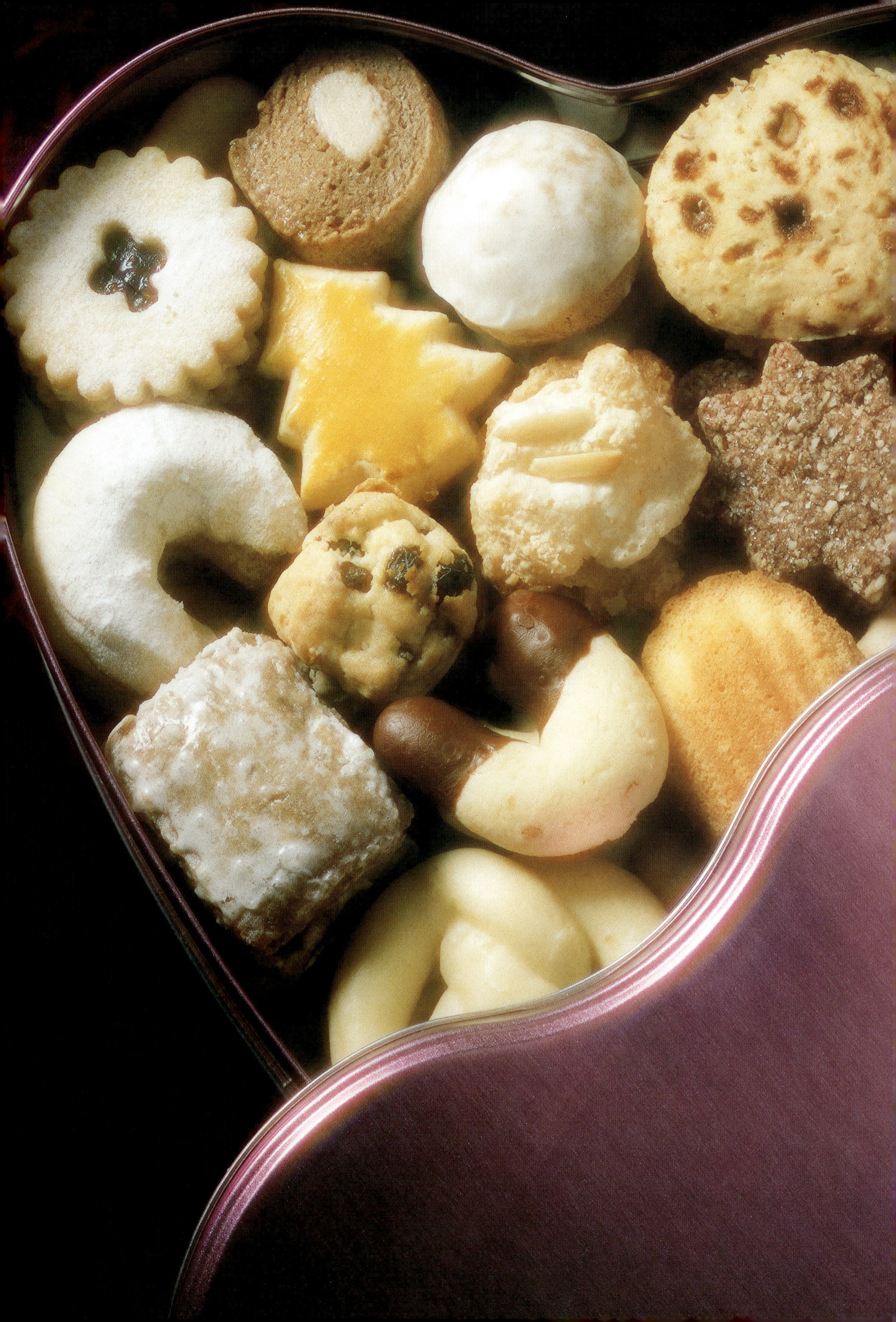

Festliches Gebäck und Guetzli

Himmlische Zeiten

Der Duft aus der Küche kündet es an: Weihnachten ist nahe. Auch wenn Bäckereien und Konditoreien vor Festgebäck förmlich überquellen, so gibt es doch nichts Schöneres, als im Familienkreis selber zu backen – und anschliessend gemeinsam zu geniessen!

Adventskranz

Ein Advents- und Weihnachtsschmuck ganz besonderer Art: Der festliche Kranz sieht nicht nur wunderschön aus, sondern schmeckt auch ausgezeichnet. Er wird mit einer hausgemachten Mandelmasse gefüllt. Um sie herzustellen, braucht es einen Cutter. Wer keinen besitzt, ersetzt die geschälten Mandeln und den Puderzucker durch 400 g fertige Marzipanmasse, die mit Butter – wie im Rezept beschrieben – verfeinert wird.

Ergibt 12–16 Stück

Füllung:
100 g ganze ungeschälte Mandeln
200 g ganze geschälte Mandeln
200 g Puderzucker
3 Esslöffel Rosenwasser
100 g weiche Butter

Hefeteig:
800 g Mehl
1 Würfel Frischhefe (42 g)
1 Esslöffel Zucker (1)
80 g Butter
ca. 3 dl Milch
1 Ei
1 Eigelb
80 g Zucker (2)
½ Teelöffel Salz

Zum Bestreichen:
1 Eigelb
1 Esslöffel Milch

Zubereiten: etwa 30 Minuten
Aufgehen lassen: etwa 60 Minuten + 30 Minuten
Backen: 35–40 Minuten

1. Die ungeschälten Mandeln grob hacken.

2. Die geschälten Mandeln mit dem Puderzucker und dem Rosenwasser portionenweise in einem Cutter so lange fein mahlen, bis die Masse zu Marzipan geworden ist.

3. Das Marzipan mit der Butter und den gehackten Mandeln zu einem geschmeidigen Teig verkneten. Kühl stellen.

4. Das Mehl in eine Schüssel sieben und in der Mitte eine Vertiefung eindrücken. Die Hefe mit dem Zucker (1) flüssig rühren und in die Mehlmulde geben. Mit etwas Mehl vom Rand zu einem dicken Teiglein rühren und dieses wiederum mit Mehl überstäuben. Zugedeckt 10 Minuten aufgehen lassen.

5. Inzwischen in einem kleinen Pfännchen die Butter schmelzen. Vom Feuer nehmen und die Milch dazugiessen. Ei, Eigelb, Zucker (2) und Salz unterrühren. Zum Mehl giessen. Alles mit einer Kelle mischen, dann aus der Schüssel nehmen und von Hand während 10 Minuten zu einem weichen, geschmeidigen Teig kneten. In die Schüssel zurückgeben. Zugedeckt an einem warmen Ort um das Doppelte aufgehen lassen (50–60 Minuten).

6. Den Teig nochmals kurz durchkneten, dann halbieren. Jedes Teigstück zu einem Rechteck von 20 x 65 cm auswallen.

7. Das Marzipan zu zwei Rollen in der Länge des Teiges formen. Auf die Teigrechtecke legen und diese satt aufrollen, dabei darauf achten, dass die Nahtstelle nach unten zu liegen kommt. Die beiden Teigrollen nebeneinanderlegen, dann spiralförmig zu einem dicken Strang drehen und diesen zu einem Kranz zusammenfügen. Auf ein mit Backpapier belegtes Blech geben. Nochmals 30 Minuten aufgehen lassen.

8. Inzwischen den Backofen auf 180 Grad vorheizen.

9. Eigelb und Milch verrühren. Den Kranz damit bestreichen.

10. Den Hefekranz im 180 Grad heissen Ofen auf der zweituntersten Rille während 35–40 Minuten backen. Nach Belieben dekorieren.

Dekorieren

Der Adventskranz wie auch die Lebkuchengebäcke sehen schön und festlich aus, wenn man sie mit beliebigen Dekorelementen verziert, zum Beispiel mit Kerzen, Stoffmaschen, Schokolade- oder Zuckerherzen, Zuckerkügelchen (Nonpareilles), Gold- oder Silberperlen, Zuckerblümchen, Silbermandeln, Schokoladestreuseln, Hagelzucker usw. Eventuell die Dekorelemente mit Zuckerglasur festkleben.

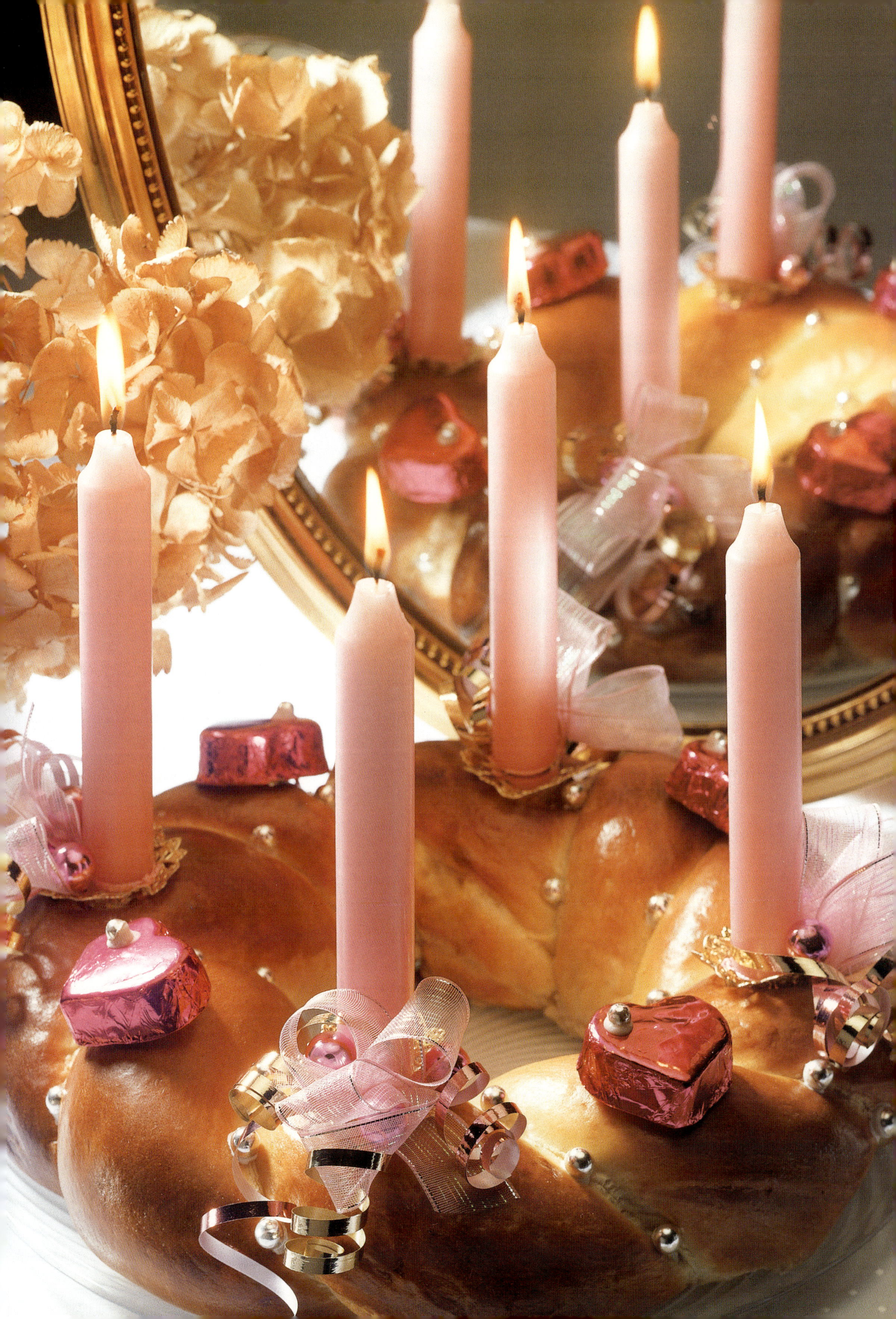

Christstollen

Ergibt etwa 20 Stück

100 g gedörrte Aprikosen
75 g Rosinen
½ dl Rum
500 g Mehl
1 Päcklein Backpulver
150 g Zucker
2 Päcklein Bourbon Vanillezucker
abgeriebene Schale von 1 Zitrone
je ¼ Teelöffel Kardamom- und Nelkenpulver
250 g Ricotta oder Naturquark
150 g weiche Butter
2 Eier
50 g Mandelstifte

Zum Fertigstellen:
75 g Butter
Puderzucker zum Bestreuen

Einweichen: 3–4 Stunden
Zubereiten: etwa 20 Minuten
Backen: 60–65 Minuten

Der gute Tip
Der Stollen hält sich in Alufolie gewickelt und an einem kühlen Ort aufbewahrt 3–4 Wochen frisch.

Der Christstollen, ursprünglich eine deutsche Spezialität, symbolisiert das Jesuskind in der Krippe, eingehüllt in eine schneeweisse Windel (markiert durch den Puderzuckerbelag). Für die Christstollen galt traditionsgemäss, dass sie bis an Ostern reichen mussten; erst dann wurde der letzte angeschnitten. War er recht gemacht, schmeckte er immer noch gut und saftig. Recht gemacht hiess unter anderem, dass der Teig ausdauernd geknetet und genügend aufgegangen sein musste, ohne dass er jedoch anschliessend beim Backen auseinanderlief. Unser Rezept ist eine etwas modernere, nicht ganz so gehaltvolle Variante eines Stollens, der durch die Beigabe von Ricotta oder Quark schön feucht wird. Anstelle der Dörraprikosen kann man auch Orangeat und Zitronat verwenden, doch harmonieren die leicht säuerlichen Aprikosen ausgezeichnet mit dem feinen Stollenteig.

1 Die Dörraprikosen in kleine Würfelchen schneiden. Zusammen mit den Rosinen in ein Schüsselchen geben und mit dem Rum beträufeln. Etwa 3–4 Stunden ziehen lassen; gelegentlich wenden.

2 Mehl und Backpulver in eine Schüssel sieben. Zucker, Vanillezucker, Zitronenschale, Kardamom- und Nelkenpulver sowie Ricotta oder Quark beifügen. Die Butter in kleinen Stücken dazuschneiden. Die Eier verquirlen und beigeben. Zuerst alles mit einer Kelle mischen, dann von Hand zu einem geschmeidigen Teig kneten. Zuletzt die marinierten Früchte und die Mandelstifte unterarbeiten.

3 Den Teig auf der bemehlten Arbeitsfläche zu einem Rechteck von etwa 25 x 20 cm auswallen. Die eine Teigseite zu drei Vierteln über die andere schlagen. Mit der Handkante so nachformen, dass die typische Stollenform entsteht. Auf ein mit Backpapier belegtes Blech geben.

4 Aus Alufolie einen etwa 3 cm breiten Streifen falten und fest um den Stollen legen, damit dieser beim Backen nicht auseinanderläuft.

5 Den Stollen im auf 200 Grad vorgeheizten Ofen auf der zweituntersten Rille während 60–65 Minuten backen. Wenn nötig den Stollen nach 30–40 Minuten Backzeit mit Alufolie abdecken, damit er nicht zu stark dunkelt.

6 Die Butter in einem Pfännchen schmelzen. Den noch heissen Stollen mehrmals damit bestreichen. Auskühlen lassen. Dann dick mit Puderzucker bestreuen.

Vanillekipferl

In Österreich und Bayern gehört dieses feine Mürbeteiggebäck auf jeden weihnächtlichen Guetzliteller. Die perfekten Vanillekipferl müssen butterzart und von feinem Vanillegeschmack sein. Deshalb nie Vanillinzucker, also das synthetische Vanillearoma, verwenden.

250 g Mehl
2 Vanillestengel
1 Eigelb
80 g Puderzucker
100 g geschälte, gemahlene Mandeln
1 Prise Salz
200 g kalte Butter

Zum Fertigstellen:
6 gehäufte Esslöffel Puderzucker
1 Vanillestengel

Zubereiten: etwa 30 Minuten
Kühl stellen: etwa 45 Minuten + 20 Minuten
Backen: etwa 15 Minuten

1. Das Mehl in eine grosse Schüssel sieben. In der Mitte eine Vertiefung eindrücken.

2. Die Vanillestengel der Länge nach aufschlitzen. Mit einem spitzen Messerchen die Samen herauskratzen und zum Mehl geben.

3. Das Eigelb, den gesiebten Puderzucker, die Mandeln und das Salz in die Mehlvertiefung geben. Die Butter in kleinen Flocken dazuschneiden. Alles mit einem Tafelmesser (nicht spitz!) zu einer bröseligen Masse schneiden oder zwischen den Fingern reiben. Dann rasch zu einem glatten Teig zusammenfügen. In Folie gewickelt mindestens 45 Minuten kühl stellen.

4. Aus dem Teig vier bis fünf Rollen formen. In Stücke schneiden und diese zuerst zu Kugeln formen, dann zu kleinen, an den Enden etwas dünneren Würstchen rollen. Zu Kipferln (Gipfeli) formen und auf ein mit Backpapier belegtes Blech setzen. Wenn möglich vor dem Backen nochmals 20 Minuten kühl stellen.

5. Die Vanillekipferl im auf 180 Grad vorgeheizten Ofen auf der zweituntersten Rille während 12–15 Minuten backen.

6. Den Puderzucker in eine Schüssel sieben. Den Vanillestengel der Länge nach aufschlitzen. Mit einem Messerchen die Samen herauskratzen und zum Puderzucker geben. Gut mischen.

7. Die noch warmen Vanillekipferl im Puderzucker wenden oder sie damit besieben.

Der gute Tip
Den Vanillekipferl-Teig darf man nie kneten, sonst wird er beim Backen hart und zäh. Falls der Teig nicht gut zusammenhält, noch ein Eigelb beifügen.

Honiglebkuchen

Lebkuchen gehören zu den beliebtesten Weihnachtsbackwaren und eignen sich gut als Geschenk, lassen sich aber auch als originelle Tischkärtchen, Geschenkpaket-Anhänger oder essbaren Advents- oder Christbaumschmuck verwenden.

Ergibt 4 Lebkuchen von etwa 15 x 22 cm

2 Eigelb
50 g Zucker (1)
2 Esslöffel heisses Wasser
75 g Butter
500 g Honig
100 g Zucker (2)
2½ Teelöffel Natron
(in Drogerien oder Apotheken erhältlich)
1 Esslöffel warme Milch
2–3 Esslöffel Lebkuchengewürz
900 g Mehl

Zubereiten: etwa 30 Minuten
Backen: 10–12 Minuten

1. Die Eigelb mit dem Zucker (1) und dem Wasser zu einer hellen, dicklichen Creme aufschlagen.

2. Butter, Honig und Zucker (2) in eine Pfanne geben und auf kleinem Feuer erwärmen, bis die Butter geschmolzen ist. Zur Eicreme rühren.

3. Das Natron mit der warmen Milch verrühren. Mit dem Lebkuchengewürz zur Ei-Honig-Creme geben. Dann das Mehl beifügen und alles zu einem Teig kneten. Wichtig: Die Eicreme muss noch warm sein, wenn man Natron, Lebkuchengewürz und Mehl beigibt.

4. Den Backofen auf 200 Grad vorheizen. Ein Ofenblech mit Backpapier belegen.

5. Den Teig ebenfalls noch warm auf der leicht bemehlten Arbeitsfläche auswallen: für rechteckige oder herzförmige Lebkuchen etwa 1 cm dick, für Lebkuchen-«Bilder» etwas dünner. Formen und schneiden: siehe «Lebkuchen-Werkstatt». Die Lebkuchen auf das vorbereitete Blech geben.

6. Die Lebkuchen im 200 Grad heissen Ofen auf der zweituntersten Rille je nach Dicke 10–12 Minuten backen. Aus dem Ofen nehmen und auf einem Kuchengitter auskühlen lassen oder noch warm mit Gummi arabicum (siehe Rezept «Gefüllte Lebkuchen», nebenstehend) bestreichen; dies ergibt einen besonders schönen Glanz. Nach Belieben mit Zuckerguss und Dekorelementen verzieren.

Lebkuchen-Werkstatt

Formen und Schneiden

Man kann den Lebkuchenteig vor dem Backen mit Hilfe von Schablonen ausschneiden oder mit Formen ausstechen. Das hat den Vorteil, dass die Kanten des fertigen Gebäcks sanfter gerundet sind. Der Nachteil: Die vorgeschnittenen Lebkuchen laufen beim Backen leicht in die Breite, die Kontur kann verschwimmen.

Mit Hilfe von selber gezeichneten oder kopierten Kartonschablonen kann man die Lebkuchen aber auch erst nach dem Backen ausschneiden. Der Vorteil: Der Teig verändert sich nicht mehr. Wichtig: Die Lebkuchen müssen unbedingt noch möglichst heiss in Form geschnitten werden, sonst entstehen unsaubere Kanten.

Die richtige Glasur

Um grosse Flächen mit Glasur auszufüllen, eignet sich Zuckerglasur: 200 g Puderzucker mit einigen Esslöffeln heissem Wasser sehr dickflüssig verrühren. Die Glasur darf nicht zu «nass» bzw. zu dünn sein, sonst trocknet sie nicht richtig.

Zum Spritzen von Verzierungen, für Konturen und zum Ankleben von Dekoelementen verwendet man Spritzglasur: 1 Eiweiss und etwa 150 g gesiebten Puderzucker so lange schlagen, bis der Guss steife Spitzen zeigt.

Mit Speisefarben kann man die Glasur nach Belieben einfärben. Es gibt sie in Rot, Grün, Blau und Gelb (erhältlich in Drogerien oder Apotheken), und daraus lassen sich viele weitere Farben mischen. Bunte Zuckerglasur gibt es übrigens auch in kleinen Tuben zu kaufen. Wer natürliche Farben vorzieht, mischt die Glasur mit Safran (gelb), konzentriertem Spinatsaft (grün) oder Randensaft (rot).

Der übliche Spritzsack, den man für Teige, Rahm usw. verwendet, ist für Lebkuchen-Verzierungen zu unhandlich und zu gross. Für solch feine Dekorationen verwendet man deshalb kleine Spritztütchen, die man aus Backpapier selber dreht. Je kleiner das Loch in der Tütenspitze – mit einer Schere millimeterfein abschneiden! –, desto feiner die Linie, die man ziehen kann. Deshalb bei Mustern von unterschiedlicher Grösse immer zuerst die dünnsten Linien ziehen und dickere Tupfen, Unterstreichungen usw. zum Schluss anbringen.

Das Aufbewahren

Lebkuchen werden nach dem Backen sehr schnell hart. Deshalb lässt man sie einige Zeit an der Luft liegen. Erst dann in Dosen verpacken, damit sie «reifen» können. Legt man einen aufgeschnittenen Apfel dazu, wird das Gebäck schneller weich.

Gefüllte Lebkuchen

Die klassische Lebkuchenfüllung besteht aus hausgemachtem Marzipan; es lässt sich allerdings nur selber zubereiten, wenn man einen Cutter besitzt. Andernfalls kann man auch gekauftes Marzipan verwenden und mit etwas Butter verfeinern, wie im Rezept «Adventskranz» (siehe Seite 180) beschrieben. Ungefüllt eignet sich dieser Teig übrigens auch für Lebkuchenbilder.

Ergibt 5–6 Herzen oder
10–12 kleinere Lebkuchen

500 g Mehl
2 Esslöffel Lebkuchengewürz
abgeriebene Schale von 1 Orange
85 g Zucker
1¼ dl Milch
1½ Teelöffel Natron (in Drogerien erhältlich)
125 g Honig
125 g Birnendicksaft oder Birnenhonig

Füllung:
125 g geschälte Mandeln
125 g Puderzucker
½ Eiweiss
1 Teelöffel Rosen- oder Orangenblütenwasser (in Drogerien erhältlich)
einige Tropfen Zitronenaroma

Zum Bestreichen:
30 g Gummi arabicum (in Drogerien erhältlich)
4 Esslöffel Wasser

Zubereiten: etwa 30 Minuten
Backen: etwa 15 Minuten

1. Das Mehl mit dem Lebkuchengewürz, der Orangenschale sowie dem Zucker in eine Schüssel geben und mischen.

2. Die Milch erwärmen. Das Natron mit 1 Esslöffel davon verrühren und zum Mehl geben. Die restliche Milch, den Honig und den Birnendicksaft oder den Birnenhonig ebenfalls beifügen. Alles mischen, dann zu einem Teig verkneten.

3. Für die Füllung die Mandeln im Cutter fein mahlen. Den Puderzucker beigeben und alles wieder mixen. Dann das Eiweiss, das Rosen- oder Orangenblütenwasser und das Zitronenaroma dazugeben und alles zu einer festen Masse verkneten.

4. Den Lebkuchenteig auf der leicht bemehlten Arbeitsfläche ½ cm dick auswallen. Nach Belieben Formen (z.B. Herzen, Ovale usw.) ausstechen.

5. Die Marzipanfüllung auf etwas Puderzucker 3 mm dick auswallen. Daraus etwa 2 cm kleinere Formen als die Lebkuchen ausstechen.

6. Die Hälfte der Lebkuchen auf ein mit Backpapier belegtes Blech geben. Mit dem ausgestochenen Marzipan belegen. Den Teigrand mit Wasser bestreichen. Die übrigen Lebkuchen über die Füllung legen und die Ränder andrücken.

7. Die gefüllten Lebkuchen im auf 200 Grad vorgeheizten Ofen auf der zweituntersten Rille während etwa 15 Minuten backen.

8. Während die Lebkuchen backen, das Gummi arabicum mit dem Wasser in ein Pfännchen geben. Bei schwacher Hitze unter stetem Rühren auflösen; dies dauert eine Weile.

9. Die noch heissen Lebkuchen mit dem Gummi arabicum bestreichen. Nach dem Auskühlen nach Belieben mit Zuckerglasur Verzierungen anbringen.

Katzenzungen
»Rezept nebenstehend«

Mohnbrezel
»Rezept nebenstehend«

Ingwer-Herzen
»Rezept nebenstehend«

Katzenzungen

Diese zarten Guetzli sind vor allem in Frankreich und Spanien beliebt. Ihr Name kommt daher, dass das längliche Spritzgebäck, das beim Backen leicht zerläuft, Katzenzungen ähnlich ist – zumindest mit etwas Phantasie!

100 g Butter
4 Eier
200 g Puderzucker
1 Vanillestengel
250 g Mehl
40 g Mandelblättchen
100 g dunkle Schokolade oder
1 Beutel Schokoladeglasur

Zubereiten: etwa 25 Minuten
Backen: etwa 12 Minuten
Glasieren: etwa 10 Minuten

Der gute Tip
Wer einen Umluftofen hat, kann beide Guetzli-Bleche auf einmal backen. Andernfalls stellt man das eine Blech kühl, bis die andern Guetzli gebacken sind.

1. Zwei grosse Bleche mit Backpapier belegen. Den Backofen auf 190 Grad vorheizen.
2. Die Butter in einem Pfännchen schmelzen. Abkühlen lassen.
3. Inzwischen die Eier mit dem Puderzucker zu einer hellen, dicken Creme aufschlagen.
4. Den Vanillestengel der Länge nach aufschneiden, die Samen herauskratzen und zur Eicreme geben.
5. Die Butter und das Mehl abwechslungsweise unterrühren. Es soll ein weicher, aber nicht zu flüssiger Teig entstehen.
6. Den Teig in einen Spritzsack mit Lochtülle füllen. Auf die vorbereiteten Bleche etwa 8 cm lange Stäbchen spritzen, deren Mitte etwas dünner sein soll als die Enden. Dabei genügend Abstand zwischen den Teigstäbchen lassen, da sie beim Backen leicht zerlaufen.
7. Die Mandelblättchen zerbröseln und die Guetzli damit bestreuen.
8. Die Katzenzungen im vorgeheizten Ofen auf der zweituntersten Rille bei 190 Grad während etwa 12 Minuten goldgelb backen. Auf einem Kuchengitter auskühlen lassen.
9. Die Schokolade in Stücke brechen und mit 1–2 Esslöffeln Wasser in ein Pfännchen geben. Auf kleinster Hitze langsam schmelzen lassen. Erst am Schluss glatt rühren. Verwendet man Glasur aus dem Beutel, diese nach Anweisung auf der Packung schmelzen.
10. Die Unterseiten der Katzenzungen mit der Schokolade bestreichen und trocknen lassen.

Mohnbrezel

Wer ein Guetzli sucht, das im Handumdrehen zubereitet ist, für den ist dieses Spritzgebäck genau das Richtige. Die Mohnsamen verleihen ihm leichten Biss und einen nussigen Geschmack.

175 g weiche Butter
100 g Zucker
1 Ei
1 Päcklein Vanillezucker
100 g Mohnsamen
250 g Mehl
1 Prise Salz

Zubereiten: etwa 20 Minuten
Backen: 12–15 Minuten

1. Zwei grosse Bleche mit Backpapier belegen. Den Ofen auf 180 Grad vorheizen.
2. Die Butter, den Zucker und das Ei zu einer hellen, dicken Creme aufschlagen.
3. Den Vanillezucker, die Mohnsamen, das Mehl und das Salz unterrühren.
4. Den Teig in einen Spritzsack mit Sterntülle füllen. Auf die vorbereiteten Bleche kleine Brezel spritzen.
5. Die Brezel im 180 Grad heissen Ofen auf der zweituntersten Rille während 12–15 Minuten hellbraun backen. Auf einem Kuchengitter auskühlen lassen.

Ingwer-Herzen

Dies sind herrlich knusprige Guetzli mit einem milden Ingwergeschmack. Auf keinen Fall frischen Ingwer verwenden, er wäre viel zu dominierend für dieses süsse Gebäck.

100 g kandierter Ingwer
250 g Mehl
150 g Puderzucker
50 g gemahlene, geschälte Mandeln
1 Ei
200 g weiche Butter
100 g dunkle Schokolade

Zubereiten: etwa 30 Minuten
Backen: etwa 12 Minuten
Glasieren: etwa 10 Minuten

1. Den Ingwer so fein wie möglich hacken.
2. Das Mehl, den Puderzucker, die Mandeln, das Ei, die Butter und den Ingwer in eine Schüssel geben. Alles rasch zu einem weichen Teig kneten. In Klarsichtfolie wickeln, mindestens 30 Minuten kühl stellen.
3. Zwei grosse Bleche mit Backpapier belegen. Den Ofen auf 200 Grad vorheizen.
4. Den Teig portionenweise auf wenig Mehl oder zwischen Klarsichtfolie etwa 2 mm dünn auswallen. Herzen ausstechen und auf die vorbereiteten Bleche legen.
5. Die Guetzli im 200 Grad heissen Ofen auf der zweituntersten Rille während etwa 12 Minuten goldgelb backen. Auf einem Kuchengitter auskühlen lassen.
6. Die Schokolade in Stücke brechen und mit 1–2 Esslöffeln Wasser in ein Pfännchen geben. Auf kleinster Hitze langsam schmelzen lassen. Erst am Schluss glatt rühren.
7. Die Herzen zur Hälfte in die Schokolade tauchen. Auf ein Backpapier legen und trocknen lassen.

Schokolade-S

Ein Guetzli für Schokoladeliebhaber: Das Schokolade-Spritzgebäck wird nach dem Backen zusätzlich noch mit Schokolade bestrichen. Die grünen Pistazien, mit denen man das Guetzli bestreut, wirken sehr dekorativ, können aber auch weggelassen oder durch geschälte, grob gehackte Mandeln ersetzt werden.

250 g weiche Butter
150 g Puderzucker
1 Ei
1 Eigelb
1 Prise Salz
350 g Mehl
50 g Kakaopulver
4 Esslöffel Milch
150 g dunkle Schokolade
25 g Pistazien

Zubereiten: etwa 20 Minuten
Backen: 15–20 Minuten
Glasieren: etwa 10 Minuten

1. Zwei grosse Bleche mit Backpapier belegen. Den Ofen auf 175 Grad vorheizen.

2. Butter, Puderzucker, Ei und Eigelb zu einer hellen, dicken Creme aufschlagen.

3. Salz, Mehl, Kakaopulver und Milch unterrühren.

4. Den Teig in einen Spritzsack mit Sterntülle füllen. Auf die vorbereiteten Bleche «S»-förmige Guetzli spritzen.

5. Die Schokolade-S im 175 Grad heissen Ofen auf der zweituntersten Rille 15–20 Minuten backen. Auf einem Kuchengitter auskühlen lassen.

6. Die Schokolade in Stücke brechen und mit 1–2 Esslöffeln Wasser in ein Pfännchen geben. Auf kleinstem Feuer schmelzen. Erst am Schluss glatt rühren.

7. Während die Schokolade schmilzt, die Pistazien hacken.

8. Die «S» mit der Schokolade bestreichen und mit gehackten Pistazien bestreuen.

Weihnachtsringe

Ein Guetzli, das auch wenig Geübten problemlos gelingt: Kleine Ringe, die vor dem Backen mit Hagelzucker bestreut werden. Hagelzucker ist weisser, sehr grobkörniger Zucker, der aus einer Vielzahl von kleinen, zusammengeballten Kristallen besteht; daher verläuft er beim Backen auch nicht, im Gegensatz zu normalem Kristallzucker.

3 Eier
½ Vanillestengel
350 g Mehl
150 g Puderzucker
175 g Butter
2 Eigelb
50 g Hagelzucker

Zubereiten: etwa 40 Minuten
Kühl stellen: etwa 2 Stunden
Backen: etwa 12 Minuten

1. Von den Eiern 2 Stück hart kochen. Abschrecken, schälen und halbieren. Die Eigelb herauslösen, die Eiweisshälften anderweitig verwenden. Die Eigelb durch ein Sieb in eine Schüssel streichen.

2. Den Vanillestengel der Länge nach aufschneiden, die Samen herauskratzen und zu den Eigelb geben. Das Mehl, den Puderzucker und das dritte Ei beifügen. Die Butter in kleinen Flocken dazuschneiden. Alles zu einem geschmeidigen Teig kneten.

3. Aus dem Teig zwei Rollen von etwa 3 cm Durchmesser formen. In Klarsichtfolie wickeln und 2 Stunden kühl stellen.

4. Zwei grosse Bleche mit Backpapier belegen. Den Ofen auf 200 Grad vorheizen.

5. Jede Teigrolle in 25 Scheiben schneiden. Daraus 8 cm lange Röllchen formen und die Enden zu Ringen zusammendrücken. Auf die vorbereiteten Bleche legen.

6. Die Eigelb mit wenig Wasser verrühren. Die Ringe damit bestreichen. Mit Hagelzucker bestreuen und leicht andrücken.

7. Die Ringe im 200 Grad heissen Ofen auf der zweituntersten Rille etwa 12 Minuten goldgelb backen. Auf einem Kuchengitter auskühlen lassen.

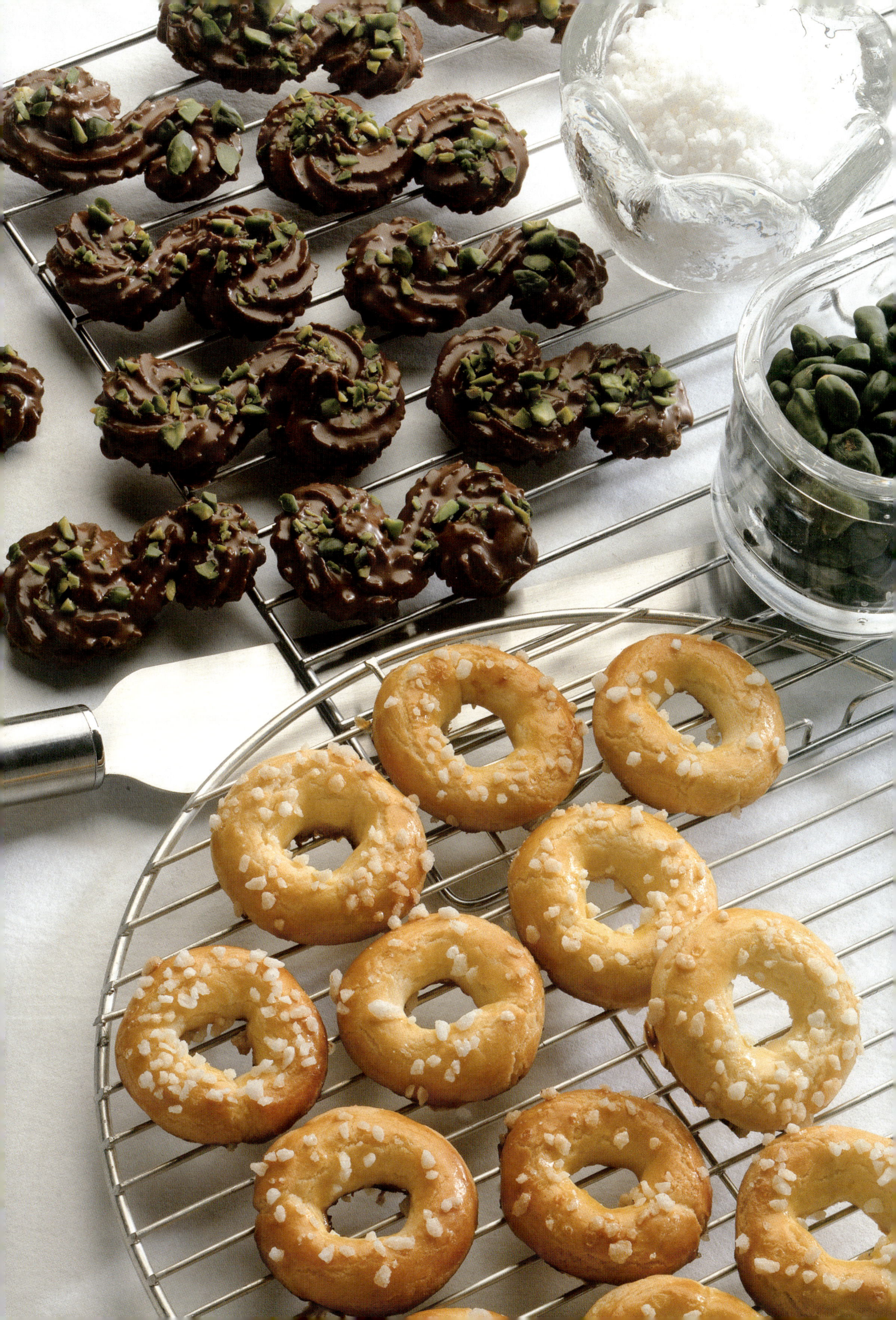

Schoggi-Knusperli

Für einmal ein Guetzli, das nicht gebacken wird: Doch weil es der Favorit vieler ist, findet es als Ausnahme dennoch Platz in diesem Backbuch. Die Schoggi-Knusperli halten sich übrigens gut verschlossen problemlos 2–3 Wochen frisch.

150 g dunkle Schokolade
100 g Milchschokolade
25 g Butter
1 Päcklein Vanillezucker
80 g Cornflakes

Zubereiten: etwa 25 Minuten

1. Die beiden Schokoladesorten in kleine Stücke brechen und in eine Pfanne geben. Die Butter und den Vanillezucker beifügen. Auf allerkleinstem Feuer schmelzen lassen. Das ist wichtig, denn wenn die Schokolade zu heiss bekommt – mehr als 40 Grad – wird sie körnig.

2. Die Schokolade glatt rühren. Die Cornflakes beifügen und sorgfältig, aber gründlich mit der Schokolade mischen.

3. Backpapier auf der Arbeitsfläche auslegen. Mit zwei Teelöffeln kleine Häufchen auf das Papier setzen. Die Schoggi-Knusperli kühl, aber möglichst nicht im Kühlschrank aufbewahren, sonst bekommt die Schokolade einen weisslichen Belag.

Der gute Tip
Hübsch sieht es auch aus, wenn man die Schoggi-Knusperli in Praline-Papierchen füllt, anstatt sie auf Backpapier zu setzen.

Mandelguetzli

Nach Belieben kann man die Guetzli nach dem Ausstechen auf der Oberseite mit mittelfein gehackten Mandeln bestreuen und diese leicht in den Teig drücken oder aber mit einer geschälten halbierten Mandel verzieren.

300 g Mehl
125 g geschälte, fein gemahlene Mandeln
¼ Teelöffel Salz
175 g kalte Butter
150 g Zucker
1 Päcklein Bourbon Vanillezucker
2 Eigelb
2 Esslöffel Calvados oder Apfelschnaps
2–3 Esslöffel Milch

Zubereiten: etwa 25 Minuten
Ruhen lassen: etwa 30 Minuten
Backen: 10–12 Minuten

1. Das Mehl in eine Schüssel sieben. Die Mandeln und das Salz beifügen und alles gut mischen. Die Butter in kleinen Flocken dazuschneiden. Dann alles zwischen den Fingern zu einer bröseligen Masse reiben.

2. Zucker und Vanillezucker sorgfältig untermischen. Die Eigelb mit dem Calvados verquirlen und beigeben. Die Milch beifügen und alles rasch zu einem glatten Teig zusammenfügen. In Klarsichtfolie wickeln und 30 Minuten bei Zimmertemperatur ruhen lassen.

3. Zwei grosse Bleche mit Backpapier belegen. Den Ofen auf 200 Grad vorheizen.

4. Den Teig portionenweise auf der leicht bemehlten Arbeitsfläche knapp ½ cm dick auswallen und beliebige Guetzliformen ausstechen. Auf die vorbereiteten Bleche legen.

5. Die Guetzli im 200 Grad heissen Ofen auf der zweituntersten Rille während 10–12 Minuten goldgelb backen. Auf einem Kuchengitter auskühlen lassen.

Rosinen-Sablés

125 g weiche Butter
75 g Zucker
1 Päcklein Bourbon Vanillezucker
1 Prise Salz
100 g Rosinen
200 g Mehl
1–2 Esslöffel Rahm

Glasur:

125 g Puderzucker
1–1½ Esslöffel Zitronensaft

Zubereiten: etwa 15 Minuten
Kühl stellen: etwa 3 Stunden
Backen: 12–15 Minuten

Ein Teig mit Variationsmöglichkeiten: Man kann die Rosinen weglassen und den Teig «nature» verwenden oder ihn zum Beispiel mit Schokoladestückchen, feingehackten kandierten Früchten, grob gehackten Mandeln usw. mischen. Für ein gutes Gelingen des mürben Gebäcks ist es sehr wichtig, dass die Teigrollen genügend lange kalt gestellt werden, sonst lassen sie sich nur schlecht in Scheiben schneiden.

1. Die Butter so lange rühren, bis sie sehr hell und luftig ist.

2. Den Zucker, den Vanillezucker sowie das Salz beifügen und alles nochmals kräftig schlagen. Dann die Rosinen unterrühren.

3. Das Mehl dazusieben und den Rahm beifügen. Alles rasch zu einem glatten Teig zusammenfügen. Zwei bis drei Rollen von etwa 2 cm Durchmesser formen, in Klarsichtfolie wickeln und mindestens 3 Stunden kühl stellen. Der Teig muss sehr fest sein, damit er sich problemlos schneiden lässt; wenn es eilt, in den Tiefkühler geben.

4. Ein grosses Blech mit Backpapier belegen. Den Ofen auf 200 Grad vorheizen.

5. Die Rollen mit einem grossen, scharfen Küchenmesser in etwa ½ cm dicke Scheiben schneiden und auf das vorbereitete Blech legen.

6. Die Sablés sofort im 200 Grad heissen Ofen auf der zweituntersten Rille während 12–15 Minuten backen.

7. Inzwischen für die Glasur den Puderzucker mit dem Zitronensaft zu einer dicken Creme verrühren. Die noch heissen Guetzli damit bestreichen.

Schokolade-Hufeisen

150 g weiche Butter
½ Vanillestengel
1 Eiweiss
1 Prise Salz
125 g Puderzucker
200 g Mehl
1 gehäufter Esslöffel Kakaopulver
1 Beutel dunkle Kuchenglasur

Zubereiten: etwa 20 Minuten
Backen: 15–20 Minuten
Glasieren: etwa 10 Minuten

Nach Belieben kann man die gebackenen Hufeisen auf der glatten Seite mit etwas flüssig gemachtem Johannisbeergelee oder Himbeerkonfitüre bestreichen und je zwei Hufeisen zusammensetzen. Danach wie im Rezept beschrieben in Schokoladeglasur tauchen.

1. Ein grosses Blech mit Backpapier belegen. Den Ofen auf 150 Grad vorheizen.

2. Die Butter so lange kräftig rühren, bis sie hell und luftig ist.

3. Den Vanillestengel der Länge nach aufschlitzen, die Vanillesamen herauskratzen und zur Butter geben.

4. Das Eiweiss mit dem Salz steif schlagen. Abwechselnd mit dem gesiebten Puderzucker unter die Butter rühren.

5. Das Mehl und das Kakaopulver mischen und zur Butter-Zucker-Masse geben. Alles zu einem glatten, weichen Teig rühren.

6. Den Teig in einen Spritzsack mit grosser gezackter Tülle füllen. In Hufeisenform auf das vorbereitete Blech spritzen. Wichtig: Etwas Abstand zwischen den einzelnen Guetzli lassen, da der Teig beim Backen noch leicht auseinanderläuft. Aus dem gleichen Grund darauf achten, dass die Hufeisen nicht zu flach aufgespritzt werden.

7. Die Schokolade-Hufeisen sofort im 150 Grad heissen Ofen auf der zweituntersten Rille während 15–20 Minuten backen. Auf einem Kuchengitter auskühlen lassen.

8. Die Glasur nach Anleitung auf dem Beutel schmelzen. Die Hufeisen an beiden Enden in die Schokolade tauchen. Auf Backpapier trocknen lassen.

Marmor-Guetzli

500 g Mehl
½ Teelöffel Salz
125 g Puderzucker
1 Päcklein Vanillezucker
350 g kalte Butter
2–3 Esslöffel Milch
20 g Kakaopulver

Zubereiten:
je nach Art der Guetzli 25–45 Minuten
Kühl stellen: etwa 30 Minuten
Backen: etwa 12 Minuten
Glasieren: etwa 10 Minuten

Der helle und der dunkle Teig, aus dem die Marmor-Guetzli zusammengesetzt sind, kann natürlich auch jeder für sich verwendet werden. Daraus lassen sich dem Mailänderli ähnliche Guetzli – eventuell nach dem Backen mit einer Glasur versehen –, aber auch Schokolade- und Vanille-Brezeli zubereiten.

1. Das Mehl in eine Schüssel sieben und mit dem Salz, dem Puderzucker und dem Vanillezucker mischen.

2. Die kalte Butter in kleinen Flocken zum Mehl schneiden. Dann alles zwischen den Fingern bröselig reiben. Die Milch beifügen und die Zutaten rasch zu einem glatten Teig zusammenkneten.

3. Den Teig halbieren. Zur einen Hälfte das Kakaopulver geben und kurz unterkneten. Beide Teige in Klarsichtfolie wickeln und mindestens 30 Minuten kühl, aber nicht zu kalt stellen.

4. Zwei grosse Bleche mit Backpapier belegen. Den Ofen auf 180 Grad vorheizen.

5. Aus dem hellen und dunklen Teig lassen sich entweder sogenannte Marmorguetzli wie Schnäggli oder Carré (siehe Ablaufbilder) formen oder aus dem ausgewallten Teig mit beliebigen Förmchen einfache Guetzli ausstechen. Auf die vorbereiteten Bleche geben.

6. Die Guetzli im 180 Grad heissen Ofen auf der zweituntersten Rille während etwa 12 Minuten backen. Auf einem Kuchengitter auskühlen lassen und nach Belieben mit einer Glasur überziehen.

Vanilleglasur:
200 g Puderzucker mit ½ Päckli Vanillezucker oder einigen Tropfen Vanillearoma, ½ Eiweiss und etwa 3 Esslöffeln Wasser zu einer dickflüssigen Glasur rühren.

Schokoladeglasur:
100 g Schokolade auf ganz kleinem Feuer oder im nicht zu heissen Wasserbad schmelzen. Zuletzt 10 g Butter unterrühren.

Marmor-Schnäggli

Je eine helle und eine dunkle Teigplatte von gleicher Grösse und 3 mm Dicke zwischen Backpapier oder Klarsichtfolie auswallen. Damit das Ganze beim Auswallen nicht rutscht, ein feuchtes Tuch unter das untere Papier legen.

Die beiden Teigplatten leicht versetzt aufeinanderlegen, so dass auf der einen Seite ein Rand von 1–1½ cm entsteht. Die beiden Teige satt aufrollen.

Die Teigrolle 1–2 Stunden in den Kühlschrank legen oder leicht anfrieren lassen. Dann in knapp ½ cm dicke Scheiben schneiden und diese auf ein mit Backpapier belegtes Blech legen.

Carré-Brötchen

Ein Drittel des braunen Teiges zwischen Backpapier oder Klarsichtfolie zu einem dünnen Rechteck auswallen. Aus einem weiteren Drittel braunem Teig sowie einem Drittel hellem Teig Stangen von etwa ½ cm Durchmesser formen.

Je zwei Stangen farblich versetzt auf die braune Teigplatte legen und mit dieser möglichst satt umhüllen. Leicht andrücken. Die Teigstange kühl stellen, bis sie sehr fest ist, oder sie leicht anfrieren lassen. Den restlichen hellen und dunklen Teig auf die gleiche Art verarbeiten, nach Belieben mit dem Unterschied, dass die Carré-Brötchen eine helle Teighülle haben.

Die Teigstange in knapp ½ cm dicke Scheiben schneiden und auf ein mit Backpapier belegtes Blech legen.

Guetzli-Fahrplan

Das Backen von Weihnachtsguetzli gleicht oft einem Marathon: Am Schluss sitzt man abgekämpft in der Küche, und die Lust auf Mailänderli & Co. ist einem gründlich vergangen. Dieser Back-Fahrplan soll Ihnen helfen, in fünf Tagen acht Sorten Guetzli zu backen, ohne dass Sie ausser Atem geraten.

Das Guetzli-Sortiment umfasst die beliebtesten Schweizer Weihnachtsspezialitäten: Änisbrötli, Brunsli, Haselnussstengelchen, Spitzbuben, Mailänderli, Zimtsterne, Berner Haselnuss-Leckerli und Sandgebäck.

Einkaufsliste:

Für die acht Guetzlisorten werden folgende Zutaten gebraucht:
750 g Butter
1½ kg Kristallzucker
1 kg Puderzucker
2 kg Mehl
16 Eier
300 g gemahlene Haselnüsse
1,1 kg gemahlene Mandeln
250 g Edelbitter-Schokolade
75 g Orangeat
1 Päcklein Bourbon Vanillezucker
3 Zitronen
1 Glas Himbeer- oder Johannisbeergelee
1 Gewürzglas Anissamen
Aus dem Vorrat:
Kirsch, Rahm, Honig, Zimt, Nelkenpulver

Was man sonst noch wissen muss:

🌀 Die Guetzli-Menge ist grosszügig berechnet. Sie reicht nicht nur für einige Guetzliteller, sondern auch für Guetzlisäckli zum Verschenken.

🌀 Selbstverständlich können die einzelnen Guetzlisorten durch beliebige andere Spezialitäten ersetzt werden. Wichtig: Die Eiverwertung neu berechnen.

🌀 Um zu verhindern, dass Eigelb an- oder austrocknet, wenn es nicht sofort weiterverwendet wird, lässt man die wenn möglich unversehrten Dotter in eine Tasse gleiten, bedeckt sie mit kaltem Wasser und bewahrt sie im Kühlschrank auf.

1. Tag

Arbeitsaufwand: etwa 2½ Stunden.
Was gemacht wird: Änisbrötli-Teig zubereiten und kühl stellen. Den Brunsli-Teig zubereiten, auswallen, Guetzli ausstechen und backen. Die Änisbrötli formen und auf dem Blech über Nacht trocknen lassen.

Änisbrötli

4 Eier
500 g Puderzucker
2 Esslöffel Kirsch
2 Esslöffel Anissamen
500 g Mehl

Die Eier mit dem Puderzucker zu einer hellen, dicken Creme rühren. Den Kirsch und die Anissamen beigeben. Das Mehl dazusieben und alles rasch zu einem Teig zusammenkneten. Aus dem Teig fingerdicke Rollen formen und diese in etwa 5 cm lange Stücke schneiden. Jeweils die eine Seite mit einem scharfen Messer dreimal schräg einschneiden und die Änisbrötli zu Halbmonden biegen. Auf ein mit Backpapier belegtes Blech setzen und über Nacht bei Zimmertemperatur antrocknen lassen.
Am nächsten Tag die Änisbrötli im auf 180 Grad vorgeheizten Backofen auf der untersten Rille während 15–20 Minuten backen.

Brunsli

250 g Edelbitter-Schokolade
500 g gemahlene Mandeln
4 Eiweiss (je 2 Eigelb in einer Tasse mit kaltem Wasser bedeckt zur weiteren Verwendung kühl stellen)
2 Esslöffel Kirsch
1 Teelöffel Zimtpulver
1 Messerspitze Nelkenpulver
500 g Zucker
Zucker zum Auswallen

Die Schokolade fein reiben. Mit den Mandeln mischen. Die Eiweiss leicht schlagen. Mit den übrigen Zutaten zur Mandel-Schokolade-Masse geben. Alles rasch zu einem Teig zusammenkneten.
Die Arbeitsfläche mit Zucker bestreuen und darauf den Teig gut ½ cm dick auswallen. Guetzli ausstechen; dabei die Förmchen immer wieder in Zucker tauchen, damit der Teig nicht kleben bleibt. Auf ein mit Backpapier belegtes Blech setzen. Die Brunsli im auf 120 Grad vorgeheizten Ofen auf der zweituntersten Rille etwa 15 Minuten trocknen lassen.

2. Tag

Arbeitsaufwand: etwa 2 Stunden.
Was gemacht wird: Die Änisbrötli backen. Den Teig für die Haselnussstengelchen zubereiten und kühl stellen. Dann den Teig für die Spitzbuben vorbereiten und über Nacht kühl ruhen lassen. Die Haselnussstengelchen auswallen, schneiden, backen und mit Glasur bestreichen.

Haselnussstengelchen

100 g weiche Butter
125 g Zucker
2 Eigelb (vom Vortag)
150 g gemahlene Haselnüsse
150 g Mehl
Glasur:
100 g Puderzucker
1 Esslöffel Kirsch oder Zitronensaft
1–2 Esslöffel Wasser

Die Butter und den Zucker zu einer hellen, luftigen Masse schlagen. Die Eigelb beifügen und alles nochmals kräftig rühren. Dann die Nüsse und das Mehl dazugeben und rasch zu einem Teig zusammenkneten. In Folie wickeln und mindestens 30 Minuten kühl stellen.
Den Teig auf wenig Mehl 3–4 mm dick auswallen. Daraus etwa 1½ cm breite und 5 cm lange Stengelchen schneiden. Auf ein mit Backpapier belegtes Blech geben. Die Haselnussstengelchen im auf 180 Grad vorgeheizten Ofen auf der zweituntersten Rille 8–10 Minuten backen.
Die Zutaten für die Glasur verrühren und die Stengelchen noch heiss damit bestreichen.

Spitzbuben

200 g weiche Butter
125 g Zucker
2 Eigelb (vom Vortag)
abgeriebene Schale von 1 Zitrone
1 Päcklein Bourbon Vanillezucker
300 g Mehl
Zum Fertigstellen:
Himbeer- oder Johannisbeergelee
Puderzucker zum Bestreuen

Die Butter und den Zucker zu einer hellen, luftigen Masse schlagen. Die Eigelb, die Zitronenschale und den Vanillezucker beifügen. Das Mehl dazusieben und alles rasch zu einem glatten Teig zusammenkneten. In Folie wickeln und über Nacht kühl stellen.
Den Teig auf der leicht bemehlten Arbeitsfläche etwa 2 mm dünn auswallen. Rondellen – nach Belieben mit Wellenrand – von etwa 3–4 cm Durchmesser ausstechen. Bei der Hälfte der Rondellen in der Mitte ein kleines Loch oder eine andere beliebige Form ausstechen; diese Rondellen ergeben den «Deckel» der Spitzbuben. Die Rondellen auf ein mit Backpapier belegtes Blech geben.
Die Guetzli im auf 180 Grad vorgeheizten Ofen auf der zweituntersten Rille 12–15 Minuten backen; sie sollen sehr hell bleiben. Auskühlen lassen.
Die Rondellen ohne Loch mit Gelee bestreichen. Die gelochten Rondellen mit Puderzucker besieben und auf die Gelee-Rondellen setzen.

3. Tag

Arbeitsaufwand: etwa 2 Stunden.
Was gemacht wird: Den Teig für die Zimtsterne zubereiten, auswallen, ausstechen und backen. Die Sterne mit Glasur bestreichen. Den Spitzbubenteig auswallen, Rondellen ausstechen und backen. Die Spitzbuben fertigstellen.

Zimtsterne

3 Eiweiss (je 2 Eigelb und 1 Eigelb zur weiteren Verwendung kühl stellen)
300 g Puderzucker
400 g gemahlene Mandeln
1 Esslöffel Zimtpulver
1 Prise Nelkenpulver
abgeriebene Schale von 1 Zitrone
Zucker zum Auswallen

Die Eiweiss steif schlagen, dabei nach und nach den Puderzucker einrieseln lassen; es soll eine glänzende, schneeweisse Masse entstehen. 5 Esslöffel Eischnee in einem kleinen Schüsselchen für die Glasur auf die Seite stellen.
Zum restlichen Eischnee die Mandeln, Zimt- und Nelkenpulver sowie die Zitronenschale geben. Alles sorgfältig mischen, bis ein formbarer Teig entstanden ist.
Den Teig auf der mit Zucker bestreuten Arbeitsfläche etwa ½ cm dick auswallen. Sterne ausstechen und auf ein mit Backpapier belegtes Blech setzen.
Die Zimtsterne im auf 180 Grad vorgeheizten Ofen auf der zweituntersten Rille während etwa 12 Minuten backen. Auskühlen lassen. Dann sorgfältig mit dem beiseite gestellten Eischnee bestreichen; am besten geht dies mit einem Mini-Spachtel oder mit einem kleinen, spitzen Küchenmesserchen.

4. Tag

Arbeitsaufwand: etwa 2½ Stunden.
Was gemacht wird: Den Mailänderliteig vorbereiten und kühl stellen. Den Haselnuss-Leckerliteig zubereiten, auswallen, die Leckerli ausschneiden und über Nacht trocknen lassen. Den Teig für das Sandgebäck vorbereiten und über Nacht kühl stellen. Den Mailänderliteig auswallen, ausstechen und backen.

Mailänderli

250 g weiche Butter
250 g Zucker
1 Prise Salz
3 Eier
abgeriebene Schale von 1 Zitrone
500 g Mehl
Zum Bestreichen:
1 Eigelb (vom Vortag)
1 Esslöffel Rahm

Die Butter, den Zucker und das Salz zu einer hellen, luftigen Masse schlagen; der Zucker soll sich fast vollständig aufgelöst haben. Die Eier und die Zitronenschale verquirlen und beigeben. Das Mehl dazusieben. Alles rasch zu einem glatten Teig zusammenkneten. In Klarsichtfolie wickeln und mindestens 1 Stunde kühl stellen.
Den Teig auf der nur leicht bemehlten Arbeitsfläche etwa 4 mm dick auswallen. Guetzli in beliebigen Formen ausstechen und auf ein mit Backpapier belegtes Blech geben. Wenn möglich vor dem Backen nochmals 20–30 Minuten kühl stellen.
Eigelb und Rahm verrühren und die Mailänderli damit bestreichen. Die Guetzli im auf 180 Grad vorgeheizten Ofen auf der zweituntersten Rille während 15–20 Minuten goldgelb backen.

Berner Haselnuss-Leckerli

2 Eiweiss (die 2 Eigelb zu den 2 Eigelb vom Vortag geben)
250 g Zucker
75 g Orangeat
150 g gemahlene Mandeln
150 g gemahlene Haselnüsse
1 Teelöffel Zimtpulver
2 Esslöffel Mehl
1 Esslöffel Honig

Die Eiweiss steif schlagen, dabei nach und nach den Zucker einrieseln lassen; es soll eine glänzende, schneeweisse Masse entstehen.
Das Orangeat sehr fein hacken. Zusammen mit den Mandeln, den Haselnüssen, dem Zimt, dem Mehl und dem Honig beigeben. Alles rasch zu einem Teig zusammenkneten.
Die Arbeitsfläche mit etwas Zucker bestreuen und den Teig darauf knapp 1 cm dick auswallen. Entweder Leckerli von etwa 2 x 4 cm ausschneiden oder ein Model bemehlen, aufdrücken und die Leckerli mit einem scharfen Messer ausschneiden. Auf ein mit Backpapier belegtes Blech geben. Über Nacht bei Zimmertemperatur antrocknen lassen.
Am nächsten Tag die Haselnuss-Leckerli im auf 120 Grad vorgeheizten Ofen auf der zweituntersten Rille während 30–40 Minuten backen.

Sandgebäck

200 g weiche Butter
200 g Zucker
4 Eigelb (vom Vortag und von diesem Tag)
abgeriebene Schale von 1 Zitrone
300 g Mehl

Die Butter mit dem Zucker zu einer hellen, luftigen Masse rühren. Die Eigelb und die Zitronenschale beigeben. Das Mehl dazusieben und alles rasch zu einem glatten Teig zusammenkneten. In Klarsichtfolie wickeln und über Nacht kühl stellen.
Den Teig auf der leicht bemehlten Arbeitsfläche 3 mm dick auswallen. Streifen von 2 x 6 cm oder Rondellen von etwa 6 cm Durchmesser ausschneiden; letztere zusätzlich in Viertel schneiden. Die Guetzli auf ein mit Backpapier belegtes Blech geben und mit einer Gabel dekorativ einstechen.
Das Sandgebäck im auf 180 Grad vorgeheizten Ofen auf der zweituntersten Rille während 10–12 Minuten sehr hell backen.

5. Tag

Arbeitsaufwand: etwa 1 Stunde.
Was gemacht wird: Die Haselnuss-Leckerli backen. Das Sandgebäck auswallen, ausstechen und backen.

Guetzli aufbewahren
Gebäck immer gut auskühlen lassen, erst dann verpacken. Stark gewürzte Guetzlisorten getrennt aufbewahren, sonst kommt es zu einer Geschmacksübertragung. Gebäck mit Glasur lagenweise mit Backpapier trennen.

Kleine Guetzli-Werkstatt

Die Ausstechformen

Das ideale Guetzliförmchen ist möglichst dünnwandig, damit scharf und exakt gearbeitet werden kann. Formen aus Plastik sind zwar ideal zum Reinigen; mit ihnen lässt sich jedoch oft weniger schön ausstechen.

Die einzelnen Ausstecher sollten möglichst ausgeglichene Formen haben. Ein zu dünner Stiel oder Stamm, ein kleiner Schnabel oder Glockenschwengel usw. verursachen nicht nur Probleme beim Ausstechen beziehungsweise beim Lösen aus der Form, sondern werden beim Backen schneller dunkel als die übrigen Guetzliteile. Aus dem gleichen Grund sollte man auch darauf achten, dass die verschiedenen Guetzliformen, die zusammen auf einem Blech gebacken werden, ungefähr die gleiche Grösse haben.

Zum rationellen Arbeiten sind auch Ausstechplatten erhältlich. Bei den einen sind die Guetzliformen so angeordnet, dass sie zum Backen gerade den richtigen Abstand voneinander haben. Sie können also direkt von der Form auf das Blech oder Backpapier gegeben werden. Bei den Platten ohne Zwischenräume sind die Figuren so angeordnet, dass sie ineinanderlaufen. Hier müssen die Guetzli zuerst aus der Form gedrückt und dann jedes einzeln aufs Blech gelegt werden.

Das ideale Backblech

Zur Grundausstattung jedes Ofens gehört ein emailliertes Blech. Es hat ausgezeichnete Backeigenschaften, da es die Wärme gut leitet. Gerade beim Guetzlibacken ist aber oft mehr als nur ein Blech nötig. Besonders praktisch sind Bleche, die nur auf einer Seite einen Rand besitzen. Hier lassen sich die Guetzli nach dem Backen problemlos vom Blech schieben oder vorbereitete Portionen auf Backpapier daraufziehen.

Das Backpapier

Wenn man viele Guetzli backen will, ist Backpapier – als Einzelblätter oder auf der Rolle erhältlich – eine grosse Hilfe. Es erspart nicht nur das Einfetten der Bleche und danach die Reinigung, sondern man kann auch in der Zeit, da das erste Blech im Ofen ist, die nächsten Guetzli auf einer weiteren Lage Papier vorbereiten. Die Guetzli auf Backpapier können übrigens direkt auf das noch heisse Blech – besonders einfach und schnell: auf den Blechrücken – gezogen werden. Sie müssen dann allerdings sofort in den Ofen geschoben werden, sonst zerlaufen sie. Wichtig: Weil das Blech bereits heiss ist, reduziert sich die Backzeit ganz leicht.

Teig auf Vorrat

Manche Guetzliteige müssen nach der Zubereitung nicht sofort verarbeitet werden. Dies gilt für alle Teige, die vor dem Backen einige Zeit im Kühlschrank ruhen müssen. Gut verpackt kann man diese Teige 4–5 Tage im Kühlschrank aufbewahren. Alle luftig-lockeren Teigmassen, die steifgeschlagenes Eiweiss enthalten, müssen hingegen sofort gebacken werden, sonst fällt der Eischnee wieder zusammen, wird flüssig, und der Teig gerinnt. Ebenso müssen alle Backpulver-Teige so schnell als möglich in den Ofen geschoben werden, sonst verpufft die meiste Triebkraft des Backpulvers vorzeitig, und der Teig geht nicht mehr auf.

Die wichtigsten Guetzli-Tricks

🌀 Bei Mürbeteig kann der Zucker, wenn gewünscht, durch flüssigen künstlichen Süssstoff ersetzt werden, denn Zucker hat hier vor allem die Eigenschaft einer Geschmackszutat und spielt für die Beschaffenheit des Teiges keine sehr wichtige Rolle.

🌀 Steif geschlagenes Eiweiss für Zimtsterne und andere Eiweiss-Teige fällt unweigerlich zusammen, wenn die weiteren Zutaten auf einmal dazugegeben werden. Das Gewicht der Zutaten erdrückt den feinporigen Schaum; deshalb alles nur langsam und löffelweise unter den Eischnee heben.

🌀 Teige, die Nüsse und Eiweiss enthalten, werden gerne sehr weich. Das liegt meistens an den Eiern, denn auch kleine Eier enthalten oft einen grossen Eiweissanteil. Deshalb nie alles Eiweiss auf einmal beigeben; dadurch merkt man rechtzeitig, ob der Teig zu weich gerät.

🌀 Wenn Teig an den Ausstechformen hängen bleibt, taucht man sie in Mehl (bei Mürbe-, Lebkuchen- und Honigteig) oder in Zucker (bei Nuss- und anderen Eiweissteigen).

🌀 Arbeitet man man mit Modeln, müssen diese sehr gut mit Mehl oder Puderzucker ausgestäubt werden, sonst gibt es keine sauberen Abdrücke. Beim Herausklopfen des Teiges darf man ruhig den Modelrand kräftig auf die Tischplatte schlagen; dadurch löst sich der Teig in einem Stück und bleibt ganz.

🌀 Wird Mürbeteig (zum Beispiel für Mailänderli oder Spitzbuben) durch mehrmaliges Auswallen sehr weich und bleibt dadurch gerne kleben, kein Mehl beifügen, sondern noch einmal gut kalt stellen. Nur so bleibt der Teig schön mürbe und wird nicht hart.

🌀 Für die Zubereitung von Leckerli und Lebkuchen braucht man Honig. Dieser lässt sich durch seine Zähflüssigkeit meistens nur mit grösseren Verlusten abwägen. Einfacher und vor allem weniger klebrig ist die folgende Methode: Das Honigglas mitsamt Inhalt wägen. Dann mit einem Löffel Honig entnehmen und das Glasgewicht immer wieder auf der Waage kontrollieren.

🌀 Guetzli nach dem Backen auf dem Blech oder Backpapier kurz abkühlen lassen. Nimmt man sie zu heiss vom Blech, sind sie oft sehr mürbe und zerbrechlich. Aber man darf auch nicht zu lange warten, sonst kleben die Guetzli fest. Falls dies doch einmal vorkommt: das Blech nochmals ganz kurz in den heissen Ofen schieben.

🌀 Eigelb zum Bestreichen mit etwas Milch oder Rahm (ein Teelöffel pro Eigelb) verrühren, damit es sich besser verstreichen lässt. Verquirlt man das ganze Ei zum Bestreichen, wirkt der Anstrich blass und matt. Besonders schön glänzt Eigelb, wenn man es mit etwas Honig oder Öl verrührt.

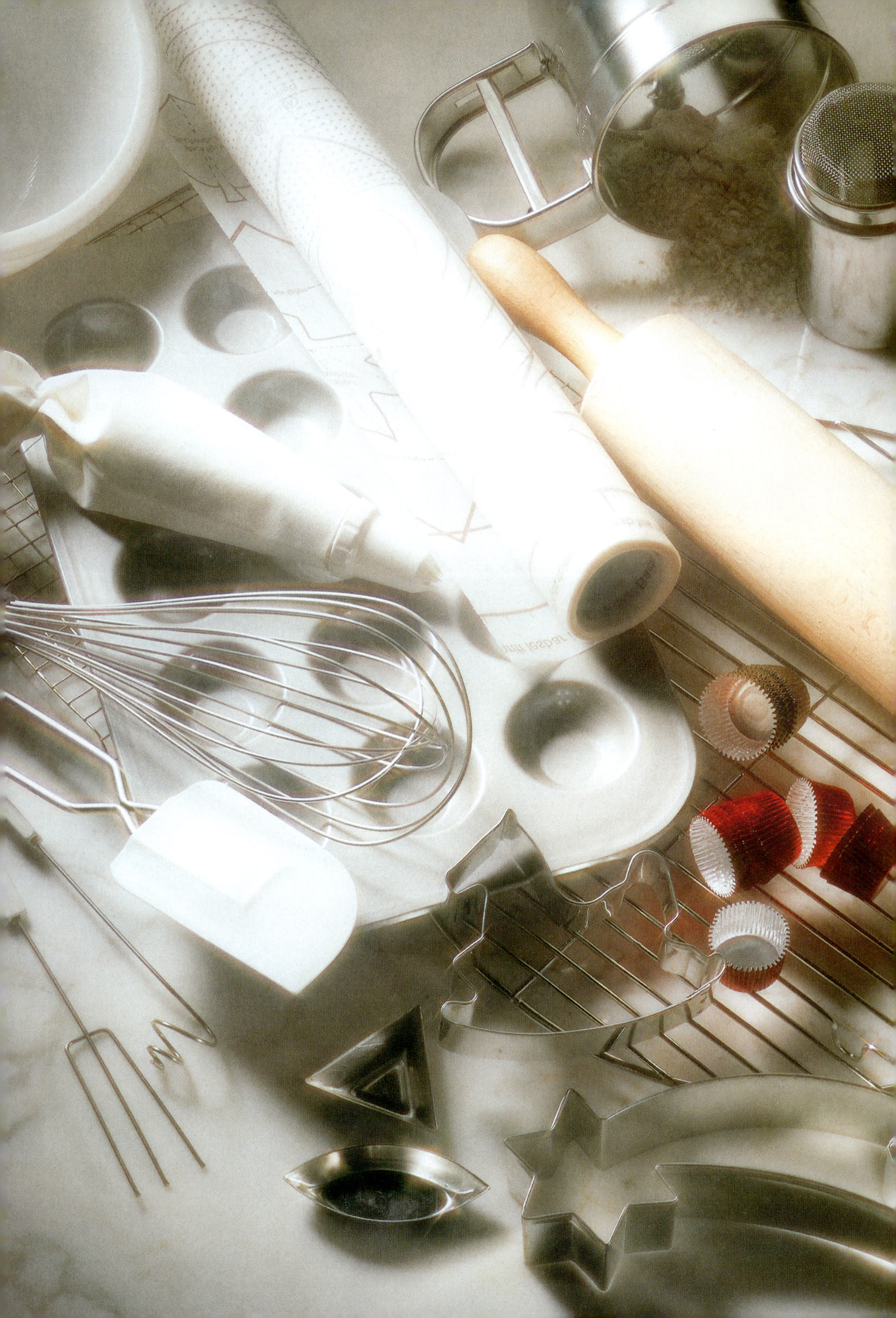

Tips und Tricks aus der Küchenpraxis

Was das Backen leichter macht

Ein bisschen Wissen rund um die Zutaten, die richtigen Geräte und die wichtigsten Backtricks tragen zum guten Gelingen der Rezepte in diesem Buch bei. Deshalb finden Sie hier (fast) alles, was Ihnen das Backen leichter macht.

Der Backofen

Die Vielfalt der Backöfen auf dem Markt ist fast unüberschaubar. Die wichtigsten Ofentypen sind:

Konventioneller Backofen

Er wird mit Unter- und Oberhitze beheizt, das heisst, die Wärme wirkt jeweils von oben und von unten in nur einer Richtung auf das Backgut ein. **Der Vorteil:** Die Hitze ist direkt, dringt also rascher ein. **Der Nachteil:** Die Temperatur im Ofen ist nicht an jeder Stelle gleich. Alle Rezeptangaben in diesem Buch beziehen sich auf diesen Herdtyp.

Umluft- oder Heissluftofen

Die Wärme wird nicht nur unten und oben, sondern auch in den Seitenwänden erzeugt und von einem Ventilator an der Backofenrückwand im Ofenraum umgewälzt. **Der Vorteil:** Dadurch herrscht eine gleichmässige Temperatur, die von allen Seiten auf das Backgut einwirkt. So können auch mehrere Bleche übereinander gleichzeitig gebacken werden. **Der Nachteil:** Das Backgut trocknet eher aus, und manche Teige nehmen nur schlecht Farbe an. Weil sich die Hitze gleichmässig im Ofen verteilt, sind etwas geringere Temperaturen nötig als beim konventionellen Backofen: Als Faustregel rechnet man etwa 20 Grad weniger.

Kombinations-Ofen

Immer häufiger trifft man Öfen an, die sowohl getrennt über konventionelle Unter- und Oberhitze als auch Umluftsystem verfügen; bei Luxusgeräten enthalten sie sogar eine integrierte Mikrowelle.

Gasbackofen

Früher war das Backen im Gasofen problematisch, da die Hitzeverteilung schlecht war. In den neuen Geräten sind die Gasflammen nicht mehr sichtbar, und ein Umluftgebläse sorgt für gleichmässige Temperaturen. Was wichtig zu wissen ist: Die vom Hersteller abgegebene Backanleitung mit Temperaturangaben bezieht sich immer auf das Backen mit dem mitgelieferten Originalblech. Dieses ist bei den verschiedenen Ofenmodellen aus unterschiedlichem Material. Als Faustregel gilt:

- Ist das Originalblech aus hellem Material, so muss bei Verwendung eines dunklen Bleches die Temperatur um 20 Grad reduziert und die Einschubhöhe nach oben verlegt werden.
- Ist das Originalblech dunkel, so ist beim Backen mit einem hellen Blech die Temperatur um 20 Grad zu erhöhen.

Der gute Tip

Ist Vorheizen nötig?

Immer wieder hört man, dass Vorheizen überflüssig ist. Das mag für Gerichte gelten, die im Ofen überbacken werden. Doch kaum ein Teig verträgt es, im kalten Ofen zu warten, bis die richtige Backtemperatur endlich erreicht wird. Teig sollte immer sofort anbacken, sonst verändert er seine Konsistenz zu stark. Das Vorheizen des Ofens ist also wichtig für ein gutes Backergebnis.

Der gute Tip

Die Nadelprobe

Die genauen Backzeiten hängen von den verschiedensten Faktoren ab: Ofentyp, Alter des Herdes, Backform, Temperatur bei der Teigzubereitung. Deshalb ist es unerlässlich, dass man gegen Ende der im Rezept vermerkten Backzeit überprüft, wie weit fortgeschritten das Backresultat ist. Bei Kleingebäck, pikantem Gebäck wie Wähen, Quiches, Pasteten usw. sowie bei Brot kann dies durch Augenschein überprüft werden. Bei luftigen Teigen wie Rührteig, Biskuit usw. kann eine knusprige Kruste täuschen. Hier muss die Nadel- oder Stäbchenprobe gemacht werden: Eine Stricknadel oder ein dünnes Holzstäbchen von der höchsten Kuchenstelle bis zum Formenboden durchstechen. Bleibt beim Herausziehen Teig daran haften, muss der Kuchen noch etwas länger im Ofen verbleiben. Erst wenn die Nadel oder das Stäbchen absolut sauber aus dem Kuchen gezogen wird, ist er genügend gebacken.

Von Backblechen und Backformen

Normalerweise gehört zur Grundausstattung jedes Ofens ein grosses emailliertes Backblech. Es hat ausgezeichnete Backeigenschaften, da es die Wärme gut leitet. Ein optimales Backergebnis hängt nicht zuletzt vom Material der Form ab, in der man das Gebäck in den Ofen gibt:

Schwarzblech nimmt durch die dunkle Oberfläche die Hitze sehr gut auf; dies bewirkt eine gleichmässige Bräunung. Backformen aus diesem Material eignen sich besonders gut für elektrische Normalbacköfen.

Weissblech hingegen nimmt im Ofen mit konventioneller Ober- und Unterhitze die Wärme schlecht auf. So ist die Oberfläche oft schon braun und der Boden noch zu wenig gebacken. Im Umluft- und Gasbackofen ist das Ergebnis wesentlich besser.

Beschichtete Backformen können in allen Ofentypen verwendet werden. Die Beschichtung aus Kunststoff hat keinen direkten Einfluss auf das Backen. Darüber entscheidet allein das Material, aus dem das Blech beziehungsweise die Form gefertigt ist. Generell gilt: Bei Verwendung im Gasherd muss eine etwas niedrigere Temperatur als im Rezept vermerkt eingestellt werden, damit das Gebäck nicht zu stark bräunt. Der Vorteil von beschichteten Formen, die teurer als solche aus Schwarz- oder Weissblech sind: Das Gebäck lässt sich leichter aus der Form lösen (jedoch unbedingt auch beschichtete Formen fetten!), die problemlose Reinigung und kein Rosten der Form.

Porzellan- und Keramikformen sehen meistens sehr dekorativ aus und eignen sich oft auch als Tischgeschirr. Zu beachten gilt, dass sich Porzellan und Keramik nur langsam erwärmen, die Hitze jedoch sehr lange behalten. Beim Herausnehmen aus dem Ofen müssen große Temperaturunterschiede vermieden werden, sonst springt die Form.

Backformen aus Spezialglas und Glaskeramik sind extrem hitze- und kältebeständig und können auch im Mikrowellengerät benutzt werden. Glaskeramik ist sogar so robust, dass sie direkt aus dem Tiefkühler in den heissen Ofen gestellt werden kann.

Man nehme: 1 Prise, 1 Messerspitze…

Diese und andere Mengenangaben findet man in vielen Rezepten. Wenn es auch nicht aufs Gramm genau sein muss – ungefähr sollte man dennoch wissen, was gemeint ist:

- Eine Prise ist ungefähr so viel, wie man zwischen Daumen und Zeigefinger halten kann.
- Eine Messerspitze entspricht etwa zwei bis drei Prisen oder eben so viel, wie auf eine Messerspitze passt.
- Ein Esslöffel entspricht 3 Teelöffeln. Wenn nichts anderes vermerkt ist, so versteht man damit immer einen gestrichenen Löffel. Hier die wichtigsten Lebensmittel, die mit Löffeln abgemessen werden:

Salz:	1 Teelöffel = 6 g	1 Esslöffel = 20 g
Zucker:	1 Teelöffel = 5 g	1 Esslöffel = 15 g
Mehl:	1 Teelöffel = 3 g	1 Esslöffel = 10 g
Maizena:	1 Teelöffel = 3 g	1 Esslöffel = 10 g
Öl oder Fett:	1 Teelöffel = 5 g	1 Esslöffel = 15 g
Wasser:	1 Teelöffel = 6 g	1 Esslöffel = 18 g

- Ein Spritzer bei flüssigen Gewürzen entspricht der Prise. Darunter versteht man 2–3 Tropfen einer Zutat.
- Ein Schuss entspricht etwa einem halben Schnapsglas voll Flüssigkeit oder 1 cl (0,1 dl). Am besten wird zum Abmessen die Flasche mit der Zutat einmal kurz gekippt, dabei den Daumen so über die Öffnung halten, dass nicht zuviel auf einmal herauskommt.
- Ein Schnapsgläschen enthält 2 cl oder 0,2 dl. Wenn man sich ein Glas mit Eichstrich zulegt, kann man die Menge genau abmessen.
- Ein Glas entspricht 1 bis 1¼ dl, soviel also, wie ein kleines Weinglas enthält.
- Eine Tasse fasst etwa 1½ dl, der Inhalt einer normalen Kaffeetasse. Wichtig: Teetassen enthalten oft mehr!
- Ein Becher enthält zwischen 1,8 und 2 dl. Dieses Mass wird vor allem bei Rahm verwendet.

In der Schweiz werden Flüssigkeitsmasse normalerweise in Deziltern (dl) oder Litern (l) angegeben. In deutschen Rezepten findet man die folgenden Masseinheiten:

1/16 l	=	62,5 ml	=	0,625 dl
1/8 l	=	125 ml	=	1¼ dl
¼ l	=	250 ml	=	2½ dl
3/8 l	=	375 ml	=	3¾ dl
½ l	=	500 ml	=	5 dl
¾ l	=	750 ml	=	7½ dl

Der gute Tip

Backformen: Wieviel Teig hat Platz?

Neben klassischen Backformen wie Spring-, Cake- oder Gugelhopfformen findet man auch eine grosse Zahl von Phantasie-Formen. So originell diese sind, für weniger Backgeübte ist es schwer abzuschätzen, wieviel Teig in eine solche Form passt. Um die nötige Teigmenge zu bestimmen, gibt man in die üblicherweise verwendete Form (z.B. Cakeform) soviel Wasser, wie man jeweils Teig einfüllt. Dieses Wasser wird nun in die Phantasieform gegossen. Als Faustregel gilt: Eine Form sollte etwa zu ¾ mit Teig gefüllt werden, damit ein schönes Backresultat erreicht wird. Aufgrund des Wasserstandes in der neuen Form kann man leicht abschätzen, ob man die Teigmenge erhöhen oder die Zutaten in kleinerer Menge berechnen muss.

Rupperswiler
500g
Reiner Puderzucker
Sucre glace pur
Zucchero a velo puro
Hagel-
Zucker
250 g
Hagel-
Zucker
Kölner
Zucker
Hut

Die wichtigsten Backzutaten

Backpulver
Dieses Treibmittel ist ein Gemisch aus Natron, Weinsteinsäure, Stärke und Getreidemehl und wird in kleinen Beutelchen, meist in einer Menge für 500 g Mehl ausreichend, angeboten. Trotz Angaben auf dem Beutel empfiehlt es sich, die jeweiligen Dosierungen in den einzelnen Rezepten einzuhalten.

Butter
Sie ist das ideale Backfett für fast alle Gebäckarten. Besonders gut ist die frühere Kochbutter, heute «Die Butter» genannt. Butter, die ranzig geworden ist, sollte nie zum Backen verwendet werden, da sich ihr schlechter Geschmack nicht verliert.

Eier
Hühnereier können in der Grösse stark variieren. Die Angaben in den Rezepten in diesem Buch beziehen sich auf mittelgrosse Eier (etwa 60 Gramm schwer). Werden viel kleinere oder wesentlich grössere Eier verwendet, so muss das unterschiedliche Gewicht ausgeglichen werden. Wer Eier direkt beim Produzenten kauft, sollte wissen, dass das Ei nicht nestfrisch am besten schmeckt, sondern sein volles Aroma erst nach einigen Tagen kühler Lagerung entwickelt und bis zu 14 Tagen behält. Ganz frisches Eiweiss lässt sich übrigens nur schlecht schlagen, genauso wie es nach etwa 3 Wochen Lagerzeit seine Spannkraft verliert und sich nicht mehr zu wirklich steifem Schnee aufschlagen lässt. Zum Steifschlagen von Eiweiss ein eher hohes, vor allem fettfreies Gefäss verwenden. Bereits kleinste Eigelbreste, aber auch die allerkleinsten, für das Auge unsichtbaren Fettspuren verhindern, dass die Masse wirklich steif wird. Auch der Schwingbesen oder die Rührbesen der Küchenmaschine müssen fettfrei sein. Steif geschlagenes Eiweiss muss immer sofort weiterverwendet werden, da es schon nach kurzer Zeit zusammenfällt. Es kann – im Gegensatz zu Eigelb oder Rahm – auch nicht mehr ein zweites Mal aufgeschlagen werden.

Haselnüsse
Sie sind ungeschält als Kerne und gemahlen erhältlich. Wegen ihres hohen Fettgehaltes werden sie schnell ranzig. Deshalb am besten im Tiefkühler aufbewahren; dort bleiben die Nüsse monatelang erntefrisch. Haselnüsse sind auch extrem anfällig für Schimmelpilze (Aflatoxine); angebrochene Packungen rasch verbrauchen. Wie man Haselnüsse schält, erfahren Sie auf Seite 81.

Hefe
Hefe ist als Frischprodukt oder als Trockenpulver erhältlich. Für das Gelingen des Hefeteiges spielt keine Rolle, welche Hefe man verwendet. Frische Hefe kauft man als kleine, 42 Gramm schwere Würfel. Was nicht sofort verbraucht wird, kann man bis zu drei Monate einfrieren. Praktischer Vorrat ist Trockenhefe. Zu ihrer Herstellung wird frischer Hefe das Wasser entzogen. Die im Handel erhältlichen Beutelchen mit 7 Gramm Trockenhefe entsprechen ½ Würfel oder 21 g Frischhefe. Sobald das Hefegranulat mit Flüssigkeit in Berührung kommt, wird die Hefe wieder aktiviert. Trockenhefe muss jedoch nicht extra angerührt werden; die Flüssigkeit, die in jedem Teig vorhanden ist, genügt, um die Triebkraft in Gang zu bringen. Ich lasse jedoch Teige, die mit Trockenhefe zubereitet werden, 15–20 Minuten länger aufgehen. Wichtig: Auch Trockenhefe ist nicht unbeschränkt haltbar; unbedingt das aufgedruckte Verfalldatum auf dem Beutel beachten.

Honig
Im Trend der Vollwert-Ernährung gewinnt Honig als «Zuckerersatzstoff» beziehungsweise als Backzutat immer mehr an Bedeutung. Doch Zucker lässt sich nicht einfach 1:1 durch Honig ersetzen. Guetzli zum Beispiel, die ausschliesslich mit Honig gesüsst sind, schmecken fad, mit einem bittersüssen Nachgeschmack, und sie werden auch nicht richtig knusprig. Empfehlenswert ist, nur die Hälfte des Zuckers durch Honig zu ersetzen, soll das Gebäck optimal gelingen. Man kann übrigens sehr gut einen preisgünstigen Honig verwenden, weil das Aroma beim Backen zu einem grossen Teil verloren geht.

Mandeln
Je nach Gebäckart werden Mandeln mit der braunen Haut oder geschält verwendet. In den Rezepten ist es stets ausdrücklich erwähnt, da die braune Haut der Mandeln gewisse Aromastoffe enthält. Wie man Mandeln schält, erfahren Sie auf Seite 81.

Marzipan
Es entsteht aus geschälten Mandeln und Puderzucker, eventuell unter Beigabe einer kleinsten Menge Bittermandeln. Sogenanntes Backmarzipan ist gebrauchsfertig gemischt und eignet sich sehr gut für die Hausbäckerei.

Mehl
Wenn im Rezept nicht anders vermerkt, wird für Gebäck Weissmehl oder Halbweissmehl – je nach persönlichem Geschmack – verwendet. Mehl vor der Beigabe stets sieben, damit keine Klümpchen in den Teig gelangen. Dafür entweder ein spezielles Mehlsieb oder ein feinmaschiges Drahtsieb verwenden. Beim Sieben kann man das Mehl auch gleichzeitig mühelos und gleichmässig mit Backpulver und anderen gemahlenen Zutaten mischen.

Orangeat
Die kandierte Schale der Bitterorange oder Pomeranze ist klein gewürfelt oder als halbe Schalen erhältlich.

Puderzucker
Der staubfein gemahlene Zucker wird vor allem zur Herstellung von Glasuren und zum Besieben von Gebäck verwendet. Auch wenn sich Zucker in kalt geschlagenen Eimassen vollständig auflösen soll, wird mit Vorteil Puderzucker verwendet. Puderzucker sollte stets gesiebt werden, um eine Klümpchenbildung zu verhindern.

Rohrzucker
Der aus dem Zuckerrohr gewonnene Zucker hat eine schwächere Süsskraft als Rübenzucker und besitzt ein kräftiges Eigenaroma.

Schokolade
Wird in den Rezepten Schokolade als Zutat verlangt, kann Zart- oder Edelbitter-Schokolade, sogenannte Block-Schokolade (preisgünstiger) oder Couvertüre (nur in Spezialgeschäften erhältlich) verwendet werden. Schokolade muss immer bei ganz kleiner Hitze geschmolzen werden, sonst wird sie körnig und grau; die Schmelztemperatur sollte auf keinen Fall 40 Grad übersteigen, sondern eher darunter bleiben.

Vanille
Dieses feine Gewürz ist erhältlich als Vanillestengel, Vanillezucker und synthetisch gewonnener Aromastoff unter der Bezeichnung Vanillinzucker (im bekannten kleinen Päckchen). Echter Vanillezucker, auch Bourbon Vanillezucker genannt, besteht aus Zucker mit einem Zusatz von mindestens 5 Prozent zerkleinertem Vanillestengel. Vanillezucker kann man auch selber herstellen: ½ Vanillestengel klein schneiden und mit einigen Löffeln Zucker in den Cutter geben; kräftig mixen, bis der Stengel ganz fein gemahlen ist. Diese Vanille-Zucker-Mischung mit 150 g Kristallzucker in ein gut verschliessbares Einmachglas geben und vor der ersten Verwendung einige Tage durchziehen lassen.

Zitronat
Die kandierte Schale der Zedratzitrone ist fein gewürfelt oder als Scheiben im Handel.

Zucker
Wenn in den Rezepten nicht anders vermerkt, wird immer sogenannter Kristallzucker verwendet.

Register

A
A l'ancienne, Kirschenkuchen 117
Adventskranz 180
Änisbrötli 193
Ananas-Cake 71
Annies Schokoladekuchen 91
Apfel-Galette 108
Apfelkuchen, Grossmutters 109
Apfelkuchen, Versunkener 105
Apfelstrudel mit Dörraprikosen 133
Apfeltörtchen, Kleine 103
Aprikosen-Charlotte 130
Aprikosen-Mandel-Kuchen 129
Aprikosen-Mandel-Pastete 90
Aprikosentörtchen 94
Aufgehen, Brotteig 150
Auvergne, Tarte aus der 32

B
Backblech 201
Backform 201
Backofen 200
Backzutaten 203
Bauern-Pizza 50
Beerenstrudel 136
Beerentörtchen 117
Beerenwähe 111
Beerli-Gugelhopf 85
Berner Haselnussleckerli 195
Bierkuchen 74
Birnen, Schokoladekuchen mit 114
Birnen-Käse-Pie 54
Birnen-Schokolade-Tarte 125
Birnen-Schokolade-Torte 169
Birnencake 100
Birnenkuchen 121
Birnentorte 124
Birnenwähe nach Winzerart 102
Blätterteig – perfekt 46
Blätterteig, Quark- Schritt für Schritt 61
Blechkuchen 120
Blumentopfbrot 151
Bourbon Vanillezucker – selber herstellen 79
Brandteig – Schritt für Schritt 25
Brezel, Mohn- 187
Brioches 142
Brot, Blumentopf- 151
Brot, Dinkel- 155
Brot – Flüssigkeitsmenge 159
Brot, Früchte- 158
Brot, Gewürz- 150
Brot, Kartoffel- mit Nüssen 147
Brot, Ring- 148
Brot, Rüebli- 146
Brot – Schritt für Schritt 147
Brot-Varianten 159
Brötchen, Carré- 192
Brötchen, Grünkern- 155
Brötchen, Knoblauch-Fladen- 158
Brötchen, Mais- 143
Brötchen, Schokolade- 140
Brotteig, Fleischkäse im 29
Brotteig: Wie lange soll er aufgehen? 150
Brottorte, Schokolade- 86
Brunsli 193
Buchteln, Zwiebel- 10
Bündner Nusstorte 83

C
Cake, Ananas- 71
Cake, Birnen- 100
Cake, Früchte- 66
Cake, Gleichschwer- 89
Cake, Haselnuss-Quark- 74
Cake, Schokolade-Kirsch- 71
Cake, Speck-Kartoffel- 36
Calzone 53
Carré-Brötchen 192
Caruso, Gipfeli 13
Champignons, Gefüllte - im Strudelteig 60
Charlotte, Aprikosen- 130
Cholera 57
Christstollen 182
Chueche, Nidle- 76
Croissants 140

D
Der beste Käsekuchen 41
Dinkelbrot 155
Dörraprikosen, Apfelstrudel mit 133

E
Eigelb – schaumig rühren 111
Emmentaler Speckwähe 40
Engadiner Fladen 146

F
Fahrplan, Guetzli- 193
Ficelles, siehe Parisettes 143
Fladen, Engadiner 146
Fladenbrötchen, Knoblauch- 158
Flan, Kirschen- 104
Fleischkäse im Brotteig 29
Florentiner Torte 164
Flüssigkeitsmenge, Brot- 159
Formaggi, Pizza ai due 53
Französischer Zwetschgenkuchen 112
Früchtebrot 158
Früchtecake 66
Frutti di mare, Pizza 53
Funghi, Pizza con 53

G
Galette, Apfel- 108
Gefüllte Champignons im Strudelteig 60
Gefüllte Lebkuchen 185
Gemüse-Spinat-Strudel 43
Gemüsegipfeli-Kranz 22
Gewürzbrot 150
Gipfeli «Caruso» 13
Gipfeli, Gemüse- Kranz 22
Gipfeli, Pariser 140
Gipfeli, Roquefort mit Rohschinken 14
Gipfeli, Schinken- 21
Gleichschwer-Cake 89
Gorgonzola, Pizza 53
Grossmamas Quarktorte 68
Grossmutters Apfelkuchen 109
Grossmutters Kartoffeltorte 87

Grüne Quiche 46
Grünkern-Brötchen 155
Guetzli-Fahrplan 193
Guetzli, Mandel- 190
Guetzli, Marmor- 192
Guetzli-Tricks 197
Guetzli-Werkstatt 196
Gugelhopf, «Beerli»- 85
Gugelhopf, Himbeer- 97
Gugelhopf, Kirschen- 101
Gugelhopf, Marmor- 79
Gugelhopf, Speck- 17
Gugelhopf, Vanille-Mohn- 64

H
Hackfleischpastete 58
Haselnussleckerli, Berner 195
Haselnuss-Quark-Cake 74
Haselnussstengelchen 194
Haselnüsse, schälen 81
Hefeschnecken, Kräuter- 159
Hefeteig, Süsser 120
Hefezopf, Süsser 154
Herzen, Ingwer- 187
Himbeer-Gugelhopf 97
Himbeer-Pfirsich-Kuchen 118
Himbeer-Rahm-Wähe 96
Himbeertorte 175
Holländer Torte 168
Honiglebkuchen 184
Hufeisen, Schokolade- 191

I
Ingwer-Herzen 187
Italienische Kartoffel-Tartelettes 18

J
Japonais-Torte 177
Johannisbeer-Quark-Kuchen 107
Johannisbeer-Torte, Meringuierte 94

K
Kartoffel-Käse-Krapfen 18
Kartoffel-Speck-Cake 36
Kartoffel-Stengelchen 12
Kartoffel-Tartelettes, Italienische 18
Kartoffelbrot mit Nüssen 147
Kartoffeltorte, Grossmutters 87
Kartoffeltorte mit Schinken und Speck 55
Käse-Birnen-Pie 54
Käse-Kartoffel-Krapfen 18
Käse-Nuss-Schnecken 10
Käse-Prussiens 21
Käse-Tomaten-Quiche 35
Käsecreme, Ofenküchlein mit 16
Käsekuchen, Der beste 41
Käsepastete 56
Katzenzungen 187
Kipferl, Vanille- 183
Kirsch-Schokolade-Cake 71
Kirschen, Quarkkuchen mit 107
Kirschen-Gugelhopf 101
Kirschenflan 104
Kirschenkuchen à l'ancienne 117
Kirschenstrudel mit Weinsauce 136
Kirschtorte, Zuger 167
Kleine Apfeltörtchen 103
Knoblauch-Fladenbrötchen 158

Knusperli, Schoggi- 190
Korinthen 66
Kranz, Advents- 180
Kranz, Gemüsegipfeli- 22
Krapfen, Käse-Kartoffel- 18
Kräuter, Pilz-Quiche mit 34
Kräuter-Hefeschnecken 159
Kräuter-Schnecken 25
Kuchen, Annies Schokolade- 91
Kuchen, Aprikosen-Mandel- 129
Kuchen, Bier- 74
Kuchen, Birnen- 121
Kuchen, Französischer Zwetschgen- 112
Kuchen, Grossmutters Apfel- 109
Kuchen, Johannisbeer-Quark- 107
Kuchen, Kirschen- à l'ancienne 117
Kuchen, Kürbis- 126
Kuchen, Lauch- mit Speck und Pinienkernen 45
Kuchen, Nektarinen- 122
Kuchen, Pfirsich-Himbeer- 118
Kuchen, Pflaumen- 119
Kuchen, Pflaumen- oder Zwetschgen- mit Streusel 120
Kuchen, Provenzalischer Zwiebel- 28
Kuchen, Quark- mit Kirschen 107
Kuchen, Rahm- siehe Nidle-Chueche 76
Kuchen, Rehrücken 78
Kuchen, Rhabarber- 113
Kuchen, Rhabarber-Quark- 128
Kuchen, Rosen- 67
Kuchen, Rosinen-Quark- 121
Kuchen, Rüebli- 85
Kuchen, Safran-Rum- 77
Kuchen, Schokolade- mit Birnen 114
Kuchen, Verkehrt gebackener Pfirsich- 122
Kuchen, Versunkener Apfel- 105
Kuchen, Verkehrter Rhabarber- 127
Kuchen, Weichsel-Mandel- 114
Kuchen, Zitronen- 99
Küchlein, Lauch-Lachs- 29
Küchlein, Lauch- oder Wirz- 14
Küchlein, Ofen- mit Käsecreme 16
Küchlein, Ofen- mit Lachsmousse 23
Kürbiskuchen 126
Kürbistarte 49

L
Lachs-Lauch-Küchlein 29
Lachsforellenfilets, Spinatwähe mit 45
Lachsmousse, Ofenküchlein mit 23
Lauch- oder Wirzküchlein 14
Lauch-Lachs-Küchlein 29
Lauch-Mohn-Quiche 36
Lauchkuchen mit Speck und Pinienkernen 45
Lebkuchen, Gefüllte 185
Lebkuchen, Honig- 184
Lebkuchen-Werkstatt 184
Lorraine, Quiche 38
Lützelflüher Schokoladetorte 83

M
Mailänderli 195
Mais-Pie 47
Maisbrötchen 143
Mandarinen-Quark-Torte 163
Mandel-Aprikosen-Kuchen 129
Mandel-Aprikosen-Pastete 90

Mandel-Weichsel-Kuchen 114
Mandelcreme, Zwetschgenwähe mit 110
Mandelguetzli 190
Mandeln, schälen 81
Mandelrolle 70
Mandeltorte 88
Margherita, Pizza 50
Marinara, Pizza 53
Marmor-Guetzli 192
Marmor-Gugelhopf 79
Marmor-Schnäggli 192
Marmor-Zopf 148
Marronitorte 174
Mascarpone-Torte 165
Mengenangaben 201
Meringuierte Johannisbeer-Torte 94
Milchrahmstrudel 69
Mirabellen-Pie 132
Mohn-Lauch-Quiche 36
Mohn-Vanille-Gugelhopf 64
Mohnbrezel 187
Mürbeteig-Tricks 49

N Nadelprobe 89, 200
Napoletana, Pizza 53
Nektarinenkuchen 122
Nidle-Chueche 76
Nuss-Käse-Schnecken 10
Nüsse, Kartoffelbrot mit 147
Nusstorte, Bündner 83
Nusszopf 81

O Ofen, Gebäck: Wohin im ? 124
Ofenküchlein mit Käsecreme 16
Ofenküchlein mit Lachsmousse 23
Orangen-Roulade 98

P Pariser Gipfeli 140
Parisettes 143
Pastete, Aprikosen-Mandel- 90
Pastete, Cholera 57
Pastete, Hackfleisch- 58
Pastete, Käse- 56
Pastete, Waadtländer Wurst- 59
Pellen, Mandeln und Haselnüsse 81
Pfirsich-Himbeer-Kuchen 118
Pfirsichkuchen, Verkehrt gebackener 122
Pflaumenkuchen 119
Pflaumenkuchen mit Streusel 120
Pie, Käse-Birnen- 54
Pie, Mais- 47
Pie, Mirabellen- 132
Pilz-Quiche 33
Pinienkerne, Lauchkuchen mit Speck und 45
Pizza ai due formaggi 53
Pizza aglio e olio 53
Pizza, Bauern- 50
Pizza, Calzone 53
Pizza con funghi 53
Pizza frutti di mare 53
Pizza gorgonzola 53
Pizza Margherita 50
Pizza marinara 53
Pizza napoletana 53

Pizza Quattro stagioni 53
Pizza-Varianten 53
Provenzalischer Zwiebelkuchen 28
Prussiens, Käse- 21

Q Quark-Haselnuss-Cake 74
Quark-Johannisbeer-Kuchen 107
Quark-Mandarinen-Torte 163
Quark-Rhabarber-Kuchen 128
Quark-Rosinen-Kuchen 121
Quark-Spinat-Strudel mit Speck 42
Quarkblätterteig – Schritt für Schritt 61
Quarkkuchen mit Kirschen 107
Quarktorte, Grossmamas 68
Quattro stagioni, Pizza 53
Quiche, «Grüne» 46
Quiche, Lauch-Mohn- 36
Quiche Lorraine 38
Quiche, Pilz- 33
Quiche, Pilz- mit Kräutern 34
Quiche, Tomaten-Käse- 35
Quiche, Wirz- mit Wurstklösschen 38

R Rahm-Chueche, siehe Nidle-Chueche 76
Rahm-Himbeer-Wähe 96
Rahm, Milch- Strudel 69
Rehrücken 78
Restekuchen, siehe Rehrücken 78
Rhabarber-Quark-Kuchen 128
Rhabarber-Schnitten 131
Rhabarberkuchen, Verkehrter 127
Rhabarberkuchen 113
Rindfleisch-Strudel 32
Ringbrot 148
Ringe, Weihnachts- 188
Rohschinken, Roquefort-Gipfeli mit 14
Rolle, Mandel- 70
Roquefort-Gipfeli mit Rohschinken 14
Rosenkuchen 67
Rosinen 66
Rosinen, siehe «Beerli»-Gugelhopf 85
Rosinen-Quark-Kuchen 121
Rosinen-Sablés 191
Roulade, Orangen- 98
Roulade, Schokolade- 64
Rüeblibrot 146
Rüeblikuchen 85
Rührteig-Backtricks 89
Rum-Safran-Kuchen 77

S S, Schokolade- 188
Sablés, Rosinen- 191
Safran-Rum-Kuchen 77
Saint-Honoré-Torte 170
Sandgebäck 195
Schälen, Mandeln und Haselnüsse 81
Schaumig rühren, Eigelb 111
Schinken, Kartoffeltorte mit - und Speck 55
Schinkengipfeli 21
Schnäggli, Marmor- 192
Schnecken, Käse-Nuss- 10
Schnecken, Kräuter- 25
Schnecken, Kräuter-Hefe- 159
Schnitten, Rhabarber- 131

Schoggi-Knusperli 190
Schokolade-Birnen-Tarte 125
Schokolade-Birnen-Torte 169
Schokolade-Brottorte 86
Schokolade-Hufeisen 191
Schokolade-Kirsch-Cake 71
Schokolade-Roulade 64
Schokolade-S 188
Schokoladebrötchen 140
Schokoladekuchen, Annies 91
Schokoladekuchen mit Birnen 114
Schokolademousse-Torte 162
Schokoladetorte, Lützelflüher 83
Sonntagszopf 152
Speck-Kartoffel-Cake 36
Speck, Kartoffeltorte mit Schinken und 55
Speck, Lauchkuchen mit - und Pinienkernen 45
Speck, Spinat-Quark-Strudel mit 42
Speckgugelhopf 17
Speckwähe, Emmentaler 40
Spinat-Gemüse-Strudel 43
Spinat-Quark-Strudel mit Speck 42
Spinatwähe mit Lachsforellenfilets 45
Spitzbuben 194
Stengelchen, Kartoffel- 12
Stollen, Christ- 182
Streusel, Pflaumen- oder Zwetschgenkuchen mit 120
Strudel, Apfel- mit Dörraprikosen 133
Strudel, Beeren- 136
Strudel, Gefüllte Champignons im -teig 60
Strudel, Kirschen- mit Weinsauce 136
Strudel, Milchrahm- 69
Strudel, Rindfleisch- 32
Strudel, Spinat-Gemüse- 43
Strudel, Spinat-Quark- mit Speck 42
Strudel, Zitronen- 134
Strudelteig – Schritt für Schritt 135
Sultaninen 66
Süsser Hefeteig 120
Süsser Hefezopf 154

T Tarte aus der Auvergne 32
Tarte, Birnen-Schokolade- 125
Tarte, Kürbis- 49
Tartelettes, Italienische Kartoffel- 18
Teig, Brot- siehe Brot – Schritt für Schritt 147
Teig, Blätter- perfekt 46
Teig, Brand- Schritt für Schritt 25
Teig, Quarkblätter- Schritt für Schritt 61
Teig, Strudel- Schritt für Schritt 135
Tomaten-Käse-Quiche 35
Törtchen, Aprikosen- 94
Törtchen, Beeren- 117
Törtchen, Kleine Apfel- 103
Torte, Birnen- 124
Torte, Birnen-Schokolade- 169
Torte, Bündner Nuss- 83
Torte, Florentiner 164
Torte, Grossmutters Kartoffel- 87
Torte, Grossmamas Quark- 68
Torte, Himbeer- 175
Torte, Holländer 168
Torte, Japonais- 177
Torte, Kartoffel- mit Schinken und Speck 55
Torte, Lützelflüher Schokolade- 83
Torte, Mandarinen-Quark- 163
Torte, Mandel- 88
Torte, Marroni- 174
Torte, Mascarpone- 165
Torte, Meringuierte Johannisbeer- 94
Torte, Saint-Honoré- 170
Torte, Schokolademousse- 162
Torte, Schokolade-Brot- 86
Torte, Trauben- 173
Torte, Zuger Kirsch- 167
Traubentorte 173

V Vanille-Mohn-Gugelhopf 64
Vanillekipferl 183
Vanillezucker, Bourbon – selber herstellen 79
Varianten, Brot- 159
Varianten, Pizza- 53
Varianten, Zopf- 153
Verkehrter Rhabarberkuchen 127
Verkehrt gebackener Pfirsichkuchen 122
Versunkener Apfelkuchen 105
Vorheizen 200

W Waadtländer Wurstpastete 59
Wähe, Beeren- 111
Wähe, Birnen- nach Winzerart 102
Wähe, Emmentaler Speck- 40
Wähe, Himbeer-Rahm- 96
Wähe, Spinat- mit Lachsforellenfilets 45
Wähe, Zwetschgen- mit Mandelcreme 110
Weichsel-Mandel-Kuchen 114
Weihnachtsringe 188
Weinbeeren 66
Weinsauce, Kirschenstrudel mit 136
Werkstatt, Guetzli- 196
Werkstatt, Lebkuchen- 184
Winzerart, Birnenwähe nach 102
Wirz- oder Lauchküchlein 14
Wirz-Quiche mit Wurstklösschen 38
Wurst, Waadtländer -pastete 59
Wurst-Quiche mit Kräutern 34
Wurstklösschen, Wirz-Quiche mit 38

Z Zimtsterne 194
Zitronenkuchen 99
Zitronenstrudel 134
Zopf, Marmor- 148
Zopf, Nuss- 81
Zopf, Sonntags- 152
Zopf, Süsser Hefe- 154
Zopfhase 153
Zopfkränzchen 153
Zopftaube 153
Zopfvarianten 153
Zuger Kirschtorte 167
Zungen, Katzen- 187
Zutaten, Back- 203
Zwetschgenkuchen mit Streusel 120
Zwetschgenkuchen, Französischer 112
Zwetschgenwähe mit Mandelcreme 110
Zwiebelbuchteln 10
Zwiebelkuchen, Provenzalischer 28

Impressum

Autorisierte Sonderausgabe
für Weltbild Verlag, Olten

© 2005
AT Verlag, Baden

Rezepte: Annemarie Wildeisen – mit herzlichem Dank für die Mitarbeit und Unterstützung des «Chuchi»-Teams
Lektorat: Toni Kaiser
Grafisches Konzept: Charles Hubschmied, Adrian Elsener
Fotos: Doris und Robert Wälti-Portner

Besuchen Sie uns im Internet:
www.weltbild.ch

ISBN 3-03812-108-8